经贸名家经典教材

国际货运风险与保险

（第四版）

顾寒梅　主编

对外经济贸易大学出版社
中国·北京

图书在版编目（CIP）数据

国际货运风险与保险／顾寒梅主编. —4 版. —北京：对外经济贸易大学出版社，2022. 2
经贸名家经典教材
ISBN 978-7-5663-2366-8

Ⅰ. ①国… Ⅱ. ①顾… Ⅲ. ①国际货运-风险分析-高等学校-教材②国际货运-交通运输保险-高等学校-教材 Ⅳ. ①F511. 41②F840. 63

中国版本图书馆 CIP 数据核字（2022）第 024791 号

国际货运风险与保险（第四版）

顾寒梅　主编
责任编辑：王延新

出版发行：对外经济贸易大学出版社
社　　址：北京市朝阳区惠新东街 10 号
网　　址：www. uibep. com
资源网址：www. uibepresources. com
邮政编码：100029
邮购电话：010-64492338
发行部电话：010-64492342
E-mail：uibep@ 126. com

成品尺寸：185mm×260mm
印　　张：13. 75
字　　数：318 千字
ISBN 978-7-5663-2366-8
印　　刷：北京市泰锐印刷有限责任公司
版　　次：2022 年 2 月北京第 4 版
印　　次：2022 年 2 月第 1 次印刷
定　　价：42. 00 元

前　　言

保险作为一种经济补偿手段，在人们的经济活动和日常生活中占有重要地位，而国际货物运输保险则更是国际贸易中不可或缺的重要环节。

目前，我国的国际贸易呈持续增长的态势，对国民经济的发展发挥着重要的作用，而国际货运保险为国际贸易的顺利进行提供了重要保障。因此，为保证国际贸易业务的顺利完成，不仅需要掌握国际贸易知识，还应学习与国际贸易相关的保险知识。为满足多数对外经贸专业和其他财经院校开设保险课程的教学实际需要，我们在2001年编写了《国际货运风险与保险》一书，并于2009年和2013年再版。该书自出版发行以来，颇受广大读者和部分高校的欢迎，连续重印多次。但近年来，与国际货物运输保险相关的法律、惯例条款规定以及实际操作方法等都有了新的发展和变化。为更好地适应当前的实际需要，我们决定对该书进行再次修订。新的修订本仍从保险的基础知识出发，围绕国际货物运输所涉及的风险与保险系统介绍有关的基础理论、基本原则以及常见险别的具体内容和实际业务操作技能；同时，新增了与国际贸易相关的其他保险险种的介绍。全书共分九章：第一章为总论，概述各章共同有关的基础知识；第二章为货物运输保险的发展历史；第三章为保险合同；第四章为保险合同适用的基本原则；第五章介绍海洋运输货物保险保障的风险、损失、费用；第六章着重介绍我国和伦敦保险协会的海运货物保险条款等；第七章主要介绍陆上、航空、邮包运输保险条款等；第八章介绍进出口运输货物保险的投保和索赔的实际操作方法；第九章介绍国际贸易涉及的其他保险。书后还附有我国的《保险法》（节录）、《海商法》（节录）、我国《海洋运输货物保险条款》、《伦敦保险协会货物保险条款》（中译文）以及部分保险单证格式。本书第一至二章由吴百福撰写，第三至八章由顾寒梅撰写，全书由顾寒梅负责总纂。

为使读者能更方便地学习本书的内容、掌握每章的重点，本书在每一章的开始设有学习目标和关键词，每一章后列有本章小结、案例研究和思考题；为帮助学生加强对知识的准确理解和融会贯通，提高解决实际问题的能力，书中穿插了许多有针对性的案例。这也使本书的内容更加丰富和具有吸引力。

保险是一门专业性和技术性都很强的学科，学习时应特别注意理论联系实际。首先要掌握保险的基础理论和基本原则，其次需了解不同险别的具体内容和办理保险业务的操作方法；既要熟悉我国有关保险的法律、行政法规和保险条款，又要了解国际上通用的，特别是英国有关保险的法律与保险条款和行业惯例。只有这样，才能收到事半功倍的效果，并能较好地处理对外贸易中有关货运保险业务的实际问题。

本书既可作为国际经济专业、国际贸易专业本科学生的教科书，也可以作为外销员、国际商务师、保险从业人员的参考书。

由于本书的内容涉及范围广、研究对象变化快以及我们水平有限，书中缺点和不妥之处在所难免。竭诚欢迎读者批评、指正，以便本书再版时修正。

编　者

2021 年 9 月

目　　录

第一章 总 论

学习目标

通过教学，了解风险的概念、特征、分类和可保风险的定义，了解风险管理的主要对策，掌握保险的含义和分类，同时，了解国际运输保险的职能和作用。

关键词

风险　纯粹风险　投机风险　风险管理　保险　自愿保险　强制保险　财产保险　责任保险　信用保险　人寿保险　意外伤害保险　健康保险　原保险　再保险　共同保险　重复保险

保险是社会经济发展到一定阶段的产物。当今，在世界很多国家，特别是在经济发达国家，保险已经成为国民经济的重要组成部分，而国际货物运输保险又是国际贸易实务中不可缺少的重要环节。本书主要介绍国际货物运输保险业务中的一些基本知识和具体操作技能。但是，要从事国际货物运输保险实际业务工作，不能不对有关保险的基本理论和基础知识有所了解。

第一节 风险及管理对策

一、风险的概念

风险（Risk）一词常被用在保险合同的保险人承保责任范围的条款之中，它普遍存在于我们的日常生活和生产经营活动中。风险是指某一事件发生的不确定性（Uncertainty），它强调某一事件在一定时期、一定范围内可能发生，也可能不发生。如车祸是普遍存在的事故，但人们往往难以预测何时何地会发生车祸。用数学语言可将风险表示为：在一定时间内，某个事件 X 发生的概率介于 0 与 1 之间的开区间，即 $P(X)=(0, 1)$。

二、风险的种类

根据不同的性质及其发生的形态，即按其未来结果的不确定性，风险可分为纯粹风险和投机风险两类。

（一）纯粹风险（Pure Risks）

纯粹风险又称静态风险，是指只有损失可能而无获利可能的风险。例如，航行中的海轮发生触礁，货物遭受火灾的风险，船东和货主只会遭受经济损失而绝不会有利益可得。在现实生活中，纯粹风险是普遍存在的，如各种自然灾害、意外事故，都可能导致巨大损害。但是，这种灾害事故于何时发生、损害后果多大，往往无法事先确定，于是，它就成为保险的主要对象。人们通常所称的“危险”，也就是指这种纯粹风险。

（二）投机风险（Speculative Risks）

投机风险又称动态风险，是指既可能造成损失，也可能产生收益的风险。例如投资有价证券，证券价格的下跌可使投资者蒙受损失；但是，证券价格的上涨却可使投资者获得利益。这种风险带有一定的诱惑性，可以促使某些人为了获利而甘冒这种损失的风险。在保险业务中，投机风险一般是不能列入可保风险之列的。在国际贸易中，物价的涨跌、汇率的变动，即所谓价格风险和汇率风险，都可使经营者获得好处，但也可能给他们带来损失。这种经营中的风险，通常也不是可以通过保险取得保障的。

此外，还有一种只会产生收益而不会导致损失的风险，例如接受教育可使人终身受益。但教育对受教育者的得益程度是无法进行精确计算的，而且，这也与不同的个人素质、客观条件和机遇有密切关系。对不同的个人来说，虽然付出的代价是相同的，其收益却可能大相径庭。这也可以说是一种风险，有人称其为收益风险（Profitable Risks）。这种风险当然也不能成为保险的对象。

三、纯粹风险的种类

纯粹风险可从不同角度进行分类。

（一）按风险发生的原因

按风险发生的原因可将风险分为自然风险、社会风险和经济风险。

1. 自然风险（Physical Risks）

自然风险是指由于自然原因引起的人身伤亡和财产损失的风险。例如地震、火山爆发、泥石流、山体滑坡、洪涝和台风灾害等。自然风险是自然界物质运动过程中出现的异常现象，是不以人们的主观意志为转移的。

2. 社会风险（Social Risks）

社会风险是指由于人为原因引起的人身伤亡和财产损失的风险。例如偷盗、抢劫、罢工、暴乱和战争等。此外，还有当前需要特别加以关注的政治风险和法律风险两种社会风险。其中，政治风险是由于种族、宗教、集团组织、国家之间的冲突等政治原因，以及由于政策、制度的变革与权力交替等引起的直接经济损失的风险。而法律风险则是由于颁布新的法律和对原有法律进行修改等而导致经济损失的风险。

3. 经济风险（Economic Risks）

经济风险是产生于生产、流通等经济活动中，由于相关经济因素的变动，或由于信息不灵、经营不善、决策错误等，导致产量变动、质量下降而产生的亏损或破产等风险。

（二）按风险涉及的对象

按风险涉及的对象可将风险分为财产风险、人身风险、责任风险与信用风险。

1. 财产风险（Property Risks）

财产风险是指个人、家庭、企业或团体组织，对其所有、使用或保管的财产发生损害或灭失或贬值的风险，如船舶沉没、货物被窃、新技术设备的出现引起旧技术设备贬值等的风险。

2. 人身风险（Personal Risks）

人身风险是指由于人身疾病、遭受意外伤害造成死亡或残疾的风险。

3. 责任风险（Liability Risks）

责任风险是指由于个人或团体的过失或侵权行为导致他人的财产损失或人身伤亡，在道义上、法律上负有经济赔偿责任的风险。此外，专业技术人员的疏忽、公共场所存在的内在缺陷、产品质量的低劣等都可导致损失。这种可能导致损失的风险均属责任风险范畴。

4. 信用风险（Credit Risks）

信用风险是指人们在经济往来中，当事人之间由于一方违反约定而导致另一方或另几方经济损失的风险。例如在国际贸易中，卖方不知在交货后，买方是否会按期支付货款；或买方在预付货款后，不知卖方能否根据买卖合同按时、按质、按量交付货物。这都会致使一方当事人面临信用风险。

四、风险管理对策

风险管理是指人们对各种偶然事件的认识、控制和处理，其目的就是在认识、估计和分析风险对财产所造成冲击的基础上，以最小的经济成本采取各种技术措施对风险加以避免、减少其影响或者进行转嫁。

风险管理起源于美国，在 20 世纪 50 年代首先被美国一些企业采用。近几十年来，风险管理引起全世界广泛的重视，研究范围不断扩大，得到系统、全面的发展。风险管理是保险学、现代管理学和企业管理学的一个边缘科学，其基本内容由管理目标、操作原则和程序三部分组成。

风险管理的方法很多，一般可归纳为风险控制法和风险财务处理法两大类。

（一）风险控制法（Risk Control Method）

风险控制法是指通过采取多种措施降低损失频率、减轻损失程度的一种风险管理对策。

风险控制法主要包括风险避免、损失控制、风险集合以及非保险风险转移四种。

1. 风险避免（Risk Avoidance）

风险避免是指对某种可能发生的危险直接设法避免，这是风险管理最简单易行而又最经济安全的方法。当某种风险所可能引起的损失大于承担该风险可能获得的收益时，可采取风险避免的方法。例如，工厂生产某种危险品可能导致爆炸事故，因不能预先采取有效措施避免事故发生，工厂决定通过不生产这种危险品的方式避免风险。但风险避免有一定限制，因为有些风险是无法回避的。例如，为避免驾车发生车祸而改为步行，并不能完全避免在途中遭遇交通事故的可能性。此外，如遇事只是消极地回避、安于现状，则必然会阻碍企业的正常发展，妨碍社会的进步。

2. 损失控制（Loss Control）

损失控制是指对损失进行事先预防和事后控制，减少损失发生的机会，降低损失的程度。根据实施过程中的目的不同，损失控制又可分为损失预防和损失抑制。

（1）损失预防（Loss Prevention）

损失预防是指在损失发生前为消除或减少可能引起损失的各项因素而采取措施，以降低损失发生的频率。例如，企业对建筑物、设备进行定期的安全检查，就可以事先发现事故隐患并及时进行整改，降低损失发生的可能性。

（2）损失抑制（Loss Reduction）

损失抑制是指在损失发生时或发生之后采取多种措施，降低损失程度。例如，为企业配备先进的报警、消防设备，一旦发生火灾事故，能及时发现并使火势得到有效的控制，尽量降低事故带来的损失。

在实际处理时，某种损失控制的措施，往往很难严格地区分损失预防和损失抑制的效果，因而两者有同时存在的特性。

3. 风险集合（Risk Combination）

风险集合是指将具有同类风险的单位加以集合，共同承担该风险，使每一单位承担风险的能力提高。例如，家电企业在生产产品时，有多元化趋势，不但生产传统的主导产品，还不断扩大范围以增加获利机会，分担降低某类产品销量不好带来的损失。

4. 非保险风险转移（Non-Insurance Risk Transfer）

这里所谓的风险转移并不包括保险，是指将可能发生的损失转移给其他人承受，风险本身并未发生变化，具体可通过出售、分包以及协议的方式转移。例如，医生在动手术前，往往要求患者家属签字同意；如果手术不成功，医生并不负责任。借此，医生将其所承担的法律责任予以转移。

（二）风险财务处理法（Risk Financier Method）

风险财务处理法是指在财务上预先作出安排以降低风险的一种风险管理对策，主要包括风险自担和保险两种方法。

1. 风险自担（Assumption of Risk）

风险自担是指当事人自己承担风险所造成的损失。风险自担又可分为非计划性承担和计划性承担两大类。非计划性承担是指当事人因为某些风险所致的损失过小，或者因为疏忽或无法通过其他方式转移而事先无计划地承担风险。计划性承担是指当事人经过合理的判断和谨慎的研究分析，以提取准备金或基金的方式有计划地主动承担风险。当风险所致的损失频率和损失程度不高，损失在短期内可预测，而且最大的损失对当事人而言并不严重时，比较适合采用风险自担的方式。

2. 保险（Insurance）

保险是指企业与保险公司订立保险合同，通过缴纳保险费，将风险可能造成的不可预见的损失转移给保险公司承担。对投保的企业而言，只需缴纳小额的保险费即可换取潜在的大额风险损失的经济保障，是风险处理最经济、有效的方式之一。对保险公司而言，通过集合大量同质风险，使风险在全社会范围内得以分散，从而补偿企业的不确定损失。保险也是一种风险转移的方式。

在实际的风险管理过程中，究竟采用哪种风险处理方式最为合理有效，要根据风险的不同特性以及行为主体本身的经济状况和所处的环境及条件而定；也可以同时采取其中数种方式。

第二节 可保风险

可保风险（Insurable Risks）是指保险人可以接受承保的风险。如上所述，风险有很多种，但并不是说，所有的风险都是可以通过保险进行转嫁并取得保障的。保险一般只承保纯粹风险，其中包括由自然和社会等各种原因对财产、人身、责任以及信用等方面所导致的损失给予补偿。在通常情况下，保险人接受承保的风险还必须具有以下条件。

一、风险不是投机性的

如前所述，风险按其性质可分为纯粹风险和投机性风险，而保险所承保的只能是仅有损失可能而无获利可能的纯粹风险。保险的基本职能是补偿损失，投机性风险可能带来获利的结果，若对此类风险承保，在主观上可能鼓励投机和赌博，这与保险的宗旨相悖，往往也不为社会道德所允许。在客观上，投机风险的运动不规则，重复性差，规律性不强，难以适用数理原理予以准确估计，保险人并没有能力承保投机性风险。

二、损失必须是可以用货币计量的

保险是一种经济补偿制度，其转嫁风险和保险人承担的赔偿责任都是以一定的货币量计算的。因此，凡是不能以货币计量的风险损失，就不能成为可保风险。但是，在保险中，对人身伤残或死亡的风险则是一个例外。虽然一个人的伤残或死亡导致的损失是难以用金钱来计算的，然而在保险业务中，却都可以通过订立保险合同约定保险金额来确定。所以，从某种意义上说，人身伤残或死亡所带来的损失，也可以由货币来计量，人身伤亡的风险也可视作可保风险。

三、风险必须是偶然的、意外的

首先，风险是偶然发生而不是必然的。如机器设备的自然磨损属于其使用过程中的必然现象，不具有偶然性，因而不属于可保风险。又如液态物品在常温下的挥发属于正常的自然损耗，也不属于可保风险。其次，如果这种风险损失肯定不会发生，即无必要就此进行保险。最后，风险事故损失的产生及其后果的扩展不是由于被保险人的主观故意作为或不作为所致——被保险人的故意行为属于道德风险，保险人不予承保。

这里所谓的偶然性和不可预知性是指对每一个具体的保险标的的个体而言。而保险人则通过以往损失情况的大量统计和有关资料进行分析和科学推断，找出某一风险在未来发生的规律性，从中将偶然的不可预知的风险损失转化为可预知的费用开支，从而为保险经营提供了可能。

四、必须是大量标的均可能遭受的风险

当大量标的都面临同一类风险事故损失，而只有少数标的发生实际损失时，保险公司才能通过统计测算出比较精确的损失概率，从而制定出合理的保险费。例如火灾对于所有建筑物而言均是可能发生的灾害，这意味着有足够多的投保人投保此类保险，从而实现保险“千家万户帮一家”的宗旨。

需要指出的是，标的数量到底多大才可作为可保风险并不是一成不变的，它会随着时间、空间条件的变化及保险经营水平和经营技术的提高而发生变化。例如，卫星发射风险在最初，由于每年发射数量太少、缺乏测定基础和资料积累而为不可保风险；但随着发射数量的增多、历史资料的积累和保险公司经营技术的发展，如今，卫星发射风险已是可保风险，普遍为保险公司所接受。

五、风险应可能导致较大损失

如果一种风险只会导致轻微损失，那就无需通过保险求得保障。在保险实践中，大多数的自然风险和意外事故，如暴风雨、洪水、海啸、雷电、火灾、运输工具碰撞/倾覆、船舶搁浅/沉没等，都会导致被保险人重大的经济损失，是保险人所承保的基本风险。

案例聚焦

[案情简介]

某年8月16日上午10时55分，某油库的8号油罐遭遇雷击爆炸起火。11时30分，罐区其他4个油罐相继爆炸或引燃起火。大火持续燃烧了4天多，投入抢险灭火的公安消防干警共有2 500名，动用消防车159辆、飞机10架、船只19艘，使用灭火干粉和灭火剂237.6吨。在灭火抢险中，共有20名消防干警和油库职工牺牲，80余人受伤，15辆消防车焚毁。油库爆炸后，至少有800多吨原油流入海里，海产养殖业由于油污受到严重影响。据统计，该油库本身的直接经济损失达数亿元，周围地区遭受的直接及间接经济损失也达4 000万～5 000万元。

对于该油库存在的不安全因素，有关部门早已有所发现。有关专家一再指出该油库和输油码头在布局上不合理：一是油库内，罐与罐之间的距离太近；二是油库和周围单位、民房仅隔一条马路；三是油库和输油码头的距离太近。这些都不符合风险隔离的原则，火灾发生概率十分高。但是面对如此严重的风险状况，该油库却采取了自留风险的错误决策。出事之前，经保险公司反复动员，油库于前一年的8月10日参加了保险。一年保险期满之后，该油库为了节省保险费支出没有续保而选择了自保的方式。由于发

生事故时保险合同已经终止，因此，损失完全由油库自己负担。与此形成鲜明对照的是，油库周围的一些单位及家庭参加保险的财产金额达2亿元，参加保险的30多个单位和500多户家庭因爆炸、火灾、烘烤、烟熏、污染等蒙受的损失属于保险责任，均得到了保险公司的赔偿。

[分析]

1. 油库在风险管理方面的失误

第一，油库是风险密集的高风险单位，对油库的安全防范本是管理人员应该高度重视的工作，但该油库的管理人员却对安全工作的重要性毫无认识。虽然有关专家已经一再指出该油库和输油码头布局不合理的问题，但管理人员对此并没有认识，也没有采取改进措施以避免风险事故的发生。风险避免是风险处理的方式之一。该油库的风险损失频率和损失幅度相当高，严重的风险事故一触即发，应该积极采取措施避免风险。但是，管理人员面对如此高的风险却毫无作为，并没有采取风险防范措施。

第二，企业在处理各种风险时，也可以采取自留的方式。自留是企业自我承受风险损害后果的又一种方法。风险自留可以是被动的，也可以是主动的。通常，自留风险方式是在风险所致损失频率和幅度低、损失短期内可预测以及最大损失并不影响企业财务稳定时采用。在本案中，油库面临的风险状况非常严重，但经营者没有对其后果作任何预测就盲目地采取了风险自留的方式，结果酿成大祸。

2. 对保险公司承保行为的分析

保险公司并非对任何风险都可以承保，它只能承保那些可保风险。构成可保风险的一个重要的因素是，风险事故的发生应该是偶然的而不是必然的。在本案中，油库恶劣的风险状况使其发生灾害事故已经具有必然性，因此，这个特定油库的风险应属于不可保风险。但保险公司曾动员油库参加保险，虽然侥幸未发生保险事故，但这种行为具有很大的冒险性，严重地违背了保险稳健经营的原则。

第三节 保险的定义

“保险”一词，最先是由日本人从英文“INSURANCE”和“ASSURANCE”翻译而来，后为我国所用。其英文原意是以经常性缴纳一定费用（Regular Payment）为代价来换取遭受危险损失时的补偿（Safeguard against Loss in Return），即将日后可能产生的风险损失转换为日常的费用开支。这种解释虽不完整，但也在一定程度上反映了保险的基本特性。现在，多数学者都认为保险是一种经济补偿手段，是对危险造成的损失进行补偿的制度。它是指人们为了保障日常生产和生活的稳定，对同类危险事故发生所造成的损失或经济需要，建立共同准备金并根据计算得出的一种经济补偿制度或金钱给付的安排。

《中华人民共和国保险法》第二条对保险的定义为：“本法所称保险，是指投保人根据合同约定，向保险人支付保险费，保险人对于合同约定的可能发生的事故因其发生所造成的财产损失承担赔偿保险金责任，或者当被保险人死亡、伤残、疾病或者达到合同约定的年龄、期限等条件时承担给付保险金责任的商业保险行为。”按照这个规定，一般的商业保险应当具有以下要素。

一、保险是一种合同关系

这里所指的保险不同于社会保险，也不同于其他由法律或者组织社团建立的社会保障制度，而是一种商业保险关系。这种关系以合同为基础，有关保险人、被保险人等当事人之间的关系是一种合同关系。

当事人的权利、义务以保险合同的具体规定为依据，因此，保险合同对合同当事人的权利、义务应有明确规定，而且这些规定均具有法律约束力。保险合同作为一种损失补偿或履行保险金额给付义务的合同，要求投保人支付保险费；接受保险的保险人在保险标的遭受承保责任范围内的风险损失时承担赔偿责任，或者在约定事故发生和约定期限届满时履行给付保险金额钱款的义务。保险合同可分为两大类：一类是保障物的，另一类是保障人的。前者称为补偿合同，是对被保险人因发生保险责任范围内的危险事故而遭受实际经济损失时，才予赔偿。例如被保险的货物烧掉了，被保险的船只沉没了，保险人就要对被烧掉的货物和沉没的船只的损失，按实际损失价值给予赔偿。后者除医疗费补偿外，均称为给付合同，只要发生合同内订明的事故或者到达合同约定的期限，保险人就要给付赔偿或保险金。例如，保险人在保险合同有效期内因遇车祸丧失劳动力或因故死亡，保险人就要给付赔款；如果保险合同约定的期限到期时，被保险人安然无恙，保险人也得按照约定给付保险金额的货币。由此可见，不同的保险合同，其内容也各不相同。

二、承保的风险事故是否发生或何时发生都是不确定的

保险合同中，约定承保的风险事故或事件是否发生或者何时发生，都必须是不确定的。因为，假如约定的事故或事件肯定不会发生，那就没有必要投保；反之，假若约定的事故或事件一定会发生，那么，没有一个保险人愿意承保，除非投保人事先交付不低于损失总额的保险费。所以，只有订立合同时，风险事故只是有可能发生，而到底是否发生、何时发生、发生时造成的损失多大，都是不确定的，当事人之间的保险关系才能成立。

三、承保的风险事故是无法预见或难以控制的

保险承保的风险事故或事件的发生是投保人与保险人都无法预见或者难以控制的。因此，倘若在订立保险合同时，保险人或者投保人知道事故或事件已经发生，或者投保人在订立保险合同后故意制造事故或事件，则有关保险合同无效。

四、承保风险事故发生后，保险人承担赔偿、给付责任

保险人在承保风险事故发生后，承担赔偿或给付责任。履行此项责任时，一般应支付相当损失金额的货币。个别特殊情况下，也可以按约定或协议提供实物或某种服务以履行其义务。

第四节 保险基金与损失概率

保险作为一种经济补偿制度，其实质是人们为了保障日常生产和生活的稳定，对同类危险事故造成的损失或经济需要，建立共同准备金并根据计算得出的一种补偿制度或金钱给付的安排。从这个意义上说，现代保险制度之所以能够建立和发展，是由于它解决了两个问题：一个是建立共同准备金，另一个是合理科学的数学计算。在保险中，就是保险基金和概率与大数法则。

一、保险基金

社会实践证明，“天有不测风云，人有旦夕祸福”是人所共知的真理。水灾、火灾、风灾、地震、海啸、翻车、沉船等自然灾害和意外事故，任何社会都无法完全避免。至于何时发生、发生又会造成怎样的后果，人们事先都难以预料。为了防患于未然，避免措手不及，有必要从社会的总收入中提出一定的后备，作为应急和补偿灾害事故造成的损失之用，以保证社会生活的安定和生产的正常进行。

在商品经济条件下，人们补偿灾害事故损失的方式有两种：一种是物质形态上的补偿，即通过建立物质后备（如国家建立的有关国计民生重要物资的储备）以在发生灾害时使用或对损失进行补偿；另一种是价值形态的补偿，即建立后备基金对损失进行补偿。后备基金的来源主要有三种形式：一是由国家在财政预算中提存，二是由企业单位自身提存，三是由保险公司收取的保险费组成。国家财政提存的后备基金主要解决涉及国家公用设施、国防工业的财物毁损等重大损失的补偿，以及遭遇严重自然灾害、疾病流行时进行救济或防治等。企业自留的后备资金，限于资金实力，往往无法提留；即使勉强照提，为数通常也较微小，很难真正起到补偿意外损失的作用；而且从资金使用上说，也是一种浪费。因此，由保险机构通过向被保险人收取保险费的办法建立起来的后备基金，已成为目前各国保证社会安定和生产正常进行的重要后备基金。这种后备基金就称为保险基金。

保险基金来自大量要求保险的企业或其他单位和个人所分散缴付的保险费。这些分散缴付的资金，倘若分散保留在个别单位和个人的手上，对补偿损失来说，根本无济于事。但是，如把这些分散的资金集中起来，却是一笔雄厚的资金，足以解决单位与个人无法解决的损失补偿。加上保险的赔偿责任是通过订立保险合同确定的，可以按照被保险人的需要作出具体规定，因此比较灵活。只要遭受的损失是在合同规定的承保责任范围以内，就能够保证获得经济补偿。这也就是世界保险业得以发展的主要原因。

二、概率与大数法则

既然保险基金是保险公司向投保人收取保险费建立起来的，这就涉及收多少保险费的问题。实践证明，只有经过合理科学的计算，使损失分担合理，力求参加保险的成员

（投保人）所承担的义务与享受的权利相对应，方可吸引众多的成员参加保险。而只有众多的成员参加，才能达到转移风险、分散损失的目的。但是，每一成员所面临的风险是不同的。如果不同的成员面临的风险不同而承担的损失赔偿份额，即保险费相同，则必然会引起一部分面临风险较小的成员退出保险。剩下的那些面临风险较大的成员也会因为无法负担巨额的保险费而放弃保险。这样，保险制度也就无法维持。所以，要使保险得以进行并获得发展，必须使投保人支出的保险费与其从保险人那里所得到的经济保障相当。而作为保险人，为保证其保险业务的正常经营和顺利发展，也必须保持保险费的总收入与付出的损失赔偿总额加上必要的税费和适当的利润相等。唯其如此，方能保证自己的补偿能力。为此，保险人必须对大量发生过的风险事故的统计资料进行科学的计算，取得各种风险事故与事件在一定时间和一定范围内的损失概率（Probability），以此作为确定保险费率的基础。

概率又称可能率。以投掷硬币为例，当落地时，其正面不是向上就是向下，只要铸造均匀，正面向上或向下的概率是相同的。但是实际生活中的现象，概率并非总是一致的。例如，投掷硬币正面向上的概率和向下的概率均为二分之一；然而，如果只投掷三次，也可能三次的正面全部向上或全部向下。可是，随着投掷次数的持续增加，出现正面向上或向下的频率就逐渐接近于概率。有人曾试验把硬币投掷 10 万次，出现正面向上的频率在 49 999 与 50 001 之间。所以，次数越多，出现频率的数值越接近概率。在自然现象和社会现象中，有一些现象就个别来看是无规则的；但是通过大量的观察和试验，其整体必然呈现出一种严格的、无偶然性的规律。这就是人们通常所称的大数法则（Law of Large Numbers）或称大数定律。

总之，现代商业保险是建立在概率论和大数法则的基础之上的。概率论和大数法则，为保险经营的稳定性、预定保险费率的科学性以及保险风险的集合与分散的可行性提供了科学的理论依据。

第五节 保险的种类

随着经济的发展，保险的种类越来越多，所涉及的领域及其具体做法也在不断扩大和发展。然而，迄今为止，各国对保险的分类尚无统一标准，只能从不同的角度进行大体上的分类。

一、按保险的性质分类

保险按具体性质可分商业保险、社会保险和政策保险三类。

（一）商业保险

商业保险（Commercial Insurance）是指投保人与被保险人订立保险合同，根据保险合同约定，投保人向保险人支付保险费，保险人对可能发生的事故因其发生所造成的损失承担赔偿责任，或者当被保险人死亡、疾病、伤残或达到约定的年龄期限时给付保险金责任的保险。在商业保险中，投保人与保险人之间是通过订立保险合同建立保险关系的。投保人之所以愿意交付保险费进行投保，是因为保险费用要低于未来可能产生的损失；保险人之所以愿意承保，是因为可以从中获取利润。因此，商业保险既是一个经济行为，又是一个法律行为。目前，一般保险公司经营的财产保险、人身保险、责任保险和保证保险均属商业保险性质。

（二）社会保险

社会保险（Social Insurance），过去我国称劳动保险，是社会保障（Social Security）的重要组成部分，是指国家通过立法对劳动者暂时或永久丧失劳动能力或失业时提供一定的物质帮助以保障其基本生活的社会保障制度。当劳动者遇到生育、疾病、死亡、伤残、退休和失业时，国家以法律的形式由政府指定的专门机构为其提供基本的生活保障。新中国成立以后，长期实施的《中华人民共和国劳动保险条例》和各省市现行的城镇职工及农村基本医疗保险办法，都属于社会保险范畴。社会保险与商业保险不同，后者的当事人均出于自愿，而社会保险一般都是强制性的——凡符合法律规定条件的成员均须参加；在保险费的缴纳和保险金的给付方面，也不遵循对等原则。所以，社会保险实质上是国家为满足劳动者在暂时或永久丧失劳动能力和待业时的基本生活需要，通过立法采取强制手段对国民收入进行分配和再分配而形成的专项消费基金，是在物质上给予其社会性帮助的一种形式和社会福利制度。

（三）政策保险

政策保险（Policy Insurance）是指政府出于某项特定政策的目的，以商业保险的一般做法而举办的保险。例如为扶助农牧、渔业增产增收而设立种植业保险与养殖业保险，为促进出口贸易而设立出口信用保险等。政策保险通常由国家设立专门机构或委托官方或半官方的保险公司具体承办。例如，我国于 2001 年专门成立了中国出口信用保险公司，独家办理出口信用保险业务。

二、按保险的标的分类

保险标的或称“保险对象”，是指保险合同中所载明的投保对象。按不同的标的，保险可分为财产保险、责任保险、信用保证保险和人身保险四类。

（一）财产保险

财产保险（Property Insurance）是指以各种有形财产及其相关利益为保险标的的保险，保险人对各种保险财产及相关利益因遭受保险合同承保责任范围内的自然灾害、意外事故等风险，因其发生所造成的损失负赔偿责任。财产保险的种类繁多，主要有以下几种。

1. 海上保险（Marine Insurance）

海上保险是指保险人对海上保险标的由于保险合同承保责任范围内风险的发生所造成的损失或引起的经济责任，负责经济赔偿的保险。主要包括海洋运输货物保险、船舶保险、海上石油开发工程建设保险等。

2. 运输货物保险（Cargo Transportation Insurance）

运输货物保险是指承保海洋、陆上、内河、航空、邮政运输过程中保险标的及其利益所遭受的损失。主要包括海洋运输货物保险、陆上运输货物保险、航空运输货物保险和邮政包裹运输保险等。

3. 运输工具保险（Conveyance Insurance）

运输工具保险是指承保海、陆、空、内河各种运输工具在行驶和停放过程中所发生的各种损失。主要包括船舶保险、汽车保险、飞机保险等。

4. 火灾保险（Fire Insurance）

火灾保险简称"火险"，是指承保位于一定地点内的财产，包括房屋、机器、设备、原材料、在制品、制成品、家庭生活用品和家具等因发生火灾造成的损失。目前，火灾保险一般不作为单独的险别，而将其包括在综合性险别的责任范围以内。例如，在我国，当投保企业财产保险和家庭财产保险时，火灾损失属于其主要的责任范围；在运输货物保险条款中，也均规定火灾损失是保险人承担赔偿责任的重要内容。

5. 工程保险（Engineering Insurance）

工程保险是指承保各类建筑工程中和机器设备安装工程中，由自然灾害和意外事故所造成的物质损失、费用损失以及对第三者的损害赔偿责任。

6. 盗窃保险（Burglary Insurance）

盗窃保险主要承保因强盗抢劫或窃贼偷窃等行为所造成的财物损失。

7. 农业保险（Agricultural Insurance）

农业保险是指保险人为农业生产者在从事种植、养殖和捕捞生产过程中，因遇自然灾害或意外事故导致的损失提供经济补偿服务的保险。主要包括农作物保险、农产品保险、牲畜保险、家禽保险及其他养殖业保险等。

（二）责任保险

责任保险（Liability Insurance）的标的是被保险人依法应对第三者承担的民事损害赔偿责任。在责任保险中，凡根据法律或合同规定，由于被保险人的疏忽或过失造成他人的财产损失或人身伤害所应负的经济赔偿责任，由保险人负责赔偿。常见的责任保险有以下几种。

1. 公众责任保险（Public Liability Insurance）

被保险人在各种固定场所进行生产、营业或其他各项活动中，由于意外事故的发生所引起的被保险人在法律上应承担的赔偿金额，由保险人负责赔偿。

2. 雇主责任保险（Employer's Liability Insurance）

凡被保险人所雇用的员工，包括短期工、临时工、季节工和徒工，在受雇过程中，从事保险单所载明的与被保险人业务有关的工作时，遭受意外而致受伤、死亡，或者患与业务有关的职业性疾病所致伤残或死亡，被保险人根据《劳动法》和所签合同须负担的医药费及经济赔偿责任以及应支出的诉讼费用，由保险人负责赔偿。

3. 产品责任保险（Product Liability Insurance）

产品责任保险是指，保险单中列明的被保险人所生产、出售或分配的产品或商品发生事故，造成使用或消费或操作该产品或商品的人或其他任何人的人身伤害、疾病、死亡或财产损失，依法应由被保险人负责时，由保险人根据保险单的规定，在约定的赔偿限额内予以赔偿。被保险人为上述事故所支付的诉讼费用及其他事先经保险人书面同意支付的费用，也由保险人负责赔偿。

产品责任保险是在第二次世界大战后，特别是在 20 世纪 70 年代以后，首先在欧美等发达国家开始设立并迅速普及起来。中国人民保险公司于 1980 年起也设立了产品责任险。这对增加外商经营我国产品的积极性，提高我国产品的竞争力，促进我国出口贸易都起了积极的作用。

4. 职业责任保险（Professional Liability Insurance）

职业责任保险是指，各种专业技术人员，如医生、律师、会计师、工程师等因工作上的疏忽或过失造成合同对方或他人的人身伤害或财产损失的经济赔偿责任，由保险人承担。

（三）信用保证保险

信用保证保险（Credit & Surely Insurance）的标的是合同双方权利人和义务人约定的经济信用。信用保证保险属于一种担保性质的保险。按照投保人的不同，信用保证保险又可分为信用保险和保证保险两种类型：信用保险的投保人和被保险人是权利人，所承保的是契约的一方因另一方不履约而遭受的损失。例如，在出口信用保险中，保险人对出口人（投保人、被保险人）因进口人不按合同规定支付货款而遭受的损失负赔偿责任。保证保险的投保人是义务人，被保险人是权利人。如果投保人不履行合同义务或有不法行为使权利人蒙受经济损失，由保险人承担赔偿责任。例如，在履约保证保险中，承包工程业务的承包人不能如期完工或工程质量不符合规定致使权利人遭受经济损失时，保险人承担赔偿责任。

综上所述，无论是信用保险还是保证保险，保险人所保障的都是义务人的信用，最终获得补偿的都是权利人。目前，信用保证保险的主要险种有以下几种。

1. 雇员忠诚保证保险（Fidelity Guarantee Policy）

雇员忠诚保证保险是指雇主因其雇员的欺骗和不诚实行为所造成的损失，由保险人负责赔偿。

2. 履约保证保险（Performance Bond）

履约保证保险是指订约双方中的一方由于不能履行合同中规定的义务而使另一方蒙受的经济损失，由保险人负责赔偿。

3. 信用保险（Credit Insurance）

信用保险是指被保险人（债权人）在与他人订立合同后，由于对方不履行合同义务而使被保险人遭受的经济损失，由保险人负责赔偿。常见的信用保险有出口信用保险（Export Credit Insurance）和投资保险（政治风险）（Investment Insurance Political Risk）等。

（四）人身保险

人身保险（Personal Insurance）是以人的身体或生命作为标的的一种保险。人身保险以伤残、疾病、死亡等人身风险为保险事故，被保险人在保险期间因保险事故的发生或生存到保险期满，保险人依照合同规定对被保险人给付保险金。由于人的价值无法用货币衡量，具体的保险金额是根据被保险人的需要和投保人所支付的保险费，由投保人与保险人协商确定。人身保险主要包括人寿保险、健康保险和人身意外伤害保险。

1. 人寿保险（Life Insurance）

人寿保险包括死亡保险（Mortality Risk）、生存保险（Pure Endowment）和两全保险（Endowment Assurance）三种。

死亡保险是指在保险期内被保险人死亡，保险人即给付保险金。其中，定期寿险是指以被保险人在规定期限内（如一年）死亡作为给付条件的保险；而终身寿险是一种不定期的死亡保险，只要投保人按规定缴纳了保险费，则自保单生效之日起，被保险人无论何时死亡，保险人都给付保险金。

生存保险是以被保险人在保险期内仍然生存为给付条件，如被保险人在保险期内死亡，保险人不仅不给付保险金，而且也不返还被保险人已缴纳的保险费。

两全保险又称生死合险，由死亡保险和生存保险合并而成。当被保险人在保险期内死亡时，保险人要给付保险金；当被保人生存到保险期满时，保险人也必须给付保险金。两全保险的保险费带有较多的储蓄因素。

2. 健康保险（Health Insurance）

健康保险又称疾病保险（Disease Insurance），是指被保险人在保险期内因疾病、生育而支出的医疗费用，或因疾病所致丧失劳动能力、收入减少，按保险单规定，由保险人给付保险金。

3. 人身意外伤害保险（Personal Accident Insurance）

人身意外伤害保险是指被保险人因意外事故而遭伤残或死亡时，由保险人负责给付规定的保险金。包括意外伤害的医疗费用给付及伤残死亡给付两种。

三、按保险的实施形式分类

按实施的形式，保险可分为强制保险与自愿保险两类。

（一）强制保险

强制保险（Compulsory Insurance）也称法定保险，是指根据国家法律、法规或行政命令的规定，强制被保险人必须参加的保险。强制保险的特点是，保险关系建立的依据是国家或地方立法，只要在规定范围内的民事主体均须投保该保险。

根据立法部门的不同，可将强制保险分为三类：一是在全国范围内实施的强制保险，二是在地方范围内实施的强制保险，三是在特定行业内实施的强制保险。

根据保险关系产生的不同，可将强制保险分为两类。第一类强制保险仅要求投保人必须获得规定的保险，而不限制其按自己的意愿选择保险公司。例如，《中华人民共和国道路交通安全法》规定，汽车必须投保机动车交通事故责任强制保险。该保险由各商业保险公司承办，被保险人可自主选择保险公司。第二类强制保险要求投保人必须向指定的保险人投保。从目前的保险实践看，国际上普遍实行的是第一类强制保险，投保人只需持有规定险种的保险单即可，而不论其向谁投保。

各国政府在社会经济发展的不同时期，会开办不同的强制保险。一般而言，开办强制保险是为了实现以下目标：一是维护公共利益或无辜受害人的利益，如世界各国普遍实行汽车第三者责任强制保险，其目的是使交通事故受害者得到应有补偿，避免由于肇事者个人赔偿能力的不足而损害受害者的合法权益；二是解决某个领域特殊危险的保障基金的来源，如危险产品的生产必须投保相应的保险。

（二）自愿保险

自愿保险（Voluntary Insurance）又称任意保险，是由投保人和保险人双方在平等自愿的基础上，通过协商订立保险合同并建立保险关系的。在自愿保险中，投保人对于是否参加保险、向哪家保险公司投保、投保何种险别、保险金额以及保险期限等，均有自由选择的权利。在订立保险合同后，投保人还可以中途退保，终止保险合同。至于保险人，也有权选择投保人，有权决定是否承保和承保金额。在决定承保时，对保险合同中的具体条款，如承保的责任范围、保险费率等也均可通过与投保人协商决定。自愿保险是商业保险的基本形式，大部分商业保险为自愿保险。

四、按保险业务经营技术分类

按业务经营技术，保险可分为原保险、再保险和共同保险三类。

（一）原保险

原保险（Original Insurance）是指以个人或团体为投保人，与保险人直接签订保险合同、建立保险关系的保险形式。原保险的投保人不能是保险机构。在原保险关系中，保险需求者将其风险转嫁给保险人；接受业务的保险人在保险事故发生时，直接承担损失赔偿或保险金给付责任。

在原保险中，最普遍的情形是对于同一个保险标的，投保人只向一个保险人投保某一类保险；但可以出现重复保险（Double Insurance），即针对同一保险标的投保两份或更多的相同保障的保险。根据我国《保险法》的规定，重复保险是指投保人对同一保险标的、同一保险利益、同一保险事故，分别向两个或两个以上的保险人订立保险合同且保险金额总和超过保险价值的保险。由于重复保险中，各保险人的保险金额总和超过保险标的的保险价值，因而各国法律均规定重复保险的投保人应当将重复保险的有关情况通知保险人，各保险人按照约定的方式分摊被保险人的损失，其赔偿金额总和不得超过保险价值。

（二）再保险

再保险（Re-Insurance）也称分保，是指保险人将其承担的保险业务，部分转移给其他保险人承保的一种保险形式。原保险中的保险人接受个人或团体的投保申请，订立保险合同后，转而以投保人的身份，将原保险业务的部分风险责任转嫁给其他保险人承担，从而建立了再保险关系。这种风险转嫁方式是保险人对原始风险的纵向转嫁，即第二次风险转嫁。

在再保险业务中，原保险人处于投保人的地位，也称分出公司（Ceding Company），再保险人则称为分入公司（Ceded Company）或接受公司。如果发生保险事故，分入公司只对分出公司承担保险责任，而不直接对原保险中的被保险人进行保险赔偿或给付。

再保险是保险人稳定经营的手段之一。保险人接受投保申请，必然会集中大量风险，承担巨大的经济赔偿或保险金给付责任。因此，为防止过度承担风险责任，保险人同样需要分散风险。通过再保险，保险人可将承担的巨额风险部分转移给其他保险人承担。随着经济的发展和科学技术的进步，卫星发射、核电站建设等巨额风险项目越来越普遍，一旦发生事故，其损失金额将大大超过一个甚至几个保险人的承保能力。因此，再保险业务的办理一般都不限于一国范围内，而是在国际再保险市场上进行。慕尼黑再保险公司、瑞士再保险公司等，均是国际上知名的再保险公司。我国也设立了专门经营再保险业务的保险公司——中国再保险公司。

（三）共同保险

共同保险（Co-Insurance）是指两个或两个以上保险人，共同对一笔保险业务承担保险责任的保险形式。在共同保险实务中，对于投保人的保险要求，数个保险人之间事先商定各自的承保责任比例并以其中一个保险人的名义签发保险单；发生保险事故时，每一保险人按承担责任的比例分摊损失。共同保险通过保险人之间共同承担风险，起到了分散风险的作用，其作用和再保险类似。

从表面上看，共同保险的投保人只需与一个保险人洽商保险业务、订立保险合同，和再保险情形下原保险合同中投保人的做法并无区别。但两者的经营技术并不相同。共同保险的投保人与各保险人之间均存在直接的合同法律关系，保险风险在所有保险人之间横向分摊。而再保险反映的是原保险人与再保险人之间的合同关系，再保险人与原保险中的投保人并无直接的法律关系，保险风险在原保险人和再保险人之间纵向分摊。

第六节　货物运输保险的职能和作用

建立保险基金、补偿经济损失，是保险的基本职能，也是货物运输保险的基本职能。

保险机构把投保人交付的保险费集中起来建立保险基金，为特定的风险损失提供保障，这在客观上承担了社会补偿损失的职能。众多保险机构的保险基金，形成一种强大的社会补偿基金，为人们生产和生活的正常进行和社会稳定提供了有效的经济后备。再者，为了保险本身业务的稳定性，各保险机构几乎都利用再保险将自己承保的风险责任转嫁给其他保险机构。这种做法除了达到分散风险的目的外，实际上也是把各个保险机构甚至全世界的保险机构所建立起来的保险基金联结起来，形成一股雄厚的金融支柱，从而使保险的补偿功能得到更为有力的保证。

保险的作用是保险的职能在实际业务中发挥出来的具体效果。在国际贸易中，货物运输保险则尤为突出，其具体作用主要表现在以下几个方面。

一、有利于企业经营的正常进行

在市场经济条件下，所有企业都是独立核算、自主经营、自负盈亏的经营单位，独自承担经营活动中的一切风险和责任。而从事进出口贸易的企业，在组织货物的国际运输过程中，通常存在较大风险，有可能因自然灾害或意外事故的发生而遭受损失。而且，进出口货物在运输途中因遇险而造成的损失额，往往比较巨大，如无适当补偿措施，有可能影响企业的正常经营甚至危及企业的生存。反之，如果企业事先向保险公司办理了货物运输保险的投保手续，只要交付少量的保险费，就可在发生损失时从保险公司取得经济补偿。由于保险费的支出可以计入经营成本，所以，参加保险实际上是把可能产生的不确定的风险损失化解成确定的日常费用开支，从而有利于企业经营的正常进行。

二、有助于推动国际经济交往和贸易的顺利开展

在国际贸易中，买卖双方所在国家相距遥远，进出口货物在运输途中，容易因灾害事故的发生而遭受损失。所以，每笔交易都应该办理货物运输保险。就我国而言，随着对外开放的进一步扩大，利用外资、引进技术、与外商合资经营/合作生产、文化学术交流以及各种国际服务贸易等国际经济交往活动日益增多；其中，许多活动都要涉及货物运输。所以，货物运输保险是发展对外贸易和国际经济合作不可缺少的重要环节，有助于推动国际经济交往和贸易的顺利开展。

三、促进国际资本流动

如今，资本流动的规模已经相当可观，这是世界经济发展的必然结果；其中，保险的作用不容忽视。在国际资本流动过程中，由于各国政治、经济、社会政策的差异和不断变化，从而产生各种类型的风险。因此，需要借助保险防范或化解对外资本流出的风险，确保海外投资企业稳定经营，促进国际资本流动。

四、有利于防灾防损工作的开展

防灾防损是全社会的共同任务，各国政府部门都设有专职机构，如公安消防、防汛抗旱等部门。保险公司从自身利益出发，一般都愿意参与该项工作。因为防灾防损工作做得好，灾害事故就会减少，经济赔偿也随之减少。另外，保险公司在处理为数众多的赔偿案件时，可从中找出致损原因和规律，从而有能力对改进防灾防损措施提出建议或者进行防灾防损宣传。有的保险公司还愿意为此承担费用或向专职部门投资，这从客观上促进了全社会防灾防损工作的展开。此外，有的保险合同还规定，保险人有权对保险标的的安全情况进行检查，如发现有不安全因素，投保人应及时采取措施消除；否则，后果由投保人自负。这种做法在客观上也能起到防灾防损的作用。

本章小结

风险按其性质可分为纯粹风险和投机风险。纯粹风险按涉及的对象可分为财产风险、人身风险、责任风险和信用风险。风险管理方法包括风险控制法和理财法两大类，

保险是风险管理对策之一。保险可从不同角度进行分类：按实施形式，保险可分为自愿保险和强制保险；按保障对象，保险可分为财产保险、责任保险、信用保证保险以及人身保险；按业务承保方式，保险可分为原保险、再保险、共同保险和重复保险。国际货运保险的作用主要体现为：有利于企业生产经营的正常进行；促进国际贸易和国际经济交往的发展；有助于企业加强风险管理，减少灾害损失；增加外汇收入，增强国际支付能力。

案例研究

2001 年 9 月 11 日 9 时左右，一架客机出现在美国纽约上空，径直朝着纽约最高建筑物和作为纽约市象征的世界贸易中心大楼冲去，撞击南塔后发生剧烈爆炸。十几分钟后，另一架飞机又撞上世界贸易中心的北塔。几十分钟后，冒着浓烟和大火的南北双塔先后倒塌。当时，该中心内大约 5 万人正在工作。美国美洲航空公司事后称，撞毁的飞机都属于该公司。一架飞机是从波士顿飞往洛杉矶的 11 号航班，飞行途中遭到劫持，然后撞毁。另一架飞机是从华盛顿飞往洛杉矶的 77 号航班。一个小时后，又有一架飞机撞在五角大楼外一块直升机停机坪附近并引发大火和爆炸，五角大楼一角被撞塌；接着，作为美国外交政策最高执行机构的国务院和美国国会大楼也相继发生汽车炸弹爆炸事件。就在这一串撞击和爆炸事件以后，一架美国联合航空公司从纽约附近的新泽西纽瓦克飞往旧金山的波音 757 客机在匹兹堡市附近坠毁。事后，判断该机的攻击目标可能是戴维营——美国总统度假村。

这次恐怖袭击震惊了全世界，给美国和世界经济以及保险业造成重创。“9·11”造成的各类经济损失和社会影响，超过历史上任何一次恐怖袭击，成为灾害经济学中可以与战争并列的人为灾害的新项目。

此次不幸事件涉及的保险极其广泛，试分析具体涉及哪些种类的保险赔偿或给付。

思考题

1. 试简述风险的种类。
2. 试简述风险管理的方法。
3. 保险的基本定义是什么？
4. 试简述货物运输保险的职能和作用。
5. 保险业务大体可分为哪些种类？
6. 试概述共同保险、重复保险与再保险之间的主要区别。

第二章　货物运输保险的发展历史

学习目标

通过教学，了解海上保险的萌芽，掌握现代海上保险的发展历程，了解我国保险业发展历史和我国海上货物运输保险条款的沿革。

关键词

船舶（货物）　抵押借款　共同海损　劳合社　储粮备荒制度　PICC

保险的思想自古有之，相传古埃及从事修建金字塔的石匠曾建立互助组织，只要参加者平时缴付互助金，就可在其死亡后发给丧葬费用。公元前18世纪，巴比伦国王曾命令僧侣、官员及村长对所辖民众征收税费以救济火灾和其他天灾的受害者。我国从周朝开始，也早已制定储粮备荒的制度以赈济灾民。由此可见，人类为防灾避祸，设立救济后备以及互助保险的思想和实践由来已久，保险的历史源远流长。

第一节　海上货物运输保险的起源和发展

一、海上保险的萌芽

早在公元前1792年，巴比伦第六代国王汉谟拉比在巴比伦人的对外贸易运输队中，曾实行过马匹死亡的救济办法——凡运输队成员的马匹死亡，由运输队全体给予补偿。公元前1000年间，以色列国王所罗门曾对从事海外贸易的商人征收税金，作为对在海难中遇难者损失的补偿资金。这两种做法，可以说是运输保险的原始形式。

但是，真正意义上的货物运输保险的历史，还得从海上保险的历史谈起。因为，货物运输保险是以海上保险为主，而且是从海上贸易开始发展起来的。所以，货物运输保险的历史，实际上主要是海上保险的历史。早在古代巴比伦人（Babylonians）的商业记录中，就有类似保险合同的记载。当时的巴比伦商人为了到海外寻求市场和原料来源，将货物与金钱交给推销采购人员让其赴海外从事贸易，而推销采购人员则以自己的财产和妻儿作保：若在贸易中获利，则双方均分；倘逾期不归或亏损，商人可占有推销采购人员的财产；如不足抵债，可将其妻儿收为奴隶。由于海上盗贼劫掠财物之事时有发生，不少推销采购人员不得不忍痛放弃妻子儿女而流落他乡。这影响了这类人员外出推销采购的积极性。于是，为了减少推销采购人员的顾虑，商人们允诺：若途中财物被劫，只要推销采购人员并无疏忽或未与盗贼串谋，在返回时经宣誓、说明真相，就可免除其责任。这种做法曾被巴比伦广泛采用。公元前 2250 年制定的《汉谟拉比法典》(Code of Hammurabi）对此还有专门规定的条文。此后，这种做法传至腓尼基(Phenicia)，再推行至其他地区的海上货物运输中使用。例如，盛行一时的船货抵押借款的做法，就是在巴比伦人的传统做法基础上发展而来的。那时，在海上贸易的过程中，商人常因船只失事使货物受损而无法继续经营，因而需向贷款人借取再经营的资金。船货抵押借款又称冒险借贷，这种借款最初是按一般借贷形式进行，以后逐渐发展成一种特殊形式的船舶抵押借款（Bottomry）和货物抵押借款（Respondentia)。采用这种方式订立的借款契约规定，当借款人向贷款人借款时，要付比一般借贷形式高得多的利息，条件是以这次出海的船舶或货物作为抵押；如果船货安全抵达目的地，借款人将所借款项连同利息如数归还贷款人；倘若船货在中途失事，借款人可不必归还贷款。船货抵押借款于公元前 9 世纪起流行于地中海沿岸的一些城市，特别是古希腊的雅典，后来传到意大利，在中世纪时一度颇为盛行。由于这种特殊形式的抵押借款已带有保险性质，贷款人所收高于一般借贷利息的那部分“利息”，实际上就是保险费。因此，可以将这种特殊形式的抵押借款视为原始形式的海上保险。

公元前 2000 年，地中海沿岸的贸易活动已相当活跃，海上运输随之也有较快增长。但是，当时的运输工具极其简陋，常因大风巨浪而翻船。而当遭遇海上风暴时，为使船舶保持平稳、免遭倾覆，最有效的办法就是抛弃一部分货物，以减轻船舶的负荷。这种抛货是为了避免船舶和货物同归于尽。但在决定抛货的过程中，货主都不愿为他人的利益将自己的财物抛入大海而作出牺牲。这种情况导致争端不断发生，甚至延误排除危险的时机。因此，为了使被抛弃货物的货主能从其他受益的货主和船主那里获得补偿，在当时航行于地中海的商人中形成一条“一人为众，众为一人”（One for All, All for One）的原则。这条原则后来被公元前 916 年在罗德岛（Rhodes）上制定的《罗地安海商法》(Rhodian Law）所采纳，该法明文规定：“凡因减轻船舶载重而将一部分货物抛弃入海，如为全体利益而损失的，须由全体来分摊。”这就是共同海损分摊原则的由来，也可以说是海上保险的萌芽。这一原则，同样也符合现代保险分散风险的基本原则。

二、现代海上保险的发展

现代海上保险则源自意大利。11 世纪末叶，十字军东征以后，意大利商人控制了东方与西欧的中介贸易。在意大利北部城市的商人之间，已经出现有类似现代形式的海上保险。这些商人将他们的贸易，尤其是汇兑票据和保险的习惯做法带至他们所到之处。由于意大利商人的足迹遍及整个欧洲，因而，在 14 世纪以后，保险就在西欧各国的商人之间流行。

据史料记载，人们可以看到的世界上第一张保险单，是一个名叫乔治·勒克维伦(Georgius Lecavellum）的意大利热那亚商人在 1347 年 10 月 23 日出立的承保“圣·克勒拉”号从热那亚至巴乔卡的船舶航程保单。当时，当地人称这种保单为 Polizza，传入英国后称为 Policy 并沿用至今。我国将其译为保险单。这种保单的措辞类似一种虚设的借款。它规定船舶在安全到达目的地后，合同失效；如中途发生损失，合同生效，该损失由合同的一方（贷款人，即保险人）承担。该保单的保险费是在合同订立之前以定金的名义支付的。这张保单因为没有订明保险人承保的风险，所以尚不具备现代保险单的形式。但是，到了 1397 年，在佛罗伦萨出现的保险单已经出现承诺“海上灾害、天灾、火灾、抛弃、禁制、捕捉”等风险的记载，这可以看作具有现代意义的保险单了。

早期的海上保险由商人当作副业经营，意大利伦巴第（Lombardy）的商人承做了此项业务的大部分。最初为英国船只保险的保险单，就是用意大利文写成的。到 16 世纪，意大利伦巴第人聚居在英国伦敦的一条街上经营保险，这条街后被命名为伦巴第街（Lombardy Street）。这些商人利用代理人为他们经营保险业务，从而使现代保险契约的交易逐渐普及起来。

三、英国海上保险的发展

现代海上保险，虽然源自意大利，但发展于英国。美洲新大陆被发现以后，英国的对外贸易空前发展。1554 年，英国商人得到国王特许，组织贸易公司以垄断海上业务。1568 年 12 月，伦敦市长批准成立了第一家皇家交易所，为海上保险提供了交易场所。1575 年，英国女王特许在皇家交易所内成立保险商会。在此支持下，英国的保险业务迅速发展，随之而来的海上保险纠纷案件也日益增多。为此，在 17 世纪、18 世纪，英国加强了对保险经营的行政管理和海上保险的立法工作。例如，英国于 1720 年批准了“皇家交易”和“伦敦”两家公司独享海上保险业务，为英国公司经营世界范围内的海上保险业务提供了便利条件。再如，18 世纪下半叶，时任首席大法官的曼斯菲尔德（Lord Mansfield）收集整理了大量的海上保险案件，编写了一部海上保险法案。凡此种种，不仅使世界保险中心逐渐转移到英国，而且对现代意义上的海上保险的发展也起了重要作用。

在海上保险的发展过程中，英国劳合社的形成和发展占有重要地位。1683 年，英国人爱德华·劳埃德（Edward Lloyd）在伦敦泰晤士河畔开设了一家劳埃德咖啡馆，由于地处航海、贸易机构较为集中的地段，顾客主要是经营远洋航海业的船东、船长、贸易商人、经纪人和高利贷者。这些人经常聚集在咖啡馆交换航海和贸易信息。保险商人也利用这一场所与被保险人洽谈保险业务，达成海上保险交易。那些需要保险的船主或货主来到咖啡馆，将他们要求保险的文件置于桌上，任何愿意承保一部分的保险商可以在文件上签名并写明愿意承担保险的金额。这种在要求保险的文件下方签名承保的习惯，就是使用“承保人”（Underwriter）一词的起因。为了招揽主顾，爱德华·劳埃德为顾客提供多方面的服务。1696 年，劳埃德咖啡馆出版了一份名为《劳埃德新闻》（*Lldyd's News*）的油印小报，着重报道海事航运和贸易消息，每周出版三期。到 1734 年，《劳埃德动态》（*Lloyd's List*）出版，先是周刊，后改为每周出版两期，最后改为日报。该出版物刊登有关海上保险更为详尽的信息，并逐渐成为具有国际影响的报纸。时至今日，该报仍在出版，也是英国历史最悠久的报纸之一。由于劳埃德咖啡馆采取了以上种种举措，吸引了众多的保险商和投保人，无形中使它成了当时保险商及经纪人洽谈海上保险业务的中心。初时，在劳埃德咖啡馆内承办保险业务的保险商者都是单独经营，对其承保的业务都各自承担责任。后来，随着贸易的日益发展和海上保险业务的不断扩大，原有咖啡馆已经不能满足商人们的交易需要。于是，1771 年，由经常在此聚会的 79 个保险商自动联合组织起来，每人出资 100 英镑，另觅新址，选出委员会，成立了一个专营海上保险业务的保险人组织，定名为“劳合社”（Lloyd's），也可译为“劳埃德保险社”。劳合社本身不是保险公司，不直接承接保险业务，而是一个类似交易所的保险市场并制定有供成员共同遵守的规章制度。它所采用的保险单格式，即“劳埃德船、货保险单格式”（Lloyd's S. G. Policy Form，简称 S. G. 保险单）① 于 1779 年经劳氏委员会审核确认，作为“标准保险单”。后来，1884 年创立的“伦敦保险协会”（The Institute of London Underwriters）所制定的《协会货物条款》（Institute Cargo Clauses）的主要内容也脱胎于这个标准保险单。英国 1906 年颁布的《海上保险法》（下称《1906 年海上保险法》）的附则一（First Schedule），也是有关 S. G. 保险单格式的说明规则。此项保险单格式在 1982 年英国开始采用新的保险单和保险条款之前，一直是国际保险市场上应用最为广泛的一种保险单。1871 年，英国议会通过法案，正式批准劳合社成为一个社团组织并授予该组织法人地位。至今，劳合社已成为国际保险市场上最大的保险组织之一，对世界海上保险有极大影响，其经营范围几乎遍及所有保险种类。劳合社市场的建立，标志着国际保险业步入一个全面创新的时期。

关于海上保险的法规，也以英国最为完备。英国海上保险法规的基础，主要是由大法官曼斯斐尔德（Lord Mansfield）于大量的判例中奠定的。这位法官自 1756 年即主持审判海上保险案件，积累了 30 余年的判例，确定了英国全部海上保险法规的原则。后来，英国议会根据有关判例，制定成文单行法，定名英国《1906 年海上保险法》，共 94 条，于 1906 年 12 月 21 日公布施行。英国《1906 年海上保险法》是近代最为完整和最有影响的海上保险法规，不仅所涉及的内容较为广泛，而且条理清晰，有很高的权威性。该法自公布施行后，被美国及欧亚各国广为引用并据以处理海上保险纠纷和审理海上损失的案件。

另外，英国于 1884 年成立的“伦敦保险协会”，是伦敦经营海上保险业务的承保人公会组织。参加这个组织的成员有劳合社与伦敦的各个保险公司。这个协会内设有一个名为“技术及条款委员会”（Technical and Clauses Committee）的机构，专门从事保险条款的标准化工作。它所制定的保险条款也一直受到世界各国的重视，并在国际保险市场上被广泛应用。

英国的保险单格式和伦敦保险协会制定的保险条款之所以长期广泛地为各国所采用，除了因为英国在世界保险业务中占有的重要地位外，还因为这些格式与条款具有悠久的历史，经历过无数次法律诉讼，几乎每字每句都有过法院的裁断、解释和认定。

---

① 在国际保险业中对 S. G. 有不同解释，一般可解释为船与货 Ship & Goods。

第二节　我国保险业的发展概况

我国清朝前期及以前的几千年中，自然环境、经济条件和长期的中央集权政治，决定了中国古代不可能具备建立西方国家那样现代保险制度的条件；直至清朝后期帝国主义入侵，才把西方的保险制度带进我国。从鸦片战争爆发，我国沦为半殖民地半封建社会开始，外国保险势力就进入我国并一直在我国的保险市场上占据主导地位。在旧中国，民族保险业虽然有所发展，却始终未能摆脱被外国保险公司支配的局面。新中国成立以后，形势发生了根本变化，外国保险公司的垄断地位被彻底打破。但我国也经历过保险业整顿、发展、倒退的曲折过程。中国共产党第十一届三中全会以后，国家实行改革开放政策，才使我国的保险事业迎来一个崭新的发展时期。

一、我国古代的储粮备荒制度和互助保险的萌芽

我国古代由于受季风性气候影响，加上地域广阔，经常发生水、旱、虫灾；而分散的小农经济自身，根本无法消化灾害带来的损失。面对重大的自然灾害，历代统治者只能把赈济灾民作为不可回避的大事。基本方法就是把部分社会剩余产品，主要是粮食储存起来，在遇到灾害时分发给灾民，帮助其渡过难关以保持社会稳定。据史料记载，这种储粮备荒制度，从周朝就已开始，但历代的具体做法略有不同。例如，周朝建立的分层次的各级储量不等的仓储制度，称为“委积”。又如，汉朝以后各朝均建有“常平舱”和“义舱”。前者是指在丰收年的粮价较低时，国家以较高价大量收购粮食入库，在歉收年以较低价抛售，以免谷贱伤农和平抑粮价，必要时也可供赈济之用。后者是指在官府组织下，按人头和田亩数抽取费用购粮储备，或者由民间自愿交纳、自行管理，即在通常年份收集粮食和实物，在灾年提供赈济。在宋朝时，还曾建立过“广惠仓”的制度，就是把每年征收的税粮部分储存于仓，以供平时扶助老、弱、病、残。我国古代的储粮备荒制度虽然具体做法不尽相同，但大都以官府为核心，带有社会保险和社会保障制度的性质，也说明我国古代基本上是以官方赈灾的方法实施保险制度。这与我国地域辽阔，长期处于自给自足的自然经济即以小农经济为基础的经济发展模式和中央集权统治的政治体制有关，从而导致统治者的以农为本的思想和农业赈济制度的发展；同时，也使民间互助保险萌芽的发展较为缓慢。

我国古代互助保险的萌芽始于货物运输。由于我国古代长期处于封建制度统治，商品经济很不发达，但货物运输的风险却相当大，而且比较集中。因此，我国民间互助保险的萌芽主要就出现在货物运输方面。例如，远在唐朝，行驶于长江三峡之间的货船，因为滩险礁多，极易出事。为避免因遇险而倾家荡产，几艘或十几艘船相约，如一船失事遭殃，由平安到达目的地的船只共同负责补偿。在明清时代，我国出现了一种称为“镖局”的武装押运组织：货主给镖局一定的费用，货物在途中若遗失或被劫，镖局要赔偿损失。这种做法实际上带有保险性质，货主所付的费用可看作运费加保险费。在清代，四川盛产井盐，通过水路外运，途中事故频繁。为补偿盐商损失，保障盐运正常进

行，官府从官盐税收中提取钱款组成基金，发生损失后，进行补偿。现在看来，唐朝的三峡船民互济互助，明清时代的镖局和盐运补偿，可说是我国保险业的萌芽。

二、旧中国的保险业

在我国，具有现代意义的商业保险是从西方传入的，特别是随着英帝国主义的入侵开始的。1805 年，英国人在广州开设的“广州保险会社”是我国历史上第一家保险公司。1835 年，英国商人在中国香港开设“保安保险公司”。鸦片战争爆发后，1842 年，清朝政府与英国签订《南京条约》，割让中国香港，开放广州、福州、厦门、宁波、上海为通商口岸。伴随着帝国主义的入侵，保安保险公司又在广州、上海分别设立保险机构。1856 年，第二次鸦片战争以后，帝国主义列强接踵而至，我国沦为半封建半殖民地社会，成为资本主义国家大量倾销商品、掠夺工业原料和输出资本的场所。自 19 世纪 70 年代起，英国人又先后在上海设立扬子保险公司、中华保险公司、太阳保险公司和巴勒保险公司等。此外，原在上海的英商怡和洋行和太古洋行也设有保险部，代理经营各英国保险公司的保险业务。

19 世纪中叶，曾国藩、李鸿章发起洋务运动，民族资产阶级随之产生。1865 年，义和公司保险行在上海成立。1875 年，清政府下属的招商局成立，后奉清政府令，拨银 20 万两，在上海创办了“仁和”“济和”两家保险公司，以后又合并成“仁济和保险公司”，承保招商局所有船舶、仓库和运输货物的保险业务。从此，我国才开始有了自己的保险公司。1894 年、1905 年，“福安水火人寿保险公司”和“中国华安和群人寿保险公司”先后成立。其中，尤以后者经营较好、影响最大，初步具备与外商保险公司抗衡的实力。1907 年，上海发起华商保险公会，为以后筹办同业公会组织打下了基础。综观自鸦片战争爆发至清朝末年这段时期，在我国的保险市场上，外商保险公司居于垄断地位，我国民族保险业备受压制，仅在艰苦环境中缓慢发展。

“五四运动”以后，民族意识有所提高，民族工商业也有所发展。就保险业而言，1935 年开业的华商保险公司有 45 家。但是，由于我国处于半封建半殖民地社会时期，当时的政府不可能对民族保险事业加以支持和保护，致使我国的保险市场仍被外商保险公司所控制。他们不仅垄断了保险规章、保险条款和保险费率的制定，而且连华商保险公司的业务经营也必须听任外商保险公司的摆布和主宰——华商保险公司所承保的业务，大部分都分保给外商保险公司，自留业务量为数极少；同时，分保的费率和条款均须外商制定。更有甚者，当时的中国政府于 1929 年 12 月 30 日公布的《保险法》以及 1937 年公布的经修订的《保险法》《保险业法》《保险业施行法》，均由于外商的反对而未能施行。20 世纪 30 年代，官僚资本开始进入我国保险市场。1931 年、1935 年，中国银行、中央信托局先后开办保险公司和保险部。随后，中国农业保险公司、太平洋保险公司也相继成立。这些官僚资本保险机构的出现，虽然在收回权益方面起到一定作用，但未从根本上动摇外商保险公司的垄断地位。在外商企业和官僚资本的双重压迫下，民族保险业日趋萎缩。在当时全国的保险费收入中，仅外商保险业就要占到 80%。

抗日战争爆发后，国内的保险公司大多内迁，重庆一度取代上海成为我国保险市场的中心。抗战胜利后，内迁的保险公司迁回上海。国民党政府接管了日伪保险公司。被迫撤离的外商保险公司卷土重来，上海又成为中国保险市场的中心。不过，此时在我国的外资保险公司中，美资保险公司取代英商保险公司占据了主导地位，仅美资“美亚保险公司”一家就从我国攫取了大量的保险费收入。新中国成立前夕，国民党政府倒行逆施，国民经济濒临崩溃，恶性通货膨胀日益加剧，保险市场陷入一片混乱之中，众多民族保险公司纷纷宣告破产。

三、新中国成立后，我国保险业的整顿、发展与倒退

1949 年新中国成立以后，我国政府对保险市场进行了清理整顿。上海原是我国保险业发展的中心，自然就成为清理整顿的重点。上海刚解放不久，上海市军管会金融处就专设了一个保险组，接管了 21 家官僚资本保险机构；同时，立即对私营保险公司进行管理。经重新登记，批准复业的私营华商保险公司有 63 家，外商保险公司 42 家。经审查，淘汰了许多投机性的保险公司。在批准“中国保险公司”恢复营业的同时，还授权其独家办理对外分保业务。对外商保险公司在法律上不加取缔，但对其加强监督管理，切断其业务来源，使其不仅丧失垄断地位，而且逐渐从中国保险市场上消失。此外，对民族资本的一般私营保险公司，促使其走联营道路。至 1951 年，民族资本的保险公司全部合并，成立了“新丰”“太平”两家公司，后又进一步合并成“太平保险公司”，专营海外业务。其他省市，在新中国成立后也对保险公司进行了整顿。地方性的国营保险公司纷纷建立。整顿后的我国保险市场，外商垄断地位不复存在，国营保险公司很快控制了我国的保险市场。

1949 年 10 月，经中央人民政府政务院批准，中国人民保险公司（The People's Insurance Company of China，简称 PICC）正式成立。作为当时唯一的全国性保险公司，其总部设在北京，由中国人民银行领导。中国人民保险公司成立后，迅速在全国建立了大量的分支机构。随着对私营保险公司的社会主义改造的完成，我国保险事业得到很大的发展，保险机构和从业人员均有大量增加，开办的险种也越来越多。中国人民保险公司对旧的保险制度进行了改革，修改了保险单，开始制定并使用我国自己的保险条款。

1958 年，一些人错误地认为，人民公社自身有能力进行灾后补偿，即使发生巨大灾害，国家也能通过财政调整解决，保险的作用已经消失。在这种思想的影响下，从 1959 年起，全面停办国内保险业务，全国保险机构从 4 600 多个减少到 56 个，从事保险业务的职工从 5 万人缩减到 400 多人。“文化大革命”时期，受“极左思潮”影响，又取消了对外分保业务。当时，中国人民保险公司总公司的涉外业务人员一度减少到只有 9 人，全国办理涉外保险的职工也仅 70 余人。这使我国的保险事业受到重创，以致在刚刚开始有所发展的情况下，又出现大倒退，并且给新中国保险史上的国内保险业务留下整整 20 年的空白。

四、我国保险业的新时期

中国共产党十一届三中全会以后，我国实行改革开放政策。为适应新的经济发展形势的需要，在 1979 年 2 月召开的中国人民银行全国分行行长会议上，作出恢复国内保

险业务的决定。经国务院批准，自 1980 年起，各省的国内保险业务陆续全面恢复。从此，我国的保险业跨入一个全新的发展时期，出现许多前所未有的新气象。

首先，保险市场的经营主体发生了根本性的变化。1986 年，中国人民银行批准新疆生产建设兵团成立保险公司，结束了中国人民保险公司独家经营保险业务的历史。1987 年，交通银行开设保险部，1991 年改组为太平洋保险公司，总部设在上海，成为继中国人民保险公司后，第二家全国性的保险公司。1988 年以后，又相继批准成立了中国平安保险公司以及华泰、新华、泰康、天安、大众等一批全国性或区域性的保险公司。接着，中国人民保险公司根据保险法分业经营的要求，改组成独立的中国人民保险公司、中国人寿保险公司和中国再保险三家全国性保险公司。2001 年 8 月，经中国证监会批准，上海祥生保险代理有限公司正式成立，标志着我国保险中介机构开始真正形成一个完备的中介体系，填补了我国专业保险代理市场的空白。与此同时，随着我国经济体制改革的逐步深化，许多外国保险公司纷纷进入中国保险市场。1980 年，美国保险集团（AIG）率先在北京设立联络处。随后，日英等许多发达国家的保险公司也陆续在北京、上海设立联络处。1992 年，美国保险集团所属美国友邦保险公司获准在上海开业。此后，进入中国保险市场直接经营或与我方企业合资经营保险业务的外国保险公司越来越多。迄今为止，我国保险市场上的经营主体，已经初步形成以国有保险公司和股份制保险公司为主，中外保险公司并存，多家保险公司竞争、共同发展的新格局。

其次，自 1980 年国内保险恢复以来，先从财产保险迅速发展起来。以后，人身保险也进入高速发展时期。在涉外保险方面，除重新恢复国际分保业务外，为了配合对外开放政策的实施、适应对外经济技术合作交流的发展和方便外商投资的需要，我国各保险公司陆续开办了许多新险种的保险业务。例如来料加工综合险、安装工程险、建筑工程险、第三者责任险、产品责任险、雇主责任险、投资保险以及出口业务中的卖方利益险等。

保险业飞速发展的同时，为了使保险业务的经营更加规范化，我国政府加强了有关保险的法制建设和监管力度。1983 年，国务院颁发了《中华人民共和国财产保险合同条例》《保险公司管理暂行条例》等行政法规。继 1992 年 7 月，第七届全国人大常委会第 28 次会议通过《中华人民共和国海商法》，对共同海损与海上保险合同作出专章规定后，1995 年 6 月，第八届全国人大常委会第 14 次会议又通过了《中华人民共和国保险法》，并于 2002 年、2009 年、2014 年和 2015 年多次修订。这两部法律的颁布施行为我国保险市场奠定了法律的基础。

1996 年以后，中国人民银行陆续制定并公布了《保险代理人管理暂行规定》《保险管理暂行规定（试行）》《保险经纪人管理规定（试行）》。1998 年 11 月，中国保险监督管理委员会成立（2018 年组建新的中国银行保险监督委员会）。在 1999 年、2000 年，中国保险监督管理委员会先后公布了《保险机构高级管理人员任职资格暂行规定》《保险公估人管理规定（试行）》和《保险公司管理规定》。这些法律、行政法规的出台以及银行保险监督管理委员会的组建，充分表明我国政府不断加大对保险市场的监管力度。这有利于保险经营规范化，有利于保险风险的防范和化解，也标志着我国保险法律和监管制度的日益完善。

有必要指出，改革开放以后，尤其是加入 WTO 以来，我国的保险业虽然得到空前迅速的发展，但同发达国家相比，同我国社会主义市场经济发展的需要相比，还有相当差距。可以预计，伴随我国经济的持续增长与改革开放的进一步深化和扩大，我国保险业必将获得更加迅速的发展。

第三节 我国海上运输货物保险条款的沿革

保险条款是指在保险单，即保险合同中规定的保险人与被保险人的权利和义务以及其他有关保险事项的条款。由于海上保险是现代保险中最早出现的一种保险，而其他保险的原则与做法几乎都是从海上保险发展演变而来的，因此，海上保险条款是所有保险条款中最重要的一种保险条款。海上保险包括海上运输货物保险和海上运输工具保险两种，本节所述的是前一种。

保险条款通常由保险的行业组织或著名的保险公司制定。伦敦保险协会制定的《协会货物条款》（Institute Cargo Clauses，简称 ICC）是世界上影响最大、使用最为广泛的海上保险条款。我国目前通用的“中国保险条款”（China Insurance Clauses，简称 CIC）是由中国人民保险公司制定的。其中，《海洋运输货物保险条款》（Ocean Marine Cargo Clauses）是涉外运输保险条款中最常用的保险条款。

新中国成立前，保险市场被外商垄断和控制，即使是民族资本的保险公司所出具的海上保险单也都使用伦敦劳埃德保险单的标准格式，而且全部用英文照抄照搬《协会货物条款》。如遇海上损失的争议案件，也只能根据英国的法律处理。1934 年起，有些华商保险公司的保险单采取了中英文对照的方式，但仍注明“中文条款仅系译文”。1931 年，国民党政府公布的《海商法》，第八章为海上保险，共 30 条，其内容与英国《1906 年海上保险法》的原则大致相同，因此得以实施。而于 1935 年及 1937 年公布的《保险业法》与《保险法》，则由于外商保险公司的反对而未能施行。这是我国当时正处于半封建半殖民地社会，立法自主权薄弱的表现。与此同时，不少资本主义国家的商人还对我国民族资本的保险公司采取歧视和不信任态度，不接受其保险单。在此情况下，就不可能制定我国自己的保险条款，更谈不上在国际上推广使用中国的保险条款。

新中国成立以后，我国对旧中国遗留下来的保险业进行了清理整顿和社会主义改造，成立了中国人民保险公司。为适应国际保险市场和恢复发展对外贸易的需要，中国人民保险公司于 1951 年以《协会货物条款》为蓝本，首次制定了我国自己的海洋运输货物条款。1956 年起，又根据我国保险工作实际情况并参照国际保险市场的习惯做法，陆续制定了各种涉外保险条款，总称为“中国保险条款”（CIC），包括海洋、陆上、航空、邮政包裹等不同运输方式的货运保险条款和各种附加险条款。

1963 年 9 月 1 日，中国人民保险公司公布了经修订后的《海洋运输货物保险条款》，包括“仓至仓”条款、平安险条款、推定全损条款、共同海损条款、船舶互撞责任条款、战争险条款、罢工险条款、合理措施条款、查验人条款等 16 条基本条款。此外，还有水渍险条款、一切险条款以及其他各种附加险条款。根据这个条款，基本险只有平安险和水渍险两种；附加险未予分类，共有 13 种，包括战争险和罢工险。一切险也作为附加险的一种另立专门条款。当时，由于实践经验不足，条款内容存在文字烦琐、保险责任含糊的缺点，除在由我方负责保险的进口贸易中使用外，较难在国际上推广。

鉴于 1963 年条款存在的不足，中国人民保险公司从 1970 年起着手对其进行修订，通过总公司与有关分公司由上而下、再由下而上多次商讨，终于在 1972 年由总公司定稿并于同年 4 月 1 日起正式施行。这次修订的条款可以说是在总结了 20 年的实践经验，对《协会货物条款》有了进一步理解的基础上，结合我国实际的产物，因此，是一部具有中国特点的《海洋运输货物保险条款》。按照这个条款，中国人民保险公司承保的险别主要有全损险（Total Loss Only，TLO）、基本险（With Average，WA）和综合险（All Risks）三种。全损险的责任范围主要是保险货物在运输途中遭受自然灾害和意外事故所造成的全部损失，在装卸过程中整件货物落海造成的损失，以及共同海损的分摊与必要的救助和施救费用。基本险和综合险两个险别，除中文名称有改动外，其英文名称和责任范围均与原条款的水渍险和一切险没有区别。

1976 年，人保总公司又发布了第三个保险条款，主要险别仍保持全损险、基本险和综合险三种不变，仅对某些条文的措词作了修改。总体看来，这次修订虽然变化不大，但较之原条款在文字上更加严密和准确。

“文化大革命”结束以后，中国人民保险公司又对货物运输条款进行了第三次修订，也就是到目前还在使用的自 1981 年 1 月 1 日发布实施的《海洋运输货物保险条款》。

综观我国对《海洋运输货物保险条款》的制定、修订和使用的历史，在新中国成立初期，由于我国长期受帝国主义的控制、垄断和歧视的影响，中国人民保险公司在国际上尚未树立信誉，在实践中一般仍采用《协会货物条款》。自 20 世纪 60 年代初开始，使用我国保险条款的比例逐年提高。“文革”期间，人保总公司决定停止接受按《协会货物条款》承保。在此后的 10 年中，只能全部按中国保险条款承保，导致大量出口交易转由买方在进口国自办保险。直至 1979 年 7 月，人保总公司召开专门会议，决定可以根据客户意愿按《协会货物条款》承保，出口采用 CIF 价格条件，由我方办理保险的交易才逐渐增多。以后，随着中国人民保险公司在国际上的信誉日益提高，许多客户都接受按中国保险条款承保的保险单。

本章小结

在海上保险发展过程中，逐渐形成共同海损处理原则，随后又逐渐形成船舶（货物）抵押贷款制度和无偿借贷制度，表明保险已初具雏形。现代海上保险起源于意大利，后又传入欧洲各国。17 世纪后，英国逐渐成为世界保险市场的中心。在此过程中，劳合社逐渐演变成国际保险市场上的重要保险社团。

我国古代就有储粮备荒制度和互助保险的做法。中国现代保险业的成长经历了旧中国民族保险业、新中国成立后的保险业以及改革开放以来中国保险业这三个阶段的发展历程。

案例研究

在公元前9世纪，意大利商人因担心船只失事而致货物受损，向贷款人借取资金，订立货物抵押借款的契约如下：“以这次出海的货物作为抵押，如果货物安全抵达目的地，借款人将所借款项连同利息如数归还贷款人。倘若船只在中途失事，借款人可不必归还款项。本次借款的利息为10%。”当时，一般借贷的利息为5%。

分析此种货物抵押借款形式在哪些方面具备了海上保险的要素。

思考题

1. “共同海损”的分摊原则是何时产生的？其基本内容是什么？
2. 试简述船货抵押借款的基本做法。
3. 试简述英国的海上保险的发展历史。
4. 劳合社是如何产生和发展的？它是什么性质的组织？
5. 简述中国现代保险业的发展历程。
6. 我国海上运输货物保险条款是如何产生和发展起来的？

第三章　保险合同

学习目标

通过本章学习，了解保险合同的法律特征和主要分类，掌握保险合同的主体、辅助人和客体的概念，了解保险合同的内容，掌握保险合同成立的条件及变更、解除、终止的情形，了解保险合同争议解决的方式。

关键词

保险合同　补偿性合同　给付性合同　定值保险　不定值保险　足额保险　不足额保险　超额保险　总括保险　流动保险　预约保险　保险人　投保人　被保险人　保险受益人　保险代理人　保险经纪人　保险公估人　保险标的　保险费　保险金额　保险价值　保险单　保险凭证　投保单　暂保单

第一节　保险合同的法律特征和分类

合同是平等主体的自然人、法人，与其他组织之间设立、变更或终止民事权利义务关系的协议。保险合同是合同的一种，是投保人支付约定的保险费，保险人对保险标的因保险事故所造成的损失，在保险金额范围内承担赔偿责任，或者当被保险人死亡、伤残、疾病或达到合同约定的年龄/期限时承担给付保险金义务的协议。

一、保险合同的法律特征

保险合同除了具有一般合同的特征外，还具有其自身的法律特征。

（一）保险合同是射幸合同（Aleatory Contract）

射幸合同是指在合同订立时，当事人因特定行为而引致的损益并不确定的合同。射幸合同中的一方当事人支付的一定代价所买到的只是一个机会。

保险合同中，约定的保险事故是否发生、何时发生、发生后受损程度如何，均具有偶然性，因而保险合同具有射幸性。对投保人而言，支付保险费买到的是一个将来可能获得赔偿的机会。如果保险期间发生保险事故而造成保险标的损失，被保险人从保险人处得到的保险赔偿金额可能会远超其已经支付的保险费；如果保险事故未发生，那么，被保险人在现实的经济利益上将没有任何收入，因而收入和支出并不等值。

但是，上述情况只是就单个保险合同而言。从所有保险合同的总体来看，保险费收入总额应与保险人所负赔偿债务相等；换言之，原则上，保险人的收入与支出保持平衡。

（二）保险合同是诚信合同（Contract of Good Faith）

保险合同对诚信的要求比一般的经济合同更高。一方面，保险事故的发生具有很大的不确定性，而且许多与承保风险密切相关的情况，只有投保人或被保险人知道，投保人或被保险人的任何不实告知或隐瞒，都可能使保险人受到损害；另一方面，保险条款是保险人单方面制定的，具有很强的专业性，保险人如果未能说明保险条款的内容，也可能使被保险人的利益受损。因此，诚信原则是保险合同订立和履行时必须遵守的基本原则之一。

（三）保险合同是有条件的双务合同（Bilateral Contract）

双务合同是指，合同当事人双方相互享有权利又相互承担义务的合同，其中一方的义务就是对方的权利。保险合同中，投保人的义务主要包括投保时的如实告知、支付保险费、危险增加时的通知、采取防灾防损措施等；保险人的义务主要包括如实说明保险条款、当约定的保险事故发生并造成损失时履行赔偿或者给付保险金责任、协助被保险人防灾防损、及时向投保人签发保险单或者其他保险凭证等。

同时，保险合同的双务性是有条件的。只有发生保险责任范围内的事故时，保险人才需承担赔偿或给付的责任。所以，保险人是否履行赔偿或给付义务，具有很大的不确定性。大多数情况下，保险人收取保险费并不需支付赔偿金或保险金，这也反映了保险合同射幸性的特点。不过，对投保人而言，其支付保险费的义务是确定的、没有条件的，一旦订立保险合同，投保人即须依约缴纳保险费。

（四）保险合同是对人的合同（Personal Contract）

保险合同是针对“人”（自然人或法人）的合同。人身保险合同的保险标的是人的身体和生命，因而自然是对人的合同。财产保险合同的保险标的，虽然是有形的财产或其利益，但财产保险合同真正保障的并不是作为保险标的的财产本身，而是被保险人因财产受损所致的经济损失，即若被保险人因保险财产损毁而遭受损失，其可依照保险合同的约定得到补偿。若保险财产虽遭受损毁，但被保险人并未因此遭受经济损失，则保险人无需进行保险赔偿。

此外，保险标的可能遭受的风险损失往往与被保险人密切相关。例如，在汽车保险中，被保险人的年龄、性别、驾龄、交通违规记录等因素均与风险大小有关，直接影响保险人决定是否接受投保人的要约以及按照什么费率收取保费等。因此，保险合同是针对特定被保险人的合同，在每份保险合同中，均须载明具体的被保险人作为该保险合同保障的主体。保险合同的这一性质直接影响保险合同的转让，除货物运输保险外，保险单通常必须经过保险人的书面同意才可以有效转让。

（五）保险合同是附合合同（Contract of Adhesion）

附合合同又称格式合同，与议商合同相对应，它是指一方当事人对于另一方当事人事先已确定的合同条款只能表示同意或者不同意、接受或者不接受的合同，亦即一方当事人要么从整体上接受合同条件，要么不订立合同。

在保险合同的签订过程中，通常由保险人将其事先制定的、具有统一格式的标准化保险单及保险合同的主要条款提供给投保人，投保人对于该格式条款，一般只能表示接受而无权修改、变更合同条款。

针对保险合同的附合性特征，各国均以立法形式对之加以约束，以有效预防和矫正合同关系中可能出现的不平等现象，保护投保人、被保险人的合法权益。各国保险立法通常规定保险合同的条款必须符合公平、平等的原则，其中的一些重要条款还应当由有关部门制定或者审核。如我国《保险法》第 114 条规定："保险公司应当按照国务院保险监督管理机构的规定，公平、合理拟定保险条款和保险费率，不得损害投保人、被保险人和受益人的合法权益。"此外，我国《保险法》第 30 条规定："采用保险人提供的格式条款订立的保险合同，保险人与投保人、被保险人或者受益人对合同条款有争议的，应当按照通常理解予以解释。对合同条款有两种以上解释的，人民法院或者仲裁机构应当作出有利于被保险人和受益人的解释。"

二、保险合同的分类

根据不同的标准，可以将保险合同作如下主要分类。

（一）按保险合同设立的目的分类

根据设立保险合同的不同目的，可将保险合同分为补偿性保险合同和给付性保险合同。

1. 补偿性保险合同

补偿性保险合同设立的目的在于补偿被保险人因保险事故所遭受的经济损失，即保险人在保险合同约定的保险金额内，对被保险人遭受的经济损失给予补偿。其基本特征是，保险事故发生所造成的后果表现为被保险人的经济损失，而且这种经济损失可以用货币计量。财产保险合同均属补偿性合同。

2. 给付性保险合同

给付性保险合同是指，当约定的保险事故发生时或约定的期限到达时，保险人履行按约定给付保险金责任的合同。其基本特征是，保险事故的发生不一定造成经济损失，或者即使造成损失，也不能用货币计量损失金额或很难计量。因此，合同双方当事人在保险合同中约定，只要保险事故发生，保险人就按照约定的金额给付保险金，而不必考虑被保险人有无经济损失以及损失的具体金额。

人身保险合同大多数属于给付性合同。因为人的生命或身体是无法用经济价值加以衡量的，若发生保险事故，被保险人遭受的人身伤害客观上是不能获得真正的"赔偿"的。而在生存保险合同中，保险人支付保险金以保险期限届满时被保险人仍生存为条件，与被保险人的经济损失无任何关联。

少数人身保险合同，如医疗保险合同，可能是给付性合同，也可能是补偿性合同。

（二）按是否约定保险价值分类

根据财产保险合同订立时是否约定保险价值，可将保险合同分为定值保险合同和不定值保险合同。

1. 定值保险合同

定值保险合同是指，双方当事人在订立保险合同时，即已确定保险标的的保险价值并将之载明在保险合同中。定值保险合同成立后，在保险期限内，如果约定的保险事故发生并造成财产损失的，保险人按保险合同中载明的保险价值作为计算赔偿金的依据。

定值保险合同中，保险标的的保险价值由双方自愿确定，有可能高于或低于保险标的在遭受保险事故时的实际价值。但在保险事故发生后，除非保险人能证明投保人在确定保险价值上有欺诈，否则，保险人不得以保险标的实际价值与保险价值不符为由，拒绝履行赔偿责任。定值保险合同适用的对象通常为价值变化较大或不易确定价值的特定物，如字画、古玩等。在运输货物保险中，由于运输货物的价值在不同时间、不同地点有可能存在很大差异，为避免对保险价值的确定产生争议，当事人常常采用定值保险合同。

2. 不定值保险合同

不定值保险合同是双方当事人在订立保险合同时，不预先确定保险价值，仅载明保险金额的保险合同。不定值保险合同双方当事人仅约定了保险金额，而将保险标的的实际价值留待保险事故发生后，需要计算保险赔偿金额时才确定。财产保险多采用不定值保险合同。

不定值保险合同的特点是以保险事故发生时的当地市场价值作为判断保险价值的依据。当保险价值与保险金额一致时，产生足额保险；当保险价值小于保险金额时，产生超额保险；当保险价值大于保险金额时，则产生不足额保险。

人身保险合同中，人的生命和身体无法用金钱衡量估价，不存在保险标的的保险价值，因此，保险合同的上述分类仅适用于财产保险合同。

（三）按风险转嫁程度分类

按风险转嫁程度，可将保险合同分为不足额保险合同、足额保险合同和超额保险合同。

1. 不足额保险合同

不足额保险合同是指，保险合同中约定的保险金额小于保险价值的保险合同。此时，投保人只转嫁了保险标的的部分风险责任。

在不足额保险合同中，当保险标的发生损失时，保险人的赔款额以保险金额为限，因而可能出现保险标的损失并不能得到足额保险补偿的结果。

2. 足额保险合同

足额保险合同是指以全部保险价值投保而订立的保险合同，即保险金额等于保险价值的保险合同。由于投保人将保险标的的全部风险责任都转嫁给保险人承担，当发生保险事故时，保险人应按保险标的的实际损失予以全额赔偿。当保险标的发生全损时，保险人应按保险价值全部赔偿。

3. 超额保险合同

超额保险合同是指，保险合同中约定的保险金额大于保险价值的保险合同。造成超额保险的原因可能是由于在订立保险合同时，保险双方当事人并未核定保险标的的价值，从而约定的保险金额超过了保险价值；也可能是在保险期内，保险标的价值下跌，以致保险事故发生时，保险标的的实际价值小于保险金额。

我国《保险法》规定，保险金额不得超过保险价值；超过保险价值的，超过的部分无效。世界其他国家法律也有类似规定。因此，在超额保险情形下，被保险人得到的保险补偿也是以标的的保险价值为限，被保险人并不能得到超过其实际损失的保险赔偿。

最后须指出的是，除法律特别规定或合同特别约定外，保险合同属于不足额、足额或超额保险合同，是在损失发生时才得以确定的。

（四）按承保方式分类

按承保方式，可将保险合同分为特定式保险合同、总括保险合同、流动保险合同和预约保险合同。

1. 特定式保险合同

特定式保险合同是指，保险人只对事先商定的具体保险标的进行承保的保险合同。在该保险合同项下，载明保险人承保的保险标的名称、数量，以及保险金额、保险险别、保险期限等具体事项。

对保险人而言，特定式保险合同承保时，手续相对繁琐；但保险标的发生损失时，有利于保险人理赔。

2. 总括保险合同

总括保险合同是指，只规定保险人承保的保险标的类别，而对该类别保险标的不再分类的保险合同。采用这种保险方式，被保险人须与保险人确定承保范围、保险总额及保险期限等内容；对于保险期内凡属承保类别的保险标的，保险人均予以承保。

总括保险合同在承保时，手续较方便；但保险标的发生损失时，理赔工作较复杂。

3. 流动保险合同

流动保险合同是一种持续有效的保险合同，适合于财产变化比较频繁的被保险人。在流动保险合同中，通常不规定保险金额，只规定保险人承担的最高责任限额。采用此种保险方式的被保险人，通常是仓储型企业。

4. 预约保险合同

预约保险合同又称开口合同，是保险人与投保人之间预先约定保险责任范围的长期性协议。在预约保险合同中，仅载明承保险别、保险标的、保险费率、每张保单或一个地点的最高保险金额等事项，并不规定保险财产的具体保险金额，而由被保险人定期将保险财产的价值报告保险人并据此结算保险费。在最高保险金额范围内，载明于保险合同承保范围的财产，由保险人自动承保。

预约保险合同在货物运输保险中运用较广泛。按保险合同规定，当货物发运时，投保人向保险人发出起运通知书进行申报；保险人据此签发保险单或保险凭证，在预约保险范围内对货物承保。投保人的申报如有遗漏或错误，只要不是出于恶意，即使货物已发生损失，事后仍可向保险人要求补充申报，保险人应予负责。如果投保人申报时，该批货物已安全到达目的地，仍须缴纳保险费。

第二节 保险合同的主体、辅助人和客体

一、保险合同的主体

保险合同的主体是指，参加保险合同关系并享有一定权利和承担一定义务的人。保险合同的主体包括保险合同的当事人和关系人。

（一）保险合同的当事人

1. 保险人（Insurer）

保险人也称承保人，是指与投保人订立保险合同，享有收取保险费的权利并承担赔偿或者给付保险金责任的一方当事人。我国《保险法》第 10 条规定：“保险人是指与投保人订立保险合同，并按照合同约定承担赔偿或者给付保险金责任的保险公司。”

由于保险人承担的责任重大，其经营好坏不仅关系保险合同当事人的权益，而且影响整个社会的安全与稳定，故各国法律对保险组织的形式和经营资格都有严格规定，保险人必须在核准的经营范围内经营保险业务。

2. 投保人（Applicant）

投保人也称要保人，是保险合同的另一方当事人，是指向保险人申请订立保险合同，负有支付保险费义务的人。投保人可以为自己的利益与保险人订立保险合同，也可以为他人的利益与保险人订立保险合同。他既可以是自然人，也可以是法人，但必须具有完全的民事行为能力，否则，其所订立的保险合同不具有法律效力。

3. 被保险人（Insured）

被保险人是指其财产或者人身受保险合同保障，在保险事故发生时，享有保险金请求权的人。当投保人为自己的利益订立保险合同时，则投保人和被保险人为同一人。投保人和被保险人也可以是不同的两个人，这在人身保险中尤为普遍，如父母为子女投保教育保险。

在财产保险中，被保险人是对保险财产具有保险利益的人，会因保险财产的损毁而在经济上遭受损失，如财产的所有权人、经营管理人、抵押权人等；在人身保险中，被保险人是以生命及身体为保险标的取得保险保障的人。由于被保险人的利益会因保险事故的发生而遭受损失，保险人应以被保险人为赔偿或给付对象。

（二）保险合同的关系人

保险合同的关系人主要指保险受益人（Beneficiary）。保险受益人是指人身保险合同中，由被保险人或者投保人指定的享有保险金请求权的人。投保人、被保险人可以为受益人。人身保险的保险标的是人的身体或生命，其中，死亡保险即是以被保险人的死亡作为给付保险金的条件。而被保险人的死亡意味着其无法受领保险金，因此，在人身保险中，受益人是保险合同的重要关系人。

1. 受益人的指定和变更

受益人应由被保险人或者投保人在投保时指定并在保险合同中载明。被保险人或者投保人可以变更受益人并书面通知保险人。受益人没有资格限制，被保险人或投保人可以指定任何人，包括被保险人或投保人本人作为受益人。在被保险人和投保人不是同一人的情形下，投保人指定或变更受益人均须经被保险人同意。这是因为受益权的实现往往涉及被保险人的生命，而规定受益人的指定和变更须经被保险人同意可以防止出现谋害被保险人以取得保险金的道德危险，最大限度地保护被保险人的利益。

2. 受益人的法律地位

受益人是无偿享受保险合同权利的人，其享有保险事故发生时保险金的请求权而不需承担缴纳保险费的义务。死亡受益人所领取的保险金归受益人独立所有，无需承担偿还被保险人生前债务等义务。

3. 受益人缺位时的保险金给付

受益人缺位的情形包括：被保险人死亡后，未指定受益人或受益人指定不明无法确定；受益人先于被保险人死亡，而且没有其他受益人；受益人依法丧失受益权或放弃受益权而且无其他受益人。出现上述情形之一的，保险金作为被保险人的遗产处理，由被保险人的继承人领取保险金。被保险人的继承人在享有保险金的同时，应偿还被保险人的债务。

4. 被保险人与受益人同时死亡时的保险金归属

我国《保险法》第42条规定："受益人与被保险人在同一事件中死亡，且不能确定死亡先后顺序的，推定受益人死亡在先。"由此可见，当被保险人与受益人同时死亡时，可视作该受益人不存在，保险金仍归被保险人所有。

二、保险合同的辅助人

保险合同的辅助人也称保险中介，是指以专门知识和技术等为保险合同的订立、履行提供服务的人，主要包括保险代理人、保险经纪人和保险公估人。各类保险辅助人在保险市场中承担不同的角色，成为沟通保险人和被保险人的纽带，对于促成保险关系的建立，实现保险的职能和作用具有重要的影响。

（一）保险代理人（Agent）

保险代理人是根据保险人的委托，向保险人收取代理手续费，并在保险人授权的范围内代为办理保险业务的单位或者个人。

从保险代理人的定义可知，保险代理人是保险人的代理人，接受保险人的委托，代表保险人的利益，以保险人的名义在保险人授权的范围内办理保险业务。保险代理人根据保险人的授权代为办理保险业务所产生的行为后果由保险人承担责任。

在我国，保险代理人按从业性质的不同可分为专业代理人、兼业代理人和个人代理人三种形式。专业代理人是指专门从事保险代理业务的保险代理机构。兼业代理人是指受保险人委托，在从事自身业务的同时，指定专人为保险人代办保险业务的单位。常见的兼业代理人主要有银行代理、行业代理和单位代理三种。个人代理人是指根据保险人的委托代为办理保险业务的个人。

（二）保险经纪人（Broker）

保险经纪人是基于投保人的利益，为投保人与保险人订立保险合同提供中介服务并依法收取佣金的单位。

保险经纪人不同于保险代理人，他代表投保人的利益，因此，保险经纪人在选择保险人和与保险人洽商保险合同条款的过程中，应当按照投保人的指示和要求行事，维护投保人和被保险人的利益。同时，保险经纪人具有独立性，是具有独立法律地位的经营组织，在进行保险经纪活动时，经纪人以自己的名义与保险人发生交往并承担由此产生的法律后果，因保险经纪人在办理保险业务中的过错给投保人或者被保险人造成损失的，由保险经纪人承担赔偿责任。

保险经纪人的业务范围通常不仅限于投保环节，其业务职责包括：为客户进行风险评估，制订保险计划甚至制订包括财务风险管理、发展战略风险管理等在内的综合风险管理计划；提供保险信息，为客户选择最适合的保险公司和最好的保险条件，促成保险合同的订立并可为客户代办投保手续；监督保险合同的执行情况并协助索赔。

（三）保险公估人（Surveyor）

保险公估人是接受保险当事人委托，专门从事保险标的评估、勘验、鉴定、估损、理算等业务的公司，也称保险公估行或保险公估公司。

保险公估人是独立于保险合同双方当事人以外的中介服务机构，以独立、公正的身份，为保险当事人提供公估服务。保险公估人是社会分工不断细化的产物，能够根据保险当事人的委托，提供专业化的服务。作为独立的保险服务机构，保险公估人对因自身的过失行为给保险人或被保险人造成的损失，依法承担民事赔偿责任。

三、保险合同的客体

保险合同的客体，即保险的对象，不是指保险标的本身，而是指保险合同的主体权利、义务所共同指向的对象，是保险利益。保险人所承保的标的可以是任何财产或与财产相连的利益，或者是因事故的发生而丧失的权利或产生的法律赔偿责任，如汽车及由此引起的第三者责任。但是保险人真正保障的是投保人或被保险人对保险标的所具有的法律上承认的利益，即保险利益。投保人或被保险人对保险标的不具有保险利益，则保险合同无效。

第三节 保险合同的内容和形式

一、保险合同的内容

保险合同是规范保险合同主体间的权利和义务关系的协议，其内容通常以保险合同条款的形式加以体现。

根据我国《保险法》规定，保险合同应当包括下列事项。

（一）保险人名称和住所

保险人是保险合同的当事人之一，保险合同对其名称和住所应当加以记载，以便于投保人、被保险人、受益人行使权利和履行义务。

（二）投保人、被保险人名称和住所，以及人身保险的受益人的名称和住所

投保人、被保险人和人身保险合同的受益人均是参与保险活动的主体，在保险合同中对其名称和住所加以记载同样是订立和履行保险合同的需要。

（三）保险标的

订立保险合同时，保险标的必须明确记载于保险合同中，以确定保险人对哪些承保对象承担保险责任。同时，它也是确定保险金额和保险费率的重要依据。

（四）保险责任和责任免除

保险责任是指保险合同约定的保险事故发生时，保险人应承担的赔偿或者给付保险金的责任。保险合同的责任免除条款，也称除外责任条款，是指保险合同中约定的保险人不负赔偿或者给付保险金责任的情形。

（五）保险期间和保险责任开始时间

保险期间又称保险期限，是保险合同中约定的保险责任的起讫时间。只有当保险事故发生于该期间内，保险人才负赔偿或给付保险金责任。保险责任开始时间指保险人开始承担责任的时间，即保险期间开始的时间。如在保险合同中可以约定，“保险期间为6个月，自1999年5月10日0时起至1999年11月9日24时止”等。

（六）保险金额

保险金额是指保险人承担赔偿或者给付保险金责任的最高限额，它是由投保人和保险人双方约定的。保险金额直接关系保险人赔付金额的大小，也是计算保险费的基础，必须在保险合同中明确规定。

（七）保险费以及支付办法

保险费由投保人向保险人支付，是保险人承担赔付保险金责任的对价。保险费的金额由保险金额与保险费率决定。保险费支付办法是指采用何种方式、使用何种货币、何时支付保险费的具体规定。

（八）保险金赔偿或者给付办法

保险金赔偿或者给付办法是指当保险事故发生并造成保险标的损失时，保险人向被保险人或受益人赔偿或者给付保险金的方式和时间等。

（九）违约责任和争议处理

违约责任是指当合同当事人不履行或者不完全履行合同时，基于法律规定或者合同约定，该方当事人应当承担的法律后果。争议处理是指保险合同的有关当事人在合同履行过程中发生争议时的处理办法，包括采用协商、仲裁或诉讼方式解决相关争议。

（十）订立合同的年、月、日

订立合同的年、月、日是指保险合同记载的订立合同的时间。

保险合同的内容除包括前述一些基本条款外，投保人和保险人亦可以根据实际情况的需要，就与保险有关的其他事项在保险合同中加以约定。如规定保险价值以及包括选择条款、附加条款、保证条款、免赔额条款等在内的特约条款。

二、保险合同的形式

根据我国《保险法》的规定，保险合同应采用书面形式。在保险业务的实践中，书面形式的保险合同主要有以下几种。

（一）保险单

保险单（Policy，Insurance Policy）俗称"大保单"，是保险人与投保人之间订立正式保险合同的一种书面证明，是保险合同最主要的书面形式，由保险人签发给投保人。保险单完整地载明当事人双方的权利、义务与责任。由于各类保险业务承保的保险标的和风险不同，保险单的格式、具体内容和条款文字各不相同。

（二）保险凭证

保险凭证（Insurance Certificate）俗称"小保单"，也是保险合同的一种书面证明。保险凭证实际上是一种简化了内容和格式的保险单，只包括保险单的正面内容，背面没有载明保险条款的详细内容；凡保险凭证上没有列明的内容，均以同类保险单上所载内容为准。保险凭证与保险单具有同样的效力。

（三）投保单

投保单（Application）是保险人事先制定的供投保人提出保险申请时使用的一种书面凭证，是投保人提出订立保险合同的书面要约。投保单一般由保险人根据不同险种的需要，事先设计好内容、格式，通常包括保险合同的必要条款并载明投保人申请保险时应向保险人履行告知义务的注意事项。经保险人签字盖章、确认同意承保的投保单，也是构成保险合同的法律文件之一。

（四）暂保单

暂保单（Cover Note，Binder）又称临时保险单，是在保险单或保险凭证还没有出立之前，向投保人签发的临时保险单证。暂保单在保险单出具之前的有效保险期内，具有与保险单同等的法律效力。暂保单的内容比较简单，一般载明其有效的起讫日期，时间通常比较短。在正式保险单签发后，暂保单即行失效。

除上述四种保险合同的主要书面形式外，我国保险法亦规定，经投保人和保险人协商同意，也可以采取其他书面协议形式订立保险合同。

第四节 保险合同的订立、变更、解除与终止

一、保险合同的订立

在订立保险合同时，投保人和保险人均应遵循公平互利原则、协商一致原则、自愿

订立原则和不得损害社会公共利益原则。

我国《保险法》第13条规定，投保人提出保险要求，经保险人同意承保，保险合同成立。由此可见，保险合同的订立要经过要约和承诺两个环节。投保人提出保险要求即为要约。保险实务中，保险人为便于业务开展，通常事先制定投保单，投保人完整地填写投保单并提交给保险人即构成要约。保险人同意承保，即为承诺；同时，承诺的内容应当与要约的内容一致，也就是双方就合同条款达成协议，则合同成立。如果承诺的内容对要约的内容作出实质性变更，如保险人提出变更保险金额，则合同并未成立，而是构成了一个新的要约。保险实务中，保险人若对投保单签章认可，便构成承诺，保险合同成立。

需要指出的是，保险合同的成立并不以保险人签发保险单为要件，保险单是保险合同成立的书面证明。

二、保险合同的变更

保险合同的变更是指在保险合同有效期内，保险合同当事人对保险合同内容所进行的修改或补充。保险合同依法成立后，即具有法律约束力，当事人双方都应当全面履行合同规定的义务，任何一方当事人均不得擅自变更保险合同。但是在保险合同有效期内，由于订立合同时所依据的主客观情况的变化，有时需要对保险合同作必要的变更。

（一）保险合同主体的变更

1. 被保险人的变更

被保险人的变更即为保险单的转让。财产保险合同的转让往往是因保险标的所有权的转移，如财产买卖、让与、继承等导致。当保险标的所有权发生转移后，由于保险合同具有对人性的特征，保险单并不因保险标的所有权的转让而自动转让。为使保险标的继续得到保险保障，应及时通知保险人，要求变更合同中的被保险人。需注意的是，货物运输保险合同的转让是个例外，保单由被保险人背书后即可转让，无需经保险人同意。而人寿保险的被保险人是不能变更的。

2. 受益人的变更

在人身保险中，受益人是由投保人或被保险人指定的，也可以在需要时由投保人或被保险人提出变更并书面通知保险人。保险人应在保险单或其他保险凭证上批注或者附贴批单。根据我国《保险法》的规定，投保人变更受益人时，必须经被保险人同意。

（二）保险合同内容的变更

保险合同内容的变更，是指在保险合同主体不发生变化的情况下，变更保险合同中约定的事项，包括保险标的数量、品种、价值或存放地点的变化，保险金额、保险期限的变更等。

由于保险合同内容的变更关系保险合同当事人的权利、义务及承保风险的大小，因此，保险合同内容的变更应遵循法律规定。我国《保险法》第20条规定："投保人和保险人可以协商变更合同内容。变更保险合同的，应当由保险人在保险单或者其他保险凭证上批注或者附贴批单，或者由投保人和保险人订立变更的书面协议。"

三、保险合同的解除

保险合同的解除，是指在保险合同的有效期内，保险合同当事人依照法律规定或者合同约定提前终止合同效力的行为。保险合同因解除而终止。保险合同解除的方式包括法定解除和约定解除。

法定解除又称单方解除，是指保险合同当事人一方直接依照保险法规的规定行使解除权的一种法律行为。由于投保人、被保险人在保险合同中处于弱势地位，各国保险法都规定除法律规定或合同约定不许解除保险合同以外，投保人或被保险人有权随时解除保险合同。我国《保险法》第 15 条也作了类似规定。同时，为保障保险公司的稳健经营，维护保险业的健康发展，我国保险法明确规定了在某些情况下保险公司享有解除权。如我国《保险法》第 16 条规定，投保人故意隐瞒事实，不履行如实告知义务的或者因过失未履行如实告知义务，足以影响保险人决定是否同意承保或者提高保险费率的，保险人有权解除保险合同。

约定解除也称协议解除，是指保险合同当事人在保险合同中事先约定了合同的解除条件，当该解除条件成就时，一方或双方当事人解除保险合同的一种法律行为。保险合同中可以规定当约定的解除条件成就时，任何一方无需意思表示，保险合同自动解除，保险责任消灭。

大多数情况下，保险合同解除后，保险责任自解除时消灭；对保险合同解除前已发生的保险事故，保险人应当按保险合同的约定承担保险责任。但若投保人故意不履行如实告知义务或是因过失未履行如实告知义务，对保险事故的发生有严重影响的，保险人解除合同后，对于合同解除前发生的保险事故，不承担赔偿或给付保险金责任。

四、保险合同的终止

保险合同的终止是指，由于某种法律规定或者保险合同约定事由的出现或消灭，致使合同当事人双方的权利和义务关系灭失。保险合同的终止，除因解除而终止的情形外，还包括下述几种情形。

（一）保险事故发生后，保险人完全履行了赔偿或给付保险金的义务

当保险合同约定的保险事故发生，保险人已经按照保险合同的约定完全履行了赔偿或给付保险金的义务后，保险合同关系即告终止。例如，在货运保险合同中，运输中的货物因保险事故的发生而遭受损失，若保险人的赔偿金额达到保险金额，该保险合同即告终止。

（二）保险合同期限届满

当保险合同期限届满时，保险合同自然终止。自然终止是保险合同终止最普遍的原因。

（三）保险标的全部灭失

在保险期间内，若保险标的发生全部灭失，保险合同即因保险标的不复存在而终止。

案例聚焦

[案情介绍]

2006 年 11 月 13 日，个体户 A 为其所有的解放牌大卡车投保汽车第三者责任保险，保额 10 万元，需交纳保险费 1 890 元。但当时，A 没有现金，就通过经办人 B 与保险公司协商，给保险公司出具了一张 1 890 元的欠据并保证回去后及时交纳欠款。经办人 B 当时在欠据上注明："此保费在 2006 年 11 月 25 日以前交纳，保险合同有效。过期不交，保单作废。"同时，B 给 A 出具了保险单和收款凭证。事后，A 并没有在约定期内交纳保险费。2006 年 11 月 26 日，保险公司用批单批注原保单作废并于当日通知了 A，让其将作废保单退回。然而，A 一直以保单被车带走为由迟迟不退还作废保单。2007 年 3 月 21 日，A 驾驶该车外出发生交通事故，与一辆夏利车相撞，造成 1 人重伤，夏利车严重受损，合计损失金额 5.3 万元。事故发生后，A 报告了当地交通部门并通知保险公司，提出索赔申请。保险公司认定保单已经作废，不再与 A 有任何关系，没有受理该申请，拒绝赔偿。A 对保险公司拒绝赔偿不满，于是诉至法院，要求保险公司履行保险合同，赔偿 3.5 万元经济损失并承担全部诉讼费用。

法院认定，A 与保险公司签订的保险合同为有效合同；由于 A 没有履行保险合同中应履行的义务，导致保险合同终止。A 要求履行保险合同的诉讼请求理由不能成立，法院不予支持。

[分析]

本案财产保险合同，以保险双方约定交付保险费的时间和方式为保险合同的生效条件。本案中，经双方同意，保险公司员工在欠据上注明"此保费在 2006 年 11 月 25 日以前交纳保险合同有效，过期不交保单作废"，同时，给 A 出具了保险单和收款凭证。这表明合同是成立且生效的。但合同中，同时也约定了被保险人若不按约定交纳保险费，保险合同失效，保单作废。因此，如果卡车是 11 月 25 日前出事，即使 A 还未交保费，保险人也必须承担赔偿责任。但由于被保险人迟迟不交纳保险费，一直到约定的最后交费期限 11 月 25 日仍未交纳且保险人又以书面形式告知被保险人保险单作废，保险合同已终止。当车辆于 2007 年 3 月 21 日发生碰撞事故时，由于保险合同已终止，保险公司对事故损失不承担责任。

第五节 保险合同的争议解决

保险合同大部分是格式合同，由于主客观原因，保险人所制定的保险合同条款不可能将其对保险条款的认识充分地、无遗漏地体现在保险条款中。此外，投保人、被保险人及受益人受自身理解能力和习惯等影响，对保险合同的理解与保险人会有所不同。因而当保险事故发生后，被保险人向保险人提出索赔时，双方可能对事故如何处理产生争议、纠纷。这其中，有相当部分的争议源于双方当事人对保险合同的条款理解不同。

一、保险合同条款的解释原则

合同解释是指根据有关的法律事实，遵循一定的原则和规则，对合同内容的含义进行说明，使之明确、完整、合理合法。合同条款解释的一般原则，如文义解释原则、整体解释原则、习惯解释原则、诚信解释原则和目的解释原则等，均适用于保险合同条款的解释。我国《保险法》第 30 条规定，采用保险人提供的格式条款订立的保险合同，保险人与投保人、被保险人或者受益人对合同条款有争议的，应当按照通常理解予以解释。对合同条款有两种以上解释的，人民法院或者仲裁机构应当作出有利于被保险人和受益人的解释。据此，在解释保险合同条款时，应遵循下述一些基本原则。

（一）文义解释原则

文义解释原则是指通过对合同条款所使用的文字词句的含义的解释来确定当事人的真实意图。保险合同条款由文字词句所构成，如果要确定合同条款的法律意义，必须先了解其所用的字、词、句义。这些字、词、句义应当按照其自然文义或者表面文义作出解释，其中所涉及的法律术语、科技术语或者专业术语等，均应当根据该类术语所特有的含义进行解释。例如保险单中出现推定全损、海损等术语时，应根据法律规定的文义进行解释，不能用通常观念作出解释。文义解释是解释保险合同条款的最主要的方法。

（二）目的解释原则

目的解释原则又称为意图解释，通常是在无法运用文义解释方法时，通过其他背景材料进行逻辑分析、演绎来推定合同当事人在订约时的真实意图。目的解释适用于合同条款文义不清、不明确，或保险合同条款内容不统一、有矛盾之处的情况。发生下列情况时，目的解释原则应为：

1. 口头约定与书面约定不一致时，书面约定优先于口头约定；
2. 投保单与保险单内容不一致时，保险单的内容优先于投保单的内容；
3. 保险单上的特约条款与普通条款相抵触时，特约条款优先于普通条款；
4. 保险合同条款的内容以不同方式记载的，如果条款之间有矛盾，后加的条款优先于原有的条款，书写条款优先于打印条款，打印条款优先于加贴附加条款，加贴附加条款优先于保险单上事先印就的条款。

（三）倾向性解释原则

倾向性解释原则是指对格式条款产生争议的，应作出不利于提供格式条款一方的解释。体现在保险合同中，即当保险人与投保人、被保险人或者受益人之间对保险条款的内容产生争议时，应作出有利于被保险人和受益人的解释原则。由于保险条款是由保险人拟定的，为公平起见，各国的保险立法普遍确立了有利于被保险人和受益人的倾向性解释原则，促使保险人在拟定保险合同条款时，尽量做到文义清楚、保险合同各方的权利和义务明确。我国《保险法》第 30 条的规定也体现了上述原则。但需要指出的是，这一解释原则仅在按照通常理解对合同条款的文义有两种以上解释时才适用。

二、保险合同争议的解决方式

当保险合同争议发生后，保险合同当事人可采用协商、调解、仲裁或诉讼方式解决争议纠纷。

（一）协商

协商是指合同纠纷发生后，由合同当事人就合同争议的问题进行磋商，在彼此都认为可以接受的基础上达成和解协议的方式。协商解决争议时，应遵循自愿原则、合法原则和平等原则。

协商在合同各方当事人之间进行，一般没有外界参与，有一定的灵活性，气氛一般比较友好。因此，合同各方当事人运用协商的方式往往能够解决合同争议。此外，协商无需缴纳有关费用，且协商的时间、地点完全由合同的当事人确定，可以节省时间和经济成本。

（二）调解

调解是指合同当事人自愿将合同争议提交给一个第三者，由第三者主持，对争议各方进行劝解，争议各方在相互谅解的基础上自愿达成和解协议的方式。

调解与协商有一些共同的地方，如气氛都比较友好，各方均自愿达成和解协议等。两者的主要区别在于调解由第三者主持，而协商则由合同当事人直接进行。

（三）仲裁

仲裁是指合同当事人根据仲裁协议将合同争议提交给仲裁机构并由仲裁机构作出裁决的方式。

仲裁协议有两种形式。一种是各方当事人在争议发生前订立的，表示愿意将未来发生的争议提交仲裁机构解决的协议。这种协议一般包括在合同当中，作为合同的一项条款，被称为仲裁条款。另一种是当事人在争议发生后订立的，表示愿意将合同争议提交仲裁机构解决的协议。仲裁协议的内容一般包括请求仲裁的意思表示、仲裁的事项和选定的仲裁机构等。当事人之间存在合法有效的仲裁协议，就排除了法院对相关争议案件的管辖权，该项争议应当通过仲裁方式解决。

（四）诉讼

诉讼是指当事人为了解决合同纠纷而依法向人民法院提出民事诉讼请求的行为。在合同当事人之间不存在有效仲裁协议的情况下，诉讼是解决合同争议纠纷的司法途径。通过诉讼方式解决合同争议，应遵循民事诉讼的相关法律规定。

以上四种解决合同争议的方式各有特点，当事人应当根据实际情况选择其中的一种或者几种方式。但是，当事人一旦选择了仲裁方式，就不能再向人民法院起诉。

案例聚焦

【案情介绍】

2007年9月30日，我内地某粮油公司与香港某贸易公司签订秘鲁鱼粉进口合同，约定由后者提供2 000吨鱼粉，每吨672美元。粮油公司于同年11月18日向某保险公司投保货运保险，投保单注明保险金额1 344 000美元，投保险别为一切险（包括火烧、霉变、结块）。保险公司在投保单上注明“接受上述投保”并加盖了公司业务专用章。

2008年1月17日，L轮装载着2 000吨鱼粉从秘鲁某港出发，于同年3月19日抵达上海港。次日，该轮装载的鱼粉自燃，导致损失。经火灾技术鉴定和进出口商品检验鉴定，结论均为：鱼粉自燃系货物积载时间过长、通风散热不良、积热不散所致。经各方对鱼粉的损失进行评估，一致同意货损程度为32%，损失金额为417 465美元。2008年7月2日，粮油公司向保险公司索赔，遭到拒赔，理由为：保险单并未签发，保险合同并未成立，而且自燃损失不属于保险责任。

【分析】

1. 关于保险合同是否成立

海上货物运输保险合同在法律上属于诺成性合同，根据我国《保险法》的规定，投保人提出投保要求，保险人同意承保，保险合同即告成立。本案中，保险公司在投保单上注明“接受上述投保”并加盖了公司业务专用章，表明保险合同已经合法、有效成立。保险单是在保险合同成立之后出具的，以证明合同的客观存在，所以本案中，虽然保险单并未出具，但双方的保险合同法律关系已经存在，保险人不得以此为由拒赔损失。

2. 关于自燃损失是否属于承保责任

本案鱼粉投保险别为一切险（包括火烧、霉变、结块），鱼粉自燃的原因是货物积载时间过长、通风散热不良、积热不散。由于一切险承保责任采用的不是列明风险的方式，除了承保水渍险的所有风险外，还承保货物在运输途中由于外来风险导致的损失。保险人若想拒赔，必须举证货损原因属于除外责任。本案中，鱼粉的自燃经鉴定确实由外来原因所致而非其内在缺陷，不属于保险除外责任。因此，保险人对自燃损失应予负责。

此外，根据投保单记载，投保险别为一切险（包括火烧、霉变、结块）。其中，对于火烧一词并没有予以解释。在保险行业内，投保鱼粉保险与投保自燃险联系在一起，已经成为一种公共认知。而“火烧”一词，在保险人内部，与“自燃”一词可以交替使用。根据我国《保险法》的规定，保险人与投保人、被保险人或者受益人对保险合同的条款有争议的，应当按照通常理解予以解释；对保险合同条款有两种以上解释的，人民法院或者仲裁机关应当作出有利于被保险人和受益人的解释。因此，应认为被保险人已投保了鱼粉自燃的风险，由此而导致的损失，保险人应予赔偿。

本章小结

保险合同是投保人与保险人约定保险权利、义务关系的协议，具有不同于其他经济合同的法律特征。保险合同的主体包括保险人、投保人、被保险人和受益人，辅助人主要包括保险代理人、保险经纪人和保险公估人。按合同设立的目的，保险合同分为补偿性保险合同和给付性保险合同；按合同订立时是否约定保险价值，分为定值保险合同和不定值保险合同。保险合同的成立须经过要约和承诺。保险合同争议发生后，保险合同当事人可采用协商、调解、仲裁或诉讼方式解决争议纠纷。

案例研究

某年1月，徐某将自有的从事营运的一辆双排客货车向某保险公司投保车损险及第三者责任险，保险期间一年。保险代理人按吨位收取车损险和第三者责任险，保费共2 000元。同年3月，该车与一辆摩托车相撞，致使一人死亡、一人重伤。经交警部门认定，徐某负该起事故40%的责任。事故处理结束后，徐某向保险公司索赔。保险人在审核保险车辆行驶证时发现，该双排客货车为1吨/6座。根据车险实务的有关规定，双排客货车收费应按“就高不就低”的原则，即按吨位或座位计算，取较高者计费。该车收费时，实际按吨位收取，比按座位收取少收1 000元。保险公司认为，由于投保人实际缴费不足，只能以投保人缴纳部分保费来赔偿被保险人的损失。徐某不服，双方产生纠纷。你认为应该如何处理。

思考题

1. 阐述保险合同的概念和特点。
2. 保险合同有哪些分类？
3. 保险合同包括哪些主体？
4. 投保人与被保险人是否同一人，为什么？
5. 试比较保险代理人和保险经纪人。
6. 保险合同的终止主要有哪几种情形？
7. 杨某于2017年10月投保终身寿险一份，保险金额为人民币50万元，她在保险单的死亡受益人一栏填写的是“丈夫”。2019年7月，杨某由于车祸死亡，由谁来领取保险金，在杨某的两位“丈夫”间发生了争执。杨某在投保时，其丈夫为王某。2018年，杨某与王某离婚。2018年底，杨某又与李某结为夫妻。谁才是本保险的死亡受益人？试对本案进行评析。

第四章 保险合同适用的基本原则

学习目标

通过本章的教学，掌握保险利益的概念、保险利益原则在保险合同履行过程中的运用，掌握最大诚信原则的含义及适用，掌握近因的概念和近因原则在理赔中的运用，了解补偿原则的适用范围和内容，掌握代位求偿权的内容和作用，了解重复保险的分摊方式。

关键词

保险利益　保险利益原则　最大诚信　最大诚信原则　告知　保证　近因
近因原则　补偿原则　代位求偿权　权益转让书

为了维护保险合同各方当事人的权益并约束各方的行为，避免合同当事人利用保险获取不当利益，在海上保险的发展过程中，逐渐形成保险的四项基本原则，即保险利益原则、最大诚信原则、近因原则和补偿原则。

第一节 保险利益原则

一、保险利益的含义

保险利益（Insurable Interest）又称可保利益或可保权益，是指投保人或被保险人对保险标的具有法律上承认的利益。保险利益是一种利益关系，体现为被保险人的经济利益因保险标的完好而存在，因保险标的损毁而受损。例如，甲公司所有的一艘船舶因碰撞而损坏，对其进行修理必然会导致费用的支出，使甲公司在经济上遭受损失，因而该公司对船舶拥有保险利益。反之，如果甲公司已经把该船舶卖给他人，船舶如果再发生事故导致损坏，并不会对甲公司造成经济损失。因此，甲公司对该船舶不再具有保险利益。

财产保险和人身保险中，保险利益的构成要件有所区别。

（一）财产保险中的保险利益构成要件

1. 保险利益必须是法律承认的利益

投保人或被保险人对保险标的的利益必须是法律认可并受法律保护的利益，即在法律上可以主张的利益。违法行为取得的利益，不能成为保险利益。例如，通过盗窃得到的物品或走私货物均不具有保险利益，不能得到保险保障，即便订立保险合同，也是无效的。

2. 保险利益必须是确定的利益

保险利益可以是既得利益，也可以是预期利益，但这种预期利益必须是客观存在的、可以实现的利益，而不是主观臆测或推断将来可能获得的利益。例如，国际运输途中的货物，其预期利润在投保时虽未实现，但该利润在贸易合同顺利履行后确实能够实现，故被保险人对预期利润具有保险利益，即预期利润可以成为保险金额的一部分。

3. 保险利益必须是可以计量的经济上的利益

财产保险以损失补偿为目的，保障的是被保险人经济上的损失。如果某项财产的价值不能用货币计量，一旦损毁，无法计算被保险人的经济损失，则无法进行保险赔偿，因而不具有保险利益。例如，企业的车辆、建筑物、办公用品等财产的价值均可以用货币计量，一旦发生损失可以用金钱予以弥补，因而企业对此具有保险利益；而企业的文件、账册、图纸等财产，虽然其损毁会给企业造成经济损失，但这种损失难以用货币进行衡量，因而不具有保险利益。又如，个人的信件、照片等纪念品，其灭失会给所有者带来精神上的伤害，但这种伤害无法用金钱计算，故不具有保险利益。

（二）人身保险中的保险利益构成要件

1. 投保人和被保险人之间必须有利害关系

人身保险的保障对象是人，即保险合同中的被保险人，因而在人身保险中，保险利益体现为投保人与被保险人之间的利害关系。这种利害关系可以是人身上的利益关系。例如，投保人对其配偶、子女、父母等因有婚姻或血缘关系而具有保险利益。人身保险的保险利益还可以体现为财产上的利害关系。例如，对于债权人而言，债务人的意外伤残、疾病或死亡必然会影响其偿还债务，损害债权人的经济利益，因而债权人对债务人也具有保险利益。

2. 保险利益必须是法律承认的利益

这是指投保人与保险标的，即被保险人之间的利益关系必须是法律认可的。例如，只有到民政部门办理正规的收养手续，养父母与被收养的孩子之间的关系才受法律保护，相互之间才具有保险利益。

二、保险利益原则的内容和作用

保险利益原则是指投保人在投保时，必须对保险标的具有保险利益，才能同保险人签订有效的保险合同；被保险人在进行索赔时，必须对遭受损失的保险标的具有保险利益，保险人才对被保险人进行损失赔偿。

规定保险合同必须遵循保险利益原则，其作用主要体现为以下几点。

（一）防止利用保险合同进行赌博

如果人身保险的投保人在没有保险利益的情况下与保险人签订了保险合同，则这个合同就是以他人的生命进行赌博的合同。保险利益原则规定投保人对保险标的必须具有保险利益才可订立有效的保险合同，从而避免了保险沦为赌博工具的可能性。

而在财产保险中，如果被保险人在索赔时对保险标的不具有保险利益，保险人仍对被保险人进行赔偿，被保险人并没有遭受经济损失却获得补偿，显然属于不当得利。规定被保险人在进行索赔时，必须对保险标的具有保险利益，可以防止被保险人利用保险合同进行赌博。

（二）防止道德风险的发生

道德风险（Moral Hazard）又称道德危险，是指被保险人为获得保险赔偿或保险金给付而故意作为或不作为，由此造成保险标的损失或扩大保险标的损失的风险。

财产保险中，保险赔偿以保险标的遭受损失为前提。如果被保险人对保险标的不具有保险利益也能获得保险赔偿，那么，保险标的受损不仅不会使被保险人遭受经济损失，反而还能使其获利，则往往可能诱发被保险人的道德风险。例如，汽车保险的被保险人故意制造车祸以得到保险赔款。保险利益原则规定被保险人在进行索赔时，必须对保险标的具有保险利益，保险人才对被保险人进行损失赔偿，即可防止此类道德风险的产生。

人身保险以人的生命或身体为保险标的，以人的生存、伤残、疾病或死亡为给付条件。若投保人可以任何与其无利害关系的人为被保险人而订立死亡保险合同，会助长其为获得保险金而蓄意谋害被保险人的犯罪行为，极大地危害社会安定。而规定投保人对被保险人必须具有保险利益，可以避免此种道德风险的产生。

（三）限制保险赔偿额度

财产保险具有经济补偿性，其宗旨是补偿被保险人因保险事故发生而遭受的经济损失，但不允许被保险人通过保险额外获利。保险利益是保险补偿的最高限度，因而被保险人可以获得的赔偿金额不能超过其对保险标的具有的保险利益的金额。这样可以保证被保险人不会因保险而不当得利。

三、保险利益原则在财产保险中的应用

（一）保险利益的主体

保险利益的主体是指对保险标的具有保险利益的人。财产保险合同保障的是被保险人因保险事故发生而遭受的经济损失，因而被保险人是保险利益的主体。若被保险人对保险标的不具有保险利益，即并未因保险标的损毁而遭受经济损失，则不能获得保险赔款。对此，我国《保险法》第 12 条规定，财产保险的被保险人在保险事故发生时，对保险标的应当具有保险利益。

（二）保险利益的来源

在财产保险中，保险利益来源于被保险人对保险标的的经济利益，具体表现为因被保险人和财产之间的各种关系而产生的权利。在财产保险中，保险利益最常见的来源为所有权，被保险人对自己所拥有的财产自然具有保险利益。此外，如果被保险人对财产享有保管权、抵押权、留置权等关系，均可表明其具有对财产的保险利益。对于预期利润、租金收入、运费收入等预期利益，如果属于未来确实可得的利益，被保险人对其也具有保险利益。

在责任保险中，保险利益来源于被保险人承担的责任，即因承担责任而需要作出经

济赔偿和支付其他费用的人具有保险利益。例如，船东对船员、乘客的生命安全承担责任，因此具有保险利益。

在信用保险中，保险利益来源于被保险人因他人信用而可能导致的经济损失。例如，在国际贸易中，卖方将货物发运后，可能因买方信用原因收不到货款而遭受经济损失。因此，卖方对买方的信用具有保险利益。

（三）保险利益存在的时间

在财产保险中，保险人一般不审查投保人是否具有保险利益，在保险合同中也不明确记录。但是，保险事故发生后，保险人在决定是否赔偿时，要审查被保险人是否具有保险利益，即只有当被保险人因保险事故发生而遭受经济损失时，保险人才予赔偿。对此，我国《保险法》第 48 条规定，保险事故发生时，被保险人对保险标的不具有保险利益的，不得向保险人请求赔偿保险金。

（四）国际货物运输保险中的保险利益原则应用

在国际货运保险实践中，货物所有权并非保险利益的来源，承担货物灭失或损坏风险的一方才具有保险利益。由于不同的贸易术语对风险转移时间的规定并不相同，因此，货物在运输过程中，何方具有保险利益、有权在事故发生时向保险人索赔，取决于买卖双方在贸易合同中所采用的贸易术语。下面分析国际商会最新颁布的《国际贸易术语解释通则 2020》（Incoterms®2020）所解释的 11 种贸易术语的保险利益转移时间。

1. EXW

以此术语订立的贸易合同，卖方在其所在地或其他指定的地点（如工场、工厂或仓库等）将货物交给买方处置时，即完成交货，货物灭失或损坏的风险自交货时起由卖方转移给买方。因此，对货物的保险利益也于此时转移给买方。

2. FCA、CPT 和 CIP

采用 FCA、CPT 和 CIP 贸易术语订立的贸易合同，卖方将已办理出口清关手续的货物在指定地点交给买方指定的承运人（FCA 术语）或自己指定的承运人（CPT 及 CIP 术语），即完成交货，货物灭失或损坏的风险自交货时起转移给买方，对货物的保险利益也于此时转移给买方。

在 FCA 和 CPT 术语下，卖方无办理国际货物保险的义务。如果买方事先已投保货运保险，若货物损失发生在承运人接管货物之前，由于买方不具有保险利益，则无权向保险人索赔；若货物损失发生在承运人接管货物之后，买方作为被保险人即可向保险人索赔货款。

在 CIP 术语下，卖方负有订立保险合同并支付保险费的义务。在卖方已经办理货运保险的情况下，若货物在运输途中发生损失，如损失发生在承运人接管货物之前，卖方承担风险，其具有对该货物的保险利益，可向保险人索赔货损；如损失发生在承运人接管货物之后，由于货运保单可通过卖方背书转让给买方，买方承担风险，享有对该货物的保险利益，买方即可凭已转让的保险单向保险人索赔。

3. FAS

在 FAS 术语下，卖方将已办理清关手续的货物运至指定装运港的船边，即完成交货，货物灭失或损坏的风险于此时转移至买方；买方从受领货物那一刻起，已具有保险利益，可通过办理国际货运保险转嫁风险。这个术语只适用于海洋和内河运输方式。

4. FOB、CFR 和 CIF

采用 FOB、CFR 和 CIF 术语订立的贸易合同，当货物装到船上时，卖方即完成交货；从此时起，买方必须承担货物灭失或损坏的一切风险，具有对货物的保险利益。这三个术语只适用于海洋和内河运输方式。

在 FOB 和 CFR 术语项下，卖方无投保国际货运险的义务，买方应自己办理保险以转嫁货运途中的风险。若货物的损失发生在装运港装船之前，卖方承担风险，若希望得到保险保障，卖方需自行办理从起运港仓库至装船前这一段运输过程中的保险。若货物损失发生在装船之后且买方已投保国际货运险，则买方可向保险公司索赔货损。

在 CIF 术语下，卖方必须自付费用取得货物保险。卖方办理保险后，按照各国海洋运输保险的习惯做法，保险人承担责任的期限，包括货物运离起运地发货人仓库至运达目的地收货人仓库的整个运输过程。因此，当货物在装运港装上船之前的运输途中发生损失时，卖方承担风险，有权向保险人索赔货损。若货物在装船之后发生损失，买方具有保险利益，可凭卖方提供的保险单向保险人索赔货损。

5. DAP、DPU 和 DDP

DAP、DPU 和 DDP 三种术语均属到达术语。按上述术语达成的贸易合同，卖方交货之时，货物已完成国际运输到达买方所在地，货物灭失和损坏的风险于交货时转移给买方。在此之前的风险由卖方承担，因此，卖方应自负费用投保国际货运险。如损失发生在卖方交货之前，卖方可向保险人索赔货损；如损失发生在卖方交货之后，买方享有保险利益，其必须另行办理保险才能获得保险保障。

四、保险利益原则在人身保险中的应用

（一）保险利益的主体

如前所述，保险利益的主体是指对保险标的具有保险利益的人，人身保险的保险标的是指被保险人的身体和生命。当投保人与被保险人为同一人时，投保人当然对自己的身体和生命具有保险利益。当投保人与被保险人不是同一人时，投保人必须对被保险人具有保险利益。由此可见，在人身保险中，保险利益的主体为投保人。对此，我国《保险法》第 12 条规定，人身保险的投保人在保险合同订立时，对被保险人应当具有保险利益。

（二）保险利益的来源

人身保险中，保险利益来源于投保人与被保险人所具有的各种利害关系，主要表现如下。

1. 人身关系：指投保人以自己的生命和身体作为保险标的。任何人对自己的生命和身体都具有最大的利害关系，因而具有保险利益。

2. 亲属关系：指投保人的配偶、子女、父母等家庭成员。由于家庭成员之间具有婚姻、血缘、抚养、扶养和赡养等关系，从而也具有经济上的利害关系。所以，投保人对其家庭成员、亲属具有保险利益。

3. 雇佣关系：企业的雇员会给企业带来经济收益，因此，企业或雇主与其雇员之间具有经济利益关系，从而企业或雇主对其雇员具有保险利益。

4. 债权债务关系：债权人债权的实现有赖于债务人依约履行债务，而债务人的身体状况及生存与否直接影响其偿债能力，涉及债权人的经济利益。因此，债权人对债务人具有保险利益。

各国法律对人身保险利益的规定并不相同。如英美法系的国家基本上采取“关系主义原则”，即以投保人与被保险人之间是否存在经济上的利害关系或其他私人之间的利害关系为判断有无保险利益的依据。而大陆法系的国家大多采取“同意主义原则”，即不论投保人与被保险人之间有无利害关系，只要取得被保险人同意，投保人就具有保险利益。还有一些国家，包括我国，采取的是“关系主义加同意主义原则”，即保险利益可以来源于投保人与被保险人之间存在的利害关系，也可以来源于被保险人的同意。我国《保险法》第31条规定，投保人对本人，对配偶、子女、父母，对与投保人有抚养、赡养或扶养关系的家庭其他成员和近亲属以及与投保人有劳动关系的劳动者均具有保险利益。此外，被保险人同意投保人为其订立合同的，视为投保人对被保险人具有保险利益。

需要注意的是，投保人对被保险人的保险利益是受限制而不是绝对的。例如，我国《保险法》第34条规定，以死亡为给付保险金条件的合同，未经被保险人书面同意并认可保险金额的，保险合同无效。

（三）保险利益存在的时间

在人身保险合同中，当投保人与被保险人是同一人时，投保人始终具有保险利益，不发生保险利益的时效问题；当投保人与被保险人非同一人时，则投保人在投保时对被保险人必须具有保险利益，保险合同才有效成立。对此，我国《保险法》第31条规定，订立合同时，投保人对被保险人不具有保险利益的，合同无效。

当合同成立后，在保险有效期内，即使保险利益发生变化，投保人对被保险人不再具有保险利益，保险合同效力仍然得以保持。这是因为人身保险合同生效后，保险合同是为被保险人或受益人的利益而存在，即当保险事件发生后，只有被保险人或受益人有权领取保险金，享受保险合同的利益。所以，人身保险合同生效后，强调投保人对被保险人的保险利益并无意义。此外，人寿保险具有储蓄的性质，被保险人或受益人得到的保险金中，相当部分是投保人所缴纳的保险费和利息的积累。所以，人身保险合同只要求在投保时存在保险利益。

案例聚焦

【案情简介】

某年9月，国内某贸易公司向沙特阿拉伯某钢材公司购买5 000吨钢材，合同约定，采用CFR贸易术语。钢材于同年10月在沙特吉达港装运，卸货港为中国广州，货物由买方投保。根据该合同，贸易公司于货物装运前对这批钢材向某保险公司足额投保了海运货物平安险，保险期限采用“仓至仓”条款，适用中国人民保险公司1981年1

月 1 日修订的海运货物保险条款。保险公司及时签发了保险单，贸易公司则按合同约定交纳了保险费。

同年 10 月 3 日，钢材在沙特吉达港装船完毕，船舶顺利驶离海港前往广州。该船舶在途中因货舱进水而沉没，货物也因此全损。贸易公司于同年 11 月 5 日向保险人索赔。保险公司经调查后发现，该贸易公司并非核定的经营钢材进口的公司，也没有申请领取进口许可证，因而保险公司拒绝赔偿。贸易公司认为，在货损发生时，其具有保险利益；同时，货物损失属于保险责任，保险公司应予赔偿。双方因此引起纠纷。

【分析】

保险利益原则是保险业经营的基本原则之一。根据海上保险有关法律的规定，在保险标的发生损失时，被保险人对保险标的必须具有保险利益；被保险人对保险标的不具有保险利益的，保险合同无效。因而此案的关键在于贸易公司对其拟进口的钢材是否具有保险利益。

保险利益是指投保人或被保险人对保险标的具有的法律上承认的利益，其构成条件有三点：一是保险利益必须是法律承认的、合法的利益，二是保险利益必须是客观存在的、确定的利益，三是保险利益必须是具有经济价值的利益。因此，投保人或被保险人对保险标的的利益必须是合法的、确定的、具有经济价值的；否则，保险合同无效，保险人无需承担赔偿责任。

本保险纠纷涉及的保险标的——进口钢材属于核定公司或者申请领取进口许可证后方可进口的产品。经审查，该贸易公司既非核定的经营钢材进口的公司，也没有申请领取进口许可证。因此，该贸易公司进口钢材的行为不合法，其对非法进口的钢材不具有保险利益。最终，保险人有权以被保险人不具有保险利益、保险合同无效为由而拒赔货损。

第二节 诚信原则

一、诚信原则的含义

诚信原则的基本含义是，合同双方当事人在订立和履行合同时，必须诚实地履行约定义务，恪守承诺，互不欺骗，互不隐瞒。

诚信原则是所有经济合同订立的基础。在保险合同中，这一点尤其重要，这是因为保险合同有其不同于一般经济合同的特点：首先，保险合同具有射幸性的特点，保险事故的发生具有很大的不确定性，保险人的赔偿或给付受偶然性支配；其次，投保人对保险标的的实际情况通常更为了解，其在合同缔结过程中居于优势地位，保险人对保险标的风险的准确评估依赖于投保人的如实告知；最后，保险人具有专业优势，保险合同条款通常由保险人单方面制定且专业性很强，故保险人有必要如实向投保人说明保险条款的各项内容。

在海上保险发展初期和很长一段时间以来，普遍应用的是最大诚信原则。因为在海上保险中，船舶和货物往往停泊或存放于很远的港口或仓库，保险人不可能亲自前去检验船舶和货物，通常很难掌握实际的风险情况；一旦被保险人未如实告知，保险人会面临未曾预料的风险，所以对被保险人诚信的要求极为严格。其中，最具代表性的是英国《1906 年海上保险法》。该法规定：海上保险合同是基于最大诚信而订立的合同，如果一方违背最大诚信，另一方有权解除合同。随着现代通信技术和保险精算技术的发展，保险合同双方的地位发生了很大的变化。如今，相对于被保险人，保险人在保险经营中通常处于优势地位，拥有信息、技术等方面的优势，投保人则处于劣势。因此，对被保险人最大诚信的要求显得过于严厉。目前，各国的保险立法通常规定合同双方需遵循诚信原则。例如，我国《保险法》第 5 条规定：保险活动当事人行使权利、履行义务应当遵循诚实信用原则。英国《2015 年保险法》也剔除了《1906 年海上保险法》中关于最大诚信的规定。

二、诚信原则的主要内容

（一）告知

订立保险合同时，投保人和保险人都应向对方履行告知义务。要求投保人告知的意义在于使保险人充分了解保险标的的风险程度，以便保险人决定是否同意承保以及确定保险费率。要求保险人告知的意义在于使投保人充分了解保险合同的内容，以便投保人决定是否投保。因此，告知义务应当在保险合同成立之前履行。

1. 投保人的告知

（1）告知的含义和形式

投保人的告知是指投保人在投保时，应把他所知的有关保险标的的重要事实（Material Facts）全部告诉保险人，而且投保人所作的每次陈述都必须是真实的。换言之，投保人必须在诚信的基础上作出关于事实的基本正确的陈述，或对他所信任和期望的事实作出反映。告知是投保人应尽的义务之一。

对于重要事实的定义，英国《2015 年保险法》第 7 条规定：足以影响谨慎的保险人据以确定是否承保以及同意承保时将采用何种条款的情况或陈述为重要事实。由此可见，重要事实是指对保险人决定承保与否以及确定保险条件有影响的事项，即影响保险风险大小的事实。例如，人身保险中的被保险人年龄、身体状况、既往病史等，船舶保险中的船舶船级、船龄等，均为重要事实。

关于投保人告知的形式，国际上主要有两种制度。

第一种是询问告知制度。询问告知是指，投保人对保险人询问的问题作出如实回答即已履行告知义务；若保险人没有询问，则投保人无需告知。在实务中，保险人询问的方式包括要求投保人填写投保单或告知书以及口头询问等。相应的，投保人只要逐项如实地填写投保单、告知书或作出口头回答，即已履行告知义务。

现今，大多数国家的保险立法适用的是询问告知制。例如，我国《保险法》中规定，保险人可以就保险标的或者被保险人的有关情况提出询问，投保人应当如实告知。这表明我国适用的是询问告知制度。

第二种是主动告知制度。主动告知是指投保人（被保险人）应主动将其所知的或应知的与保险标的风险状况有关的所有重要事实告知保险人，而且其所作的陈述必须与客观事实相符。主动告知对投保人的要求较高。英国《2015 年保险法》采用的是主动告知制度。其中，第 3 条规定：保险合同订立前，被保险人必须向保险人就风险作出公平提示，以合理清晰且能被一个谨慎的保险人接受的方式进行告知；被保险人应当将其知道或者应当知道的重要事实如实告知保险人。我国海上保险也采用主动告知制度。《中华人民共和国海商法》第 222 条规定：合同订立前，被保险人应当将其知道的，或者在通常业务中应当知道的有关影响保险人据以确定保险费率或确定是否同意承保的重要情况，如实告知保险人。

在如今的保险实务中，主动告知一般并不是由投保人或被保险人任意凭自己的判断和认识进行告知，保险人也会提供投保单。投保单中的相关内容即是重要事项，投保人或被保险人应如实告知。但应告知的事项不限于保险人的上述询问，如果有其他重要事项，投保人或被保险人也应主动如实告知。

（2）投保人违反告知义务的法律后果

投保人可能故意不如实告知，也可能因过失而没有告知。两者的动机并不相同，由此，应承担的法律后果也有所不同。

根据我国《保险法》的规定，如果投保人故意违反告知义务，损害了保险人的利益，不管其行为对保险事故的发生有无影响，保险人均有权解除保险合同，而且对合同解除前发生的保险事故不予负责。这一规定体现了民法的一般原则，即以欺诈手段订立的合同应追溯为自始无效。既然合同从不曾生效，保险人对已发生的事故自然不承担责任。至于不退还保险费，是对投保人的惩罚性措施。

对于投保人因过失未履行如实告知义务的，根据我国《保险法》的规定，当未如实告知的事实足以影响保险人决定是否同意承保或者提高保险费率的，保险人有权解除保险合同。但对于合同解除前发生的保险事故，只有当未如实告知的事实严重影响到保险事故的发生时，保险人才可免于赔偿。

2. 保险人的告知

（1）告知的内容和形式

我国《保险法》第 17 条第 1 款规定，订立保险合同，采用保险人提供的格式条款的，保险人向投保人提供的投保单应当附格式条款，保险人应当向投保人说明合同的内容。这一规定体现了保险人的一般说明义务，即保险合同的内容是保险人应当向投保人说明的内容。保险人履行一般说明义务的方式，主要是以书面的形式向投保人或被保险人提交或提示准确全面的保险条款。投保人或被保险人如有询问，保险人应如实回答，不得模棱两可或作不真实的回答。实际业务中，保险人或其代理人若只作口头说明而未在投保单中附上保险条款，这种说明是不完整的，投保人无法全面了解保险条款的内容。

我国《保险法》第 17 条第 2 款规定，对保险合同中免除保险人责任的条款，保险人在订立合同时，应当在投保单、保险单或者其他保险凭证上作出足以引起投保人注意的提示，并对该条款的内容以书面或者口头形式向投保人作出明确说明；未作提示或者明确说明的，该条款不产生效力。这一规定体现了保险人的明确说明义务，对于免责条款不仅要像其他条款那样印制在保险单等书面单据上，而且保险人还应作出足以引起投保人注意的提示，并将免责条款的含义清晰明白地向投保人作出解释。保险合同中的免责条款本身，不能证明保险人履行了明确说明义务。这是因为发生的事故如果属于保险合同的免责事项，被保险人并不能得到保险赔偿。而如果保险人未作出足以引起投保人注意的提示，投保人往往会忽视责任免除事项的重要性；而且许多免责条款所用术语为保险专业术语，具有特定的内涵和外延，如果不加以解释或说明，投保人会因各方面的局限，对其内容不一定能充分全面地理解。如汽车保险单载明：由于自燃、磨损、朽蚀、轮胎爆裂、人工直接供油、明火烘烤造成保险车辆损失的，保险人不负责赔偿。对其中“自燃”“朽蚀”等名词的准确含义，投保人和被保险人一般难以掌握。所以，保险人应当向投保人作出明确的说明，让投保人事先充分准确地了解保险人承担责任的限制；否则，免责条款不产生效力。

（2）违反告知义务的法律后果

如前所述，保险人违反告知义务，是指其未向投保人说明保险条款内容，尤其是未明确说明责任免除条款的内容。根据我国《保险法》规定，如果保险人没有向投保人明确说明责任免除条款，则该责任免除条款无效，从而扩大了保险人的保险责任范围。

（二）保证

1. 保证的含义及性质

保证是诚信原则的另一项重要内容。它是投保人和被保险人向保险人保证做或不做某事，或保证履行某项条件，或保证某种事态的存在或不存在等。例如，某人在投保房屋保险时，向保险人保证在保险合同有效期内不在房屋内堆放危险品。

保证是保险合同的一项极为重要的内容，因为投保人所作的保证是保险人承保某一风险的前提条件。在很多情况下，如果投保人不作出保证，保险人可能不承保或将提高保险费率。因此，对于有保证条款的保险合同而言，保证条款是保险合同成立的一个重要基础。

2. 保证的类型

（1）明示保证

明示保证是指保险合同双方当事人以书面形式在合同中约定的保证事项或合同中的保证条款。例如，船舶保险单中附有“被保险人保证船舶不在北纬 60 度以北地区航行”的条款，就是被保险人对船舶航行区域所作的明示保证。

（2）默示保证

默示保证又称绝对保证，是指保险合同双方当事人在合同中没有明确的规定，而是根据有关法律或国际惯例推定被保险人必须遵守的保证。这种保证在海上保险中表现得最为明显。例如，英国《1906 年海上保险法》中规定了三项默示保证：被保险人要保证船舶开航时必须适航；船舶须按预定航线航行，不得绕航；被保险人必须保证本航次航行的合法性。

3. 违反保证的法律后果

由于保证是保险合同存在的基础，因而各国法律一般均对违反保证应承担的法律后果加以具体规定。

英国《2015 年保险法》规定，被保险人若违反保证，在此期间，如果发生事故造成保险标的损失，保险人得以免除合同责任；但对发生在违反保证之前的保险事故造成的保险标的损失，保险人需负责赔偿。

相对于英国的法律，我国法律对违反保证的法律后果相对宽松。我国海商法规定，被保险人违反合同约定的保证条款时，应当书面通知保险人；保险人收到通知后，可以解除合同，也可以要求修改承保条件、增加保险费。

（三）弃权和禁止反言

弃权和禁止反言原则是对保险人诚信的另一项要求。所谓弃权，是指当保险人清楚地知道投保人或被保险人违约却作出某种行为，表示其不加反对甚至同意时，保险人的行为即构成弃权，这会导致其原有的某项合同权利的丧失。例如，英国《2015年保险法》规定，如果保险人放弃其因被保险人违反保证而获得的权利，则发生保险事故时，保险人不可免除其赔偿责任。构成弃权必须具备两个条件：一是保险人必须有弃权的意思表示，这种意思表示可以是明示的，也可以是默示的；二是保险人知道投保人或被保险人违反义务的事实，从而得知自己有解约权或抗辩权。禁止反言也称禁止抗辩，是指当保险人对投保人或被保险人作出错误陈述，投保人或被保险人对此合理信赖，以至如果允许保险人不受该陈述的约束会损害投保人或被保险人的权益时，保险人一方只能接受其所陈述的事实的约束，不得在事后推翻其原先的陈述，即失去了反悔的机会。对保险人弃权和禁止反言的规定，体现了法律的公平原则。

保险实务中，引起弃权和禁止反言的主要原因有习惯、误述、选择性权利的行使、虚假陈述和承诺等。

1. 习惯

这是指保险人以往的一些习惯做法，使得投保人或被保险人相信保险人无意坚持其原有权利，从而构成保险人的弃权。例如，某汽车租赁公司将其所有的几十辆汽车以“非营业”用途向保险公司投保了汽车保险，签订了保险合同。在保险合同有效期内，保险公司对投保的车辆发生的保险事故进行了多次赔偿。后来，又有一辆车发生了严重的事故，被保险人提出赔偿要求，保险人以投保人未履行如实告知义务、改变投保车辆的用途为由拒绝赔偿。被保险人认为，汽车租赁公司的车辆当然是为了盈利，且该出险车辆在上一年度和本保险期内共发生过三次保险事故，保险人在对发生的损失调查后均进行了赔偿。由此推定，保险人应该知道该车辆的用途是营业性的。由于保险公司在明知车辆实际用途的情况下，继续承保并多次进行了损失赔偿，这足以证明其放弃了对该辆车享有的拒绝赔偿的权利。

2. 误述

这是指在保险理赔中，如果保险人对某项事实有错误的认识和陈述，法律就禁止保险人之后再推翻先前的这项认识和陈述。例如，船舶在航行途中遭遇风浪，所载货物被海水浸湿。保险人经查勘认为，造成货损的原因是恶劣气候。那么，其事后不得声称“船舶所遭遇的风浪未达到保险中‘恶劣气候’的条件，不构成保险责任”。

3. 选择性权利的行使

有些情况下，保险人依法或依约可以选择行使两种以上的权利，如果保险人选择行使其中的一种，就构成对其他权利的放弃，事后不得再主张已放弃的权利。例如，我国《保险法》第49条规定，在合同有效期内，保险标的危险程度增加的，保险人有权要求增加保险费或者解除合同。如果保险人在处理某一案件时选择增加保险费，则构成对解除该合同权利的放弃。

4. 虚假陈述

保险公司业务人员或代理人明知存在影响合同效力的因素或事实，但却误导不知情的投保人对业务人员或代理人所作陈述产生合理信赖时，保险公司事后不得以该因素或事实的存在而对保险合同的效力提出抗辩。这些情况大多是由保险代理人的行为引起。例如，保险代理人对保险单上的条款作错误解释而使投保人信以为真，事后，保险人不得以先前的陈述是错误的为由解除保险合同。

5. 承诺

这是指保险人作出某项可以使投保人信赖的承诺或表示，表明保险公司不会严格执行其合同权利，则事后保险公司不得推翻先前的承诺或表示。承诺引起的弃权和禁止反言最为常见。例如，投保人或被保险人索赔时提供的证明和资料不够完整，保险公司没有按《保险法》规定在合理期限内告知投保人或被保险人补充提供，则应视为被保险人所提供的资料完整，保险公司不得事后再行要求投保人或被保险人补充提供证明和资料。

此外，投保人或被保险人遵循诚信原则的内容还包括：若保险标的危险情况发生变化，投保人或被保险人应及时通知保险人；在保险事故发生及向保险人索赔时，投保人或被保险人应如实申报保险标的受损情况，提供索赔所需的真实资料和证明。

案例聚焦

【案情简介】

某年5月8日，李某以个人名义投保了汽车保险。同年8月，李某驾车发生交通事故，造成车辆损坏。李某向保险公司索赔，在领取赔款时，发现在条款规定之外又被扣除了10%的免赔额。经查询，保险公司的解释是，当地保险主管部门发文规定：对于持实习驾驶证肇事者，要在现行条款按责任扣除免赔额基础上加扣10%。但在投保单和保险单上，均未出现上述规定的特别约定。李某向当地法院起诉，要求赔偿被额外扣除的10%免赔额。法院最终裁定，保险公司补偿李某10%的额外免赔额。

【分析】

在保险合同中，投保人和被保险人应履行如实告知义务。保险人则应在承保前，履行对合同条款的说明义务，向投保人提供准确完整的条款，特别应明确说明免责条款，否则，该免责条款不产生效力。该案中，如果仅仅是保险主管部门所发的内部规定，没有体现于保单中，更未对投保人进行说明，这样的规定对被保险人并没有约束力，因而不能在理赔时作为拒赔的依据。如果有关规定是在保险有效期内新生效的，保险人应当书面通知被保险人；在征得被保险人同意后，还应在原保险合同上加以批改，该条款才产生效力。

本案例中，保险人并没有履行明确说明免责条款的义务，被保险人并不知悉保险主管部门所发布的规定。此时，该免责条款不发生效力，保险人不得另行扣除10%的免赔额。

第三节　近因原则

导致货物损失的原因可能是单一的，也可能有多个原因共同发生作用。若致损原因中，有些属于保险人承保的风险，有些属于除外风险或是不保风险，此时，需运用近因原则（Principle of Proximate Cause）判断保险公司是否对损失承担赔付责任。

一、近因的含义

英国 Pawsey v. Scottish Union & National（1907 年）一案中，对近因的定义为："近因是指引起一系列事件的发生，导致出现某种后果的能动的、起决定作用的原因，而且在这一原因的作用过程中，没有来自新的、独立的能动力量介入而使上述因果关系受到破坏。"此后，英国又有许多判例进一步解释了近因的确切含义。近因不一定是第一原因，也未必是最后原因，而是有支配力的、起决定作用的或有效的原因。因此，可将近因理解为导致保险事故发生的最有效、最直接、最主要的或起决定作用的原因，但不是指时间上最接近的原因。

二、近因原则的含义

英国《1906 年海上保险法》第 55 条第 1 款："根据本法规定，除保险单另有约定外，保险人对由其承保危险近因所致的任何损失，均负赔偿责任；但对非由其承保危险近因所致的任何损失，均不负赔偿责任。"据此可知，近因原则可理解为导致损失的近因属于承保风险的，保险人应承担损失赔偿责任；近因不属于承保风险的，保险人不负赔偿责任。

三、近因的认定和近因原则的应用

近因原则是保险理赔中必须遵循的重要原则之一。在实践中，要正确应用近因原则的关键，就是从多个致损原因中认定近因。下面根据几种常见情形，分析如何确定近因以及如何正确运用近因原则。

（一）单一原因

如果保险标的损失的发生没有被其他事件所介入而中断，这唯一的原因就是近因。若该原因属于保险单承保风险，保险人应承担赔偿责任；反之，若该原因不属于承保风险，保险人不负赔偿责任。

例如，在海运货物保险中，因发生意外火灾而致货物受损，火灾即为货物致损的近因。由于火灾属于海运货物保险的承保风险，故保险人对货物损失应予赔偿。

（二）数个原因先后连续发生

如果保险标的的损失是由多个事件连续发生而导致的，由于各原因依次发生，而且前后因之间存在因果关系，此时，最先发生并导致一连串事件的原因即为近因。如果前因为承保风险，则保险人应承担赔偿责任；如果前因为除外风险，保险人不承担赔偿责任。

例如，从南美进口大豆一批，投保我国保险条款海运一切险。在运输过程中，船舶意外触礁而致船底出现渗漏，海水将大豆浸湿；由于在途时间长，被浸湿的大豆因霉烂而被抛弃。在此例中，导致大豆损失的一系列原因之间存在因果关系，因而近因为最前面的原因，即搁浅。这属于一切险的承保责任，对此损失，保险人应予负责。

（三）数个独立原因共同存在

这种情况是海上损失最常见的情形。在这种情况下，多种原因似乎都对损失有作用，它们之间又不存在明显的因果关系。此时，寻找近因的关键仍然要从这些原因对损失效果上的影响着手。效果上，对损失起主导或决定作用的原因即为近因。

在此，介绍一个英国海上保险的案例。在第一次世界大战中，一艘名为 Ikaria 的蒸汽船在 Le Havre 港附近被德国潜水艇发出的鱼雷击中，船舷出现一个大洞。该船被拖往 Le Havre 港口，系缆于较安全的内港码头并开始由救助轮往外汲水。由于港口形状特殊，当大风刮来时，港内停泊的船都摇晃不定，于是，汲水工作暂停，Ikaria 轮马上变得很危险。港口当局害怕该船沉没而堵塞内港航道，就命令将船拖往外港。由于外港潮水起落作用，该船反复坐底，导致舱壁掉落、龙骨折断。最后，该轮全损。法庭认为，该船损失的近因是鱼雷击中而不是普通的海上风险。因为直至该船沉没前，鱼雷击中造成的危险一直没有消失，起着主导性的作用。

如果多个原因都作用于损失，其中，既有承保风险，又有保单未明确承保的风险（即不保风险）甚至还有除外风险，而每种风险各自造成的损失不能分清。此时，对于保险人责任的承担，一般遵循以下基本原则。

1. 多个致损原因中，有除外风险，而且与承保风险相互依存、共同作用，保险人对损失全都不予负责。

2. 多个致损原因中，没有除外风险，承保风险与不保风险相互依存、共同作用，保险人对损失全部予以负责。

3. 多个致损原因相互独立，即它们的发生和存在是独立的，而且每个原因在没有其他原因的情况下都会造成损失。此时，每个原因均可被视为损失的近因。只要其中有一个是承保风险，保险人就应对全部损失负责赔偿。

案例聚焦

【案情简介】

一批咖啡投保我国保险条款海运货物一切险，但未保战争险。运送该批咖啡的船舶突然意外触礁，船长下令施救，结果有 1 000 袋咖啡被救上岸，却被敌对方所捕获。其余咖啡则因来不及抢救，和船舶一起沉没。保险公司应对哪些损失负责赔偿？

【分析】

第一，对于被救的 1 000 袋咖啡，在其被救上岸后，触礁风险已经解除，故致其损失的近因为被敌方捕获，即战争风险。由于战争风险是一切险的除外责任且未附加投保，因而货物保险人对此损失不予赔偿。

第二，对于沉没的咖啡，其沉没直接是由于船舶沉没所致，而船舶沉没又是因船舶触礁所致，故损失近因是船舶触礁风险。这一风险属于一切险的承保责任，保险人对此损失应予赔偿。

第四节 补偿原则

一、补偿原则的含义

经济补偿是保险的基本职能，因而损失补偿原则是保险的又一基本原则。它是指当保险标的发生保险事故损失时，被保险人有权按照保险合同的约定得到充分的补偿；同时，保险补偿受到一定限制，赔偿金额不能超过规定的限额。

损失补偿原则体现了保险的宗旨，即一方面确保被保险人通过保险获得经济保障，另一方面，又防止被保险人利用保险不当得利，从而有助于预防道德危险和保险欺诈，保证保险业健康、有序地发展。

需要指出的是，补偿原则仅适用于补偿性的保险合同。

二、补偿原则的基本内容

（一）保险补偿的限额

1. 以被保险人的实际经济损失为限

被保险财产受损后，保险人应按保险合同的规定承担赔偿责任，使被保险人在经济上恢复到未遭受事故时的状况；但保险赔款不得超过被保险人实际所受到的经济损失。在财产保险中，保险标的的实际损失通常是根据损失当时财产的实际价值来确定的，即以损失当时的财产市场价为准计算损失金额（定值保险和重置价值保险除外）。

在责任保险和信用保险中，保险人的赔偿同样以被保险人遭受的实际经济损失为限。在责任保险中，被保险人的经济损失是指被保险人依法应承担的经济赔偿责任；在信用保险中，被保险人的损失则是指因对方信用不良而使被保险人遭受的经济损失。

2. 以保险金额为限

保险金额是保险双方事先约定的，记载于保险单上的保险人承担赔偿责任的最高限额。因此，保险赔款不能超过保险金额，而只能低于或等于保险金额。

3. 以保险价值为限

保险价值可能在订立保险合同时即已确定，也可能在保险标的发生保险事故后才予以确定。保险价值的金额因被保险人与保险人之间的不同约定而不同。双方可以约定以保险标的的重置价值作为保险价值，也可以约定以保险事故发生时的保险标的的实际价值作为保险价值。

我国《保险法》规定，保险金额不得超过保险价值；超过保险价值的，超过的部分无效。因而如果保险金额超过保险价值，即使保险标的发生全损，保险人的赔偿责任也只能以保险价值为限，而不是以保险金额为限。

（二）损失赔偿方式

损失赔偿方法直接影响保险赔偿金的数额，最好在保险合同中事先订明。财产保险的赔偿方式主要有以下几种。

1. 定值赔偿

定值保险是指，保险合同双方当事人在订立保险合同时，即约定保险标的的保险价值并以此确定为保险金额。在定值保险合同中，发生保险事故时，不论保险标的实际价值为多少，保险公司均按约定的保险价值根据损失程度计算赔偿。计算公式为：保险赔款 = 保险金额 × 损失程度（%）。

2. 比例赔偿

按此赔偿方法，当保险事故发生时，如果保险标的的实际价值小于保险金额，保险公司按保障程度，即保险金额与损失当时保险财产实际价值的比例计算赔偿金额。计算公式为：赔偿金额=损失金额 ×（保险金额 ÷ 损失当时保险标的的实际价值）。

由于保险标的的实际价值随市价而变动，若发生保险事故时，保险标的的实际价值高于或等于保险金额，保险赔偿金额按实际损失金额计算。

采用比例赔偿方式，保障程度越高，发生损失时，被保险人所得的保险赔款就越接近实际损失金额；但只有当足额保险时，被保险人才能得到十足补偿，即保险赔偿金额等于实际损失金额。

我国《保险法》第 55 条规定：保险金额低于保险价值的，除合同另有约定外，保险人按照保险金额与保险价值的比例承担赔偿保险金责任。

3. 第一损失赔偿

第一损失赔偿是指当损失不超过保险金额时，按实际损失赔偿；当损失超过保险金额时，则按保险金额赔偿。计算公式为：当损失金额≤保险金额时，赔偿金额=损失金额；当损失金额>保险金额时，赔偿金额=保险金额。

采用第一损失赔偿方式，实际是将保险财产的价值分为两部分：第一部分为保险金额以内的部分，这部分已投保，保险人对其按实际损失予以赔偿；第二部分为超过保险金额的部分，这部分未投保，故保险人对其损失不承担责任。由于保险人只对第一部分的损失承担赔偿责任，故称为第一损失赔偿方式。按此方式赔偿，只要损失不超过保险金额，被保险人即可得到十足补偿。

4. 重置价值赔偿

重置价值赔偿方法是指，投保人为确保保险标的在遭受损失后可以重置或重建，以预计的重置或重建所需的费用作为保险金额投保。而当保险标的发生全损时，保险公司按照保险金额赔偿，最高不超过保险标的的实际重置价值；当保险标的发生部分损失时，保险人根据实际损失，按保险金额与出险时保险标的的重置价值的比例计算赔偿金额。实际损失为受损保险标的的重置、重建或恢复原状的费用，并不计折旧。计算公式为：赔偿金额=实际损失 ×（保险金额 ÷ 出险时保险标的的重置价值）。

采用重置价值赔偿方法，保障程度高于比例赔偿方法。被保险人获得保险赔偿后，经济状况将好于出险前。重置价值赔偿方法一般适用于长期使用和长期消耗的财产，如建筑物和机器设备。因为这类财产在发生事故时的实际价值，与重置价值或修复费用往往相差很大，仅按实际价值投保，难以满足被保险人对受损财产进行重置或重建的需要。

上述几种赔偿方法，只是实际业务中采用的赔偿方法的一部分。保险实务中的赔偿方法是复杂多样的，不同的赔偿方法有不同的针对性和特点。一种赔偿方法可以适用于多种财产保险，一种保险条款中也可以适用不同的赔偿方法。

三、代位求偿权

代位求偿权（Right of Subrogation）是由保险补偿原则派生的，它是指保险标的发生保险责任范围内的损失，而且根据法律或合同，第三者需要对保险损失承担损害赔偿责任时，保险人向被保险人履行赔偿责任后，享有以被保险人的地位向在该项损失中的第三者责任方索赔的权利。例如，在海运保险中，由于承运人没有妥善保管货物导致货物被海水浸泡，而该损失又属于海运保险人的承保责任时，保险人在赔偿货主损失后，即有权向该损失的责任方——承运人进行追偿。

（一）代位求偿权产生的原因

代位求偿权源于保险补偿原则对不当得利的限制。当保险标的遭受保险事故致损时，被保险人可以按保险合同的规定向保险人请求保险赔偿。若保险事故是由第三者责任造成，根据民法典中有关侵权的规定，被保险人同时可向第三者责任方索赔。上述两项索赔若都得到实现，被保险人就可能得到超过实际损失的补偿额，即额外获利。这显然是不合理的，不符合损失补偿的原则。代位求偿权的规定将被保险人向第三者索赔的权利转让给了保险人，避免了被保险人额外获利。

代位求偿权的规定同时也维护了公共利益。社会公共利益要求致害人应对受害人承担经济赔偿责任。如果保险事故的致害人因为被保险人享受保险赔偿而逃避其原应承担的赔偿责任，不仅使其因为受害人与保险人订立保险合同而获益，而且损害了保险人的利益。这违反了社会公平原则。代位求偿权的规定使保险人有权向责任方索赔，确保致害人应依法承担损害赔偿责任，也维护了保险人的合法权益。

（二）代位求偿权产生的条件

保险人代位求偿权的产生有两个条件：第一是损失必须是第三者因疏忽或过失产生的侵权行为或违约行为所造成的，而且第三者根据法律规定或合同约定负有赔偿责任；第二是保险标的损失属于保险合同规定的承保责任范围。

（三）代位求偿权产生的时间

根据我国《保险法》的规定，代为求偿权的行使应以保险人的赔付为先决条件，即保险人在没有赔偿被保险人的损失之前无代位求偿权，而只有在支付赔款之后才能行使代位求偿权。

在实际业务中，保险人支付保险赔款后，通常要求被保险人签署“权益转让书”，明确表示将向第三者请求赔偿的权利转让给保险人。权益转让书可以确认保险赔偿的金额和时间，并进而确认保险人取得代位求偿权的时间和代位追偿的范围。

由于被保险人向第三者责任方行使索赔权受到索赔时效的约束，因此，保险人在取得代位求偿权后，应在法律规定的期限内，向负有责任的第三者追偿。否则，一旦时效届满，保险人将丧失权利。

（四）代位求偿的金额限制

代位求偿权的产生源于保险人向被保险人支付了赔款，因而代位求偿的金额受保险人赔偿金额的限制。如果保险人从第三者追回的金额大于其赔付金额，应将差额退还被保险人。同时，如果被保险人获得的保险赔款低于其实际遭受的经济损失，被保险人有权就未取得保险赔偿的部分向第三者请求赔偿。

（五）不得行使代位求偿权的情形

我国《保险法》规定，除被保险人的家庭成员或者其组成人员故意造成保险事故外，保险人不得对其行使代位请求赔偿的权利。由此可见，保险人代位求偿的对象是有限制的。如果保险事故的发生是由于被保险人家庭成员或其组成人员的责任所致，只要不存在主观故意，保险人不得行使代位求偿权。这是因为被保险人的家庭成员或其组成人员承担的责任也就是被保险人承担的责任，这种情况下保险人如果行使代位求偿权，会使被保险人实际上并不能获得保险赔偿。这显然违背了保险补偿原则。

（六）代位求偿权的保护

保险人履行赔偿责任之前，被保险人是否保留对第三者追偿的权利，直接影响保险人是否能顺利行使代位求偿权。为维护保险人的权利，我国《保险法》第 61 条规定，保险事故发生后，保险人未赔偿保险金之前，被保险人放弃对第三者请求赔偿的权利的，保险人不承担赔偿保险金的责任；被保险人故意或者因重大过失致使保险人不能行使代位请求赔偿的权利的，保险人可以扣减或者要求返还相应的保险金。

保险人一旦支付了赔款，被保险人对第三者的损害赔偿请求权自然转移给了保险人。对此，我国《保险法》规定，保险人向被保险人赔偿保险金后，被保险人未经保险人同意放弃对第三者请求赔偿的权利的，该行为无效，即保险人仍然有权向第三者行使代位求偿权。

四、重复保险的分摊原则

根据我国《保险法》的规定，重复保险是指投保人就同一保险标的、同一保险利益和同一保险事故，分别与两个或两个以上保险人订立保险合同，且保险金额总和超过保险价值的保险。

在重复保险情形下，当保险标的发生损失时，按照保险补偿原则，被保险人不能从几家保险公司那里获得超过实际损失的补偿。为防止各保险人分别对损失进行赔偿，致使被保险人获得的保险赔款总和超过实际损失而额外获利，各国保险法律均规定重复保险的损失应在各保险人之间分摊。这就是重复保险的分摊原则，它是从补偿原则派生出来的，同样仅适用于补偿性的保险合同。

重复保险的损失分摊方式，主要包括以下几种。

（一）比例责任分摊

比例责任分摊是最常见的重复保险损失分摊方式，它是指将各个保险人的赔偿金额加总起来，然后按各自的赔偿金额占总赔偿金额的比例计算应分摊的赔偿额。根据我国《保险法》的规定，除合同另有约定外，各保险人按照其保险金额与保险金额总和的比例承担赔偿责任。比例分摊方式的计算公式为：

各保险人的损失分摊额 = 损失金额 ×（该保险人承保的保险金额 ÷ 各保险人承保的保险金额总和）

例如，保险标的实际价值为 100 万元，投保人分别于 1 月 3 日向甲保险公司投保了 40 万元，于 1 月 10 日向乙保险公司投保了 80 万元。同年 4 月 1 日，该保险标的因遭遇意外事故发生了 60 万元的损失，则两家保险公司应如何分摊损失？

采用比例责任分摊方式：

保险金额总和 = 40 万 + 80 万 = 120 万

甲公司赔款 = 60 万 ×（40 万 ÷ 120 万）= 20 万

乙公司赔款 = 60 万 ×（80 万 ÷ 120 万）= 40 万

（二）限额责任分摊

限额责任分摊方式是指以各保险人在没有其他保险人重复保险的情况下，对某次保险事故损失单独应负的最高赔偿限额与各保险人应负的最高赔偿限额总和的比例承担赔偿责任。其计算公式为：

各保险人的损失分摊额 = 损失金额 ×（该保险人的赔偿限额 ÷ 各保险人赔偿限额总和）

如上例，甲公司在该次事故中的赔偿限额为 40 万元，乙公司在该次事故中的赔偿限额为 60 万元。按限额责任分摊方式计算：

保险人赔偿限额总和 = 40 万 + 60 万 = 100 万

甲公司赔款 = 60 万 ×（40 万 ÷ 100 万）= 24 万

乙公司赔款 = 60 万 ×（60 万 ÷ 100 万）= 36 万

（三）顺序责任分摊

顺序责任分摊是指按各保险人出立保险单的先后顺序分摊损失。当发生保险事故时，最先出立保险单的保险人先负责赔偿；若保险标的的损失超过其赔偿责任限额，超过部分依次由之后出立保险单的保险人负责赔偿。

仍以上例为例，甲公司先出立保险单，应承担赔偿责任 40 万元；后出单的乙公司应承担赔偿责任 20 万。

（四）相同份额责任分摊

相同份额责任分摊是指不管各保险人的责任限额为多少，保险标的的损失均按相同份额分摊。如分摊后的损失金额超过某保险人的责任限额，超过部分由其他保险人继续按相同份额分摊；依此类推，直至损失全部分摊完毕或各保险人承担的赔偿金额均已达到其责任限额。

在上例中，按相同份额责任分摊方式计算，甲、乙两保险公司按相同份额，即按 1/2 的比例分摊损失，各自应承担 30 万元的损失赔款。

本章小结

保险利益原则是保险合同的基本原则之一。在财产保险中，被保险人对保险标的不具有保险利益的，无权索赔损失；在人身保险中，若投保人对被保险人不具有保险利益，则保险合同无效。保险合同双方当事人订立保险合同时，都应如实告知和陈述。在履行合同过程中，仍应遵循最大诚信原则。近因原则是保险人处理索赔案，决定赔偿与否时所运用的起决定作用的重要原则。补偿原则只适用于补偿性的保险合同，限制了保险补偿的额度，使被保险人不能因为保险而额外获利。

案例研究

2003 年 7 月 5 日 18 时，某县城忽然阴云密布，降特大暴风雨，许多树木被吹折，多个电线杆被刮倒，以致全县发生停电。当日晚 21 日许，陈某加班后骑车回家，途经一小马路时，被一横卧路面的电线杆绊倒后触电，当场死亡。为此，陈妻提出县供电局应对陈某之死承担一切责任，要求其赔偿丧葬费、医疗费、抚养费等费用，共计 20 万元。供电局代表则认为，该事故与己方无关。因该事故是暴风雨意外造成的。由于双方各不相让，陈某之妻将供电局告上法庭。法院审后认为，此电线杆属供电局主管，在电线杆被吹倒后长达数小时内，竟未采取任何妥善措施，以致陈某触电身亡，供电局应承担侵权责任。法院判决供电局赔偿陈某家属医疗费、丧葬费等 15 万元。

事故发生前，供电局已投保了供电责任保险。因此，供电局向保险公司索赔。但保险公司认为，此次事故的原因是暴风雨。根据其供电责任保险条款，暴雨等自然灾害属除外责任。供电局则认为，其所管理的供电线路因自身工作过失导致陈某的死亡，供电局投保了责任保险，保险公司应当相应承担赔偿责任。你认为保险公司是否应赔偿。

思 考 题

1. 简述保险利益的构成条件和保险利益原则的内容。
2. 简述最大诚信原则的含义及其基本内容。
3. 何谓近因和近因原则？
4. 保险人对损失的补偿有哪些主要方式？
5. 何谓代位求偿权？代位求偿权产生应具备哪些条件？
6. 重复保险应如何分摊？
7. A 公司以 DAP 贸易术语出口货物一批，投保中国保险条款的海运一切险。到目的港卸货后，在码头，货物因遭雨淋而损失，买方要求 A 公司向保险公司索赔。保险公司是否应对损失负责？为什么？

第五章　海洋运输货物保险保障的范围

教学目标

通过本章学习，了解海上风险的概念和内容，掌握实际全损、推定全损的概念，区分全部损失和部分损失，掌握单独海损、共同海损的概念及构成条件，了解施救费用和救助费用的区别。

关键词

海上风险　外来风险　海上损失　全部损失　实际全损　推定全损　单独海损　共同海损　委付　施救费用　救助费用　续运费用

第一节　海洋运输货物保险保障的风险

海洋运输货物保险所承保的广义的海上风险，泛指航海时所发生的一切风险。根据英国《1906 年海上保险法》第 3 条第 2 款的规定，海上风险是指因航海所致或航海时发生的风险。例如海难、火灾、战争、海盗、抢劫、窃盗、捕获、拘捕、禁止以及君王和人民的扣押、抛弃、船员的故意行为及其他的类似风险，或在保险合同中注明的其他风险。由此可见，广义的海上风险除了海难之外，还包括其他各类风险，如火灾、战争等（并非海上固有的风险）。

随着航海技术的不断进步和海上保险的发展，在海运货物保险实践中，通常将广义的海上风险分为狭义的海上风险和外来风险两大类。

一、狭义的海上风险（Perils of Sea）

狭义的海上风险是指海上偶然发生的自然灾害或意外事故，但经常发生的事件或必然性事件，如海上的一般风浪作用并不包括在内。海上风险有其特定的含义和范围。一方面它并不包括所有发生在海上的风险；另一方面，它又并不局限于航海中所发生的风险。现代海上保险中，都将与海运相连的陆上、内河、驳船运输过程中的风险包含在海上风险之内予以承保。

（一）自然灾害（Natural Calamity）

自然灾害是指不以人们主观意志为转移的客观自然现象所引起的灾害，它一般是人力所无法抗拒的，会造成物质毁损和人身伤害。海运保险承保的自然灾害包括恶劣气候、雷电、海啸、地震、洪水和火山爆发等。

1. 恶劣气候（Heavy Weather）

恶劣气候通常也称暴风雨，是指船舶在海上航行时，遭遇海上的暴风、暴雨、飓风和大浪的作用而使船货受损，包括暴风、暴雨、大浪引起船舶颠簸或倾斜，造成船体破裂、船上机器设备损坏、船上货物碰损破碎或混杂、包装破裂或被水浸湿或冲走等。它是货物在海运途中最容易遇到的风险。

在保险业务中，由于不同海域的自然条件有很大区别，保险人对构成暴风雨的风力和雨量并无统一的标准。例如，十级台风在大西洋是经常发生的，因而并不构成海上风险；而在东海则是偶然发生的，可作为海上风险。

2. 雷电（Lightning）

雷电是一种自然现象，指发生在积雨云中的放电和雷鸣。作为海上风险之一，它是指船舶、货物因被雷电击中所直接造成的损失和由此引起火灾而致的损失，也包括船舶被雷电击中而破损致使海水进入船舱造成货物的损失等。

3. 海啸（Tsunami）

海啸是指海底地震、火山活动、海岸地壳变异或特大海洋风暴等引起的海水强烈震动而产生巨大浪潮，导致船舶/货物被淹没、冲击或损毁。海啸发生时，海面水位剧烈涨落，具有极大的破坏作用，它能使船舶倾覆、沉没，从而导致船货完全灭失。

4. 地震（Earthquake）

地震是指因地壳发生急剧的自然变异，使地面发生震动而导致船货的直接损失或由此引起的火灾、爆炸、淹没等损失。地震发生在海底会引起海啸，使船舶及所载货物受损。

5. 洪水（Flood）

洪水是指偶然的、意外的大量降水在短时间内汇集河槽而形成的特大径流造成的船货损失。包括山洪暴发、江河泛滥、潮水上岸或暴雨积水成灾，造成海上航行的船舶沉没及货物被淹没、浸泡、冲散及冲毁的损失。

6. 火山爆发（Volcanic Eruption）

火山爆发是指由于强烈的火山活动，喷发固体、液体以及有毒气体造成的船货损失。海底的火山爆发也会引起海啸，从而导致船舶及所载货物受损。

（二）意外事故（Accident）

意外事故是指由于外来的、偶然的、突然的、非意料中的原因所致的事故。海运途中可能遭遇的意外事故包括搁浅、擦浅、触礁、沉没、碰撞、触碰、倾覆以及失火或爆炸等。

我国现行《海洋运输货物保险条款》所承保的意外事故包括运输工具遭受搁浅、触礁、沉没、互撞、与流冰或其他物体碰撞以及失火或爆炸等。1982 年及 2009 年的《伦敦协会货物条款》中所承保的意外事故则包括火灾、爆炸，船舶或驳船搁浅、触礁、沉没或倾覆，运输工具碰撞，陆上运输工具倾覆或出轨以及抛弃等。现将主要的意外事故的含义分别解释如下。

1. 搁浅（Stranding）

搁浅是指船舶在航行中，由于意外与水下障碍物，包括海滩、礁石等紧密接触，且持续一段时间失去进退自由的状态。

构成海上保险中的搁浅事件，必须具备两个条件。第一，搁浅必须是意外发生的。例如，有些泊位在落潮时水深不足，在此停泊的船舶因潮汐涨落而规律性地搁在浅滩上，属于坐浅而非搁浅。又如，船舶航行时船体出现裂缝，为避免船货全损，船长有意将船开往附近浅滩，使船底与水底接触，称为抢滩，也不属于搁浅。第二，搁浅必须造成船底紧密搁置在障碍物上，持续一段时间处于静止状态，而不能只是一擦而过。

2. 擦浅（Grounding）

擦浅是指船舶在航行中与水底意外接触，但并未因此而停留一段时间，只是一擦而过。擦浅同样会造成船底损坏，也属于海上保险可保的风险。

3. 触礁（Striking a Reef）

触礁是指船体触及水中的岩礁或其他障碍物而造成的意外事故。船舶触礁和搁浅往往较难区分。严格地说，触礁并非海上保险的术语，但我国海洋运输保险条款将其列入承保的海上风险。

4. 沉没（Sunk）

沉没是指船舶在航行中或停泊时，船体全部沉入水中而失去航行能力的状态。如果船体的一部分浸入水中，或海水虽不断浸入但船舶仍具有航行能力，则不能认为是沉没。

5. 碰撞（Collision）

碰撞是指船舶在水中与除水以外的其他外界物体发生的直接、猛力的接触，从而导致船货受损的事故。包括船舶与船舶的互撞，船舶与其他外界物体，如码头、浮吊、沉船、河堤、桥梁、冰山、礁石等的触碰。两船相撞并不一定是两艘船体的实际接触，其中一船的一部分与他船的任一部分的触及都可以认为是碰撞。例如，一艘船体与另一船上的锚链相碰。但当船舶在港内与他船并排靠在码头时，因风浪作用而相互挤擦，不能作为碰撞事件。

6. 倾覆（Capsized）

倾覆是指船舶在航行中因意外倾斜而致翻倒，或船舶严重倾斜，非经救助不能继续航行的状态。随着船舶的倾覆，货物可能混杂、相互碰撞或掉落水中而致损失。

7. 火灾（Fire）

火灾是指意外的、超过正常范围的燃烧造成船货的损失。虽然火灾并不是海上特有的危险事故，但由于在海运过程中火灾发生频繁，会造成严重的损害，所以被列入海运货物保险保障的风险。

造成火灾的原因很多：可能是自然界的原因，如雷电、地震等；也可能是意外事故，如爆炸等；还可能是海水浸湿或货物固有缺陷导致自燃；此外，还有人为原因，如船长失职或船员有意纵火以及战争导致的火灾。上述原因所致的火灾，并不均属海上风险。例如，由于战争行为所致的火灾，属战争风险而非意外事故。又如，货物由于固有缺陷导致自燃引起的火灾，并不属于海上风险范畴。在海运保险中，一般规定，凡外来原因所致的火灾或火灾的原因无法确定的，均属保险人承保的海上风险。

火灾所致损失包括直接损失和间接损失。直接损失是指货物直接被火烧毁、烧焦、烧裂的损失；间接损失是指货物虽未着火，但被烟熏、灼热等的损失。这两类损失均为保险承保的损失。

8. 爆炸（Explosion）

爆炸是指物体在瞬间发生分解或燃烧时，放出大量气体和热量，使物体本身或周围其他物体遭到破坏的现象。在海上运输过程中，船上的设备，如锅炉有可能发生爆炸，造成船货损失。船上所载的货物，如装在密封容器中的气体会因周围过高的温度而致膨胀爆炸，造成货物本身及周围物体甚至船舶的损坏。

9. 陆上运输工具倾覆（Overturning of Land Conveyance）

陆上运输工具倾覆是指，在陆地上行驶的汽车、卡车等运输工具，因发生意外而翻倒、倾斜所导致的车货损失事故。

二、外来风险（Extraneous Risks）

外来风险是指与海上风险相对应的，外部原因导致的风险。外来风险同样必须是意外的和偶然的。外来风险可分为一般外来风险和特殊外来风险。

（一）一般外来风险

一般外来风险是指货物在运输途中由于外来原因导致的事故损失。通常包括以下风险。

1. 偷窃（Theft，Pilferage）

偷窃是指整件货物或包装内的部分货物被人暗中偷走的损失，并不包括公开的暴力抢劫行为所致的损失。

2. 提货不着（Non-delivery）

提货不着是指货物在运输途中由于不明原因而被遗失，造成整件货物未能运抵目的地，无法交付给收货人。

3. 短量（Shortage）

短量是指货物在运输途中或抵达目的地后，发现包装内货物部分短少或散装货物重量短缺。

4. 雨淋（Rain Damage）

雨淋是指货物由于被雨水淋湿所造成的损失。

5. 混杂（Intermixture）

混杂是指货物在运输途中，因与其他货物混杂在一起，难以辨认和分开。例如，在大米中混入砂石等杂质。

6. 沾污（Contamination）

沾污是指货物在运输途中，因被其他货物污染而导致的损失。例如，服装沾上油漆而致污损。

7. 渗漏（Leakage）

渗漏是指盛在容器中的流质或半流质货物在运输途中，由于外来原因造成容器损坏而引起的渗漏损失；或用液体盛装的货物，如酱菜因液体外流而引起的变质损失。

8. 碰损（Clash）

碰损是指货物在运输途中，因受震动、颠簸、碰撞、挤压等而导致的凹瘪或变形损失。例如，家具由于相互挤擦导致表面凹陷和油漆剥落而致损失。

9. 破碎（Breakage）

破碎是指易碎品在运输途中，因搬运、装卸不慎，受到震动、颠簸，或碰撞、挤压而引起的货物本身破裂和破碎。

10. 串味（Taint of Odour）

串味是指货物因受到其他带异味的物质的影响，引起串味而使价值受损。例如，茶叶和樟脑丸放在一起，会使茶叶吸收樟脑丸的气味而失去饮用价值。

11. 受潮受热（Sweat & Heating）

受潮受热是指由于气温变化或船上通风设备失灵而使船舱内水汽凝结，货物发潮或发热而致霉烂等损失。大米、豆类、花生等农产品都会因为船舱内湿热而致霉烂。

12. 钩损（Hook Damage）

钩损是指袋装或捆装货物在装卸、搬运过程中，因使用手钩或吊钩操作而遭受的损失。

13. 锈损（Rust）

锈损是指金属或金属制品在运输过程中，因氧化而生锈所造成的损失。

14. 船长、船员的恶意行为（Barratry of Master and Mariners）

船长、船员的恶意行为是指，船长、船员违背被保险人的利益而采取的恶意行为或船员对船长的对抗行为，包括丢弃船舶、纵火焚烧、非法出售船舶或货物、违法走私而被扣押等。构成恶意行为的条件有两条：一是船东对船长或船员的恶意行为事先并不知情；二是行为必须是恶意的，即出于不良动机，不包括船长、船员的过失或判断失误造成的损失。

15. 抛弃（Jettison）

抛弃又称抛货，是指船舶处于危险状态时，为了船货的共同安全，将船上的部分货物抛入海中以减轻船舶载重，使其摆脱危险而致的货物损失。抛弃还包括根据当局的命令而将危险品抛入海中的损失，但不包括抛弃已经失去价值的货物，如腐烂的水果、鱼类等。

（二）特殊外来风险

特殊外来风险是指除一般外来风险以外的其他外来原因的风险，是往往与政治、军事、社会动荡，以及国家行政措施、政策法令等有关的风险。常见的特殊外来风险主要有战争风险、罢工风险、进口地有关当局拒绝进口或没收风险等。

1. 战争风险（War Risks）

战争风险是指由于战争行为或敌对行为以及由此引起的捕获、拘留、扣留、禁止及各种战争武器所引起的货物损失。

2. 罢工风险（Strikes Risks）

罢工风险是指由于罢工者或被迫停工的工人或参加工潮、暴动、民众斗争的人员的行为所造成的货物损失。

3. 拒收风险（Rejection Risks）

拒收风险是指货物在进口地被有关当局拒绝进口或没收所造成的损失。

第二节　海洋运输货物保险保障的损失

货物在运输途中，会因遭遇各类灾害事故而导致损失。按照损失的程度大小，货物的损失可分为全部损失和部分损失两大类。

一、全部损失（Total Loss）

全部损失简称全损，是指整批保险货物全部灭失或可视同全部灭失的损害。根据全损情况的不同，又可分为实际全损和推定全损。英国《1906年海上保险法》第56条第3款规定，除非保险单另有含义，全部损失应包括实际全损和推定全损。

（一）实际全损（Actual Total Loss）

实际全损也称绝对全损（Absolute Total Loss），我国《海商法》第245条规定，保险标的发生保险事故后灭失，或者受到严重损坏完全失去原有形体、效用，或者不能再归被保险人所拥有的，为实际全损。由此可见，保险货物的实际全损有三种表现形式。

1. 保险标的灭失

这是指保险货物的实体已经完全损毁和不复存在。例如，保险货物全部被火烧成灰烬、食盐完全被海水溶解、载货船舶沉入深海无法打捞等。

2. 保险标的完全失去原有的形体、效用

这是指保险标的受损后，实体虽然存在，但已丧失原有商业价值和使用价值。例如，茶叶吸收樟脑的异味后，虽然外观不变，但已不能饮用。

3. 保险标的不能再归被保险人所有

这是指保险标的实际存在，但被保险人已丧失对它的所有权且无法挽回，即被保险人无可弥补地失去对保险标的的实际占有、使用、受益和处分等权利。例如，战时货物被敌对国捕获并作为战利品分发。

4. 船舶失踪

根据我国《海商法》第45条和英国《1906年海上保险法》第58条的规定，船舶失踪视为实际全损。船舶在合理时期内未能到达目的地，且在一段时间后（我国规定为2个月）仍然没有音讯的，即为船舶失踪。如果船舶失踪而致全损，则船载货物也构成实际全损。

保险标的发生实际全损时，被保险人可向保险人请求按保险金额获得全损赔偿。

（二）推定全损（Constructive Total Loss）

1. 推定全损的概念

推定全损是海上保险中特有的制度。我国《海商法》第246条规定，货物的推定全损是指货物发生保险事故后，认为实际全损已经不可避免，或者为避免发生实际全损所需支付的费用与继续将货物运抵目的地的费用之和超过保险价值的损失。英国《1906年海上保险法》第60条第1款则规定，除保险单另有明文规定外，凡保险标的的实际全损看来无法避免，或为免除实际全损所需的费用超过保险标的物价值而将保险标的合理委付的，为推定全损。

保险货物构成推定全损有以下几种情况。

第一种情况是保险标的实际全损不可避免。当保险货物遭受保险事故后，虽然一时还未达到完全灭失的损失程度，但将无法避免实际全损，即构成推定全损。例如，船舶在航行途中意外搁浅，船壳严重损坏，船上所载水果部分腐烂。由于船舶所处的位置远离正常航道，地理条件很差且当时气候条件恶劣，无法对船舶进行救助，因而将不可避免出现船舶沉没、货物全损的结果。此时，被保险人可按推定全损索赔。

第二种情况是被保险人丧失对保险标的的实际占有。当被保险人丧失对保险货物的实际占有、使用且不大可能在合理时间内收回该标的，或是为收回所有权所支出的费用将超过保险标的的价值，则构成推定全损。

第三种情况是保险标的严重受损。当货物严重受损，施救、修理费用和续运费用总和超过货物本身的价值，就构成推定全损。

2. 委付

（1）委付的含义

推定全损是介于实际全损和部分损失之间的一种损失。发生推定全损时，可将其视为部分损失，也可视为全部损失，即在发生推定全损的情况下，被保险人可以选择恢复和修理保险标的，按实际损失向保险人索赔部分损失，也可以选择按推定全损索赔全部损失。被保险人选择索赔全部损失时，必须首先委付保险标的，将其对保险标的的权益转让给保险人。

委付（Abandonment）是放弃物权的一种法律行为，它是指保险标的处于推定全损状态时，被保险人向保险人发出通知，愿将被保险人对保险标的的全部权利和义务转让给保险人，而要求保险人以全部损失予以赔偿的一种行为。在具体做法上，被保险人应以书面或口头方式向保险人发出委付通知（Notice of Abandonment）。委付是海上保险中特有的一种处理保险标的损失的手段，它是由保险合同的补偿原则而派生的物权代位原则。

（2）委付成立的条件

委付制度既是海上保险的被保险人处理保险标的损失的一种手段，也是保险人进行保险赔偿的具体方式。它关系各方当事人的利益，因此，必须具备以下条件，才能有效成立。

第一，委付以保险标的推定全损为条件。由于委付包含全损赔偿和转移保险标的一切权利这两重内容，因此，只有在保险标的推定全损时才能适用委付。

第二，委付通知必须及时发出。当被保险人获得保险标的受损的具体情形并决定按推定全损索赔时，应及时发出委付通知；否则，就可能丧失发出委付通知的权利而只能按部分损失索赔。

保险人要求被保险人及时发出委付通知，主要是为了考虑和采取对自己最有利的措施，即根据实际情况，决定是否接受委付。

第三，委付通知中，被保险人必须将保险标的的一切权利无条件地转移给保险人。委付通知可以是书面的，也可以是口头的，但其内容应清楚地表明被保险人将其对保险标的的保险利益全部转让给保险人，而不能只委付其中一部分。此外，委付通知的内容必须真实，而且不能附带任何附加条件。例如，被保险人对船舶被扣押申请委付，但要求船舶被释放时返还给其所有，这就不能构成委付。

（3）保险人在接到委付通知后的决策

根据各国法律的规定，保险标的发生推定全损时，若被保险人发出委付通知，保险人对委付可以接受，也可以不接受，但应在合理的时间内将是否接受委付的决定通知被保险人。

第一种情形是保险人接受委付。如果保险人认为接受委付是有利的，即会决定接受委付。保险人可以用明示或默示的行为表示接受委付，但保险人的沉默不得视为接受委付。

保险人接受委付，意味着他接受了被保险人转让的委付财产的所有权利，包括所有权及附属于保险标的的其他财产权；但同时，也承担了保险标的的所有义务，如清除航道的责任、清理油污的责任、支付救助报酬的责任等。

保险人接受委付后，若对保险标的处理所获得的收益大于保险赔款，收益仍然全部归保险人所有而无须返还被保险人。

保险人接受委付后，还有可能出现为履行义务而支付的金额超过其所得收益金额的情形。例如，在船舶保险中，清理航道的费用超过残骸被打捞后出售的价格。此时，所有的费用也应由保险人承担。因此，发生推定全损时，保险人在接受委付之前，需要权衡自己能否因接受委付而受益，也就是要考虑受损标的的残余价值能否大于由此引起的各种义务和责任风险所产生的经济损失。

第二种情形是保险人拒绝接受委付。收到被保险人的委付通知后，保险人在大多数情况下都会拒绝接受委付。一方面因为保险人一旦接受委付就不得反悔，可能面临因接受委付而带来的额外损失；另一方面，因为根据有关海上保险法律的规定，保险人赔付全损后，还可再次决定是否接受保险财产。

保险人拒绝接受委付，并不影响被保险人索赔全损的权利。如果保险人认同保险标的的损失是推定全损，他在拒绝委付要求后，仍需按全损进行赔偿。如果保险人认为保险标的的损失并非推定全损而是部分损失，他在拒绝委付要求后，按部分损失赔偿。保险人拒绝委付要求并不影响他在赔偿后取得代位求偿权。

当保险人认为未构成推定全损而拒绝委付要求，而被保险人又认为保险标的的损失已构成推定全损而坚持索赔全损，双方发生争议时，被保险人可以提起诉讼或申请仲裁。

虽然实际全损和推定全损之间的区别是客观存在的，但在保险实践中，实际全损和推定全损之间并无绝对的界限。保险标的到底属于实际全损或推定全损，并不取决于被保险人是否已经向保险人委付保险标的，而往往取决于法院或仲裁庭的裁决。如果法院或仲裁庭认为损失为实际全损，委付失去意义，这并不影响被保险人按实际全损索赔的权利。因而在海上保险实务的几乎每一个全损案件中，被保险人都向保险人发出委付通知，作为推定全损处理。

（三）协议全损（Compromise Total Loss）

在有些情况下，保险标的所遭受的损失虽未达到全损的程度，但基于维持保险人与被保险人之间良好业务关系等因素考虑，双方一致认为，如以全部损失为基础进行赔偿，更有利于对保险合同条款的理解，有利于保险业务的开展。此时，保险合同双方也可约定按全部损失进行赔偿，这种做法称为协议全损。协议全损是发生损失后，保险人处理某些损失赔偿的一种方式，并非指保险标的真正达到全损程度。

（四）部分全损（Partial Total Loss）

在海上保险中，凡货物中可以分割的某一部分发生全部损失时，称为部分全损。保险人对部分全损的赔偿处理原则与整批货物的全部损失是一致的，这有利于被保险人得到充分的补偿。在国际货物运输保险实务中，习惯上作为部分全损的包括如下情形。

1. 同批发运的数类货物，由同一张保险单承保，如果每类货物分别列明名称、数量和保险金额时，其中某一类货物发生全损。

2. 装卸或转船过程中，整件货物发生全损。例如，在装卸时，吊钩下的货物坠入海中，完全灭失。

3. 使用驳船装运货物时，同一条驳船装运的货物发生全损。

二、部分损失（Partial Loss）

部分损失是指保险货物的损失没有达到全部损失的程度。区分全部损失和部分损失的法律意义在于，保险人对这两者在赔偿处理时有所区别。例如，有的保险单仅承保货物的全部损失，对部分损失不予赔偿。又如，保险人按全损赔偿后，可取得保险标的的全部权利和义务。所以，在保险理赔实践中，应明确货物的损失程度。

按照损失的性质，部分损失可分为单独海损和共同海损。

（一）单独海损（Particular Average，PA）

货物在运输途中可能遭遇各种风险而导致损失，如果该风险只影响单一的货方利益，不会危及其他方的安全，该风险导致的损失即为单独海损。单独海损可定义为保险标的在运输途中，纯粹由海上风险直接造成的船舶或货物的部分损失，它是特定利益方的部分损失。例如，在海运途中，船舶突遇暴风雨，海水灌入船舱，致使舱内一批服装遭水浸泡而贬值百分之二十。该损失即属于该批服装货主的单独海损，与其他货主与船东均无关。构成单独海损应具备下述条件：一是单独海损必须是意外的、偶然的海上风险事故直接导致的损失；二是单独海损由受损货物的货主或船方自行承担，并不影响他人的利益。如果被保险人投保了相应的保险，这一损失可由保险人根据保险条款的规定予以赔偿。

在我国现行船舶和货物保险条款以及伦敦协会船舶和货物保险条款中，并未出现“单独海损”这个术语，而直接用船舶或货物的部分损失来表示，其含义是指不属于共同海损的部分损失。

（二）共同海损（General Average，GA）

1. 共同海损的定义

载货航行的船舶在途中可能遭受各种自然灾害、意外事故和其他风险，如果风险危及船货的共同安全，不及时采取措施会导致船货严重损坏直至倾覆或沉没，使船货全部灭失。在这种情况下所采取的避免船货共同危险的行为，即为共同海损行为。根据我国海商法第193条的规定，共同海损是指在同一海上航程中，船舶、货物和其他财产遭遇共同危险，为了共同安全，有意地采取合理措施所直接造成的特殊牺牲、支付的特殊费用。共同海损包括两个组成部分：一是共同海损行为导致的船舶、货物等本身的损失，称为共同海损牺牲（General Average Sacrifice）；二是为采取共同海损行为而支付的费用，称为共同海损费用（General Average Expenditures）。

共同海损行为是一种非常措施，这种措施在正常航行中是不会采用的。例如，正常航行中，船方有保管货物的责任，应谨慎地使货物处于安全状态。然而，在特殊的危险状态下，为了船舶和货物的共同安全，船长可下令把货物部分抛入海中以减轻船舶载重，因而导致的货物损失为共同海损牺牲。又如，船舶搁浅，雇佣拖轮拖带使之起浮脱险，因此支付的费用为共同海损费用。

常见的共同海损牺牲包括：（1）抛弃货物或船舶的燃料、物料的损失；（2）救火而导致货物被浸湿、船舶损失；（3）自动搁浅而导致船货受损；（4）起浮脱浅而导致船舶机器损坏；（5）货物、物料被当作燃料的损失；（6）避难港卸货、重新装载、移动货物或燃料或物料所致的损失；（7）切除嵌楔物的损失；（8）割断锚链的损失。

共同海损费用通常包括救助费用、避难港费用、代替费用、船方垫付的手续费及理算费、船货共同海损的损失检验费和船舶避难港的代理费及电报费等。

遭受共同海损牺牲的一方以及共同海损费用的支付方，均有权向其他利益方请求按比例分摊其损失，这就是共同海损分摊。

2. 共同海损的成立要件

根据共同海损的定义，共同海损的成立必须具备以下条件。

（1）船舶、货物和其他财产处于同一海上航程中。

首先，只有在海上航程中，才可能成立共同海损。而在内陆运输或是内河水运中，不存在共同海损的可能性。

其次，只有当船舶进行海上航行活动时，才可能成立共同海损。如果船舶只是在海上用作仓库或是游乐场所等而总是停留在某处，不存在航行活动，则不可能构成共同海损。

最后，要有不同的财产利益处于同一个海上航程中。如果只有一个财产利益，如空舱的船舶，由于只有船舶单方利益，则不可能构成共同海损。

（2）危险必须危及船舶和货物的共同安全，而且是真实的和不可避免的。

首先，船舶和货物遇到的危险必须是真实的、实际存在的和紧迫的，主观推测或畏惧担心可能发生的危险并不是真实的危险。例如，船舶在航行中，由于意外失火而引起火灾。此时，若不立即采取措施灭火，必然导致船货全部被烧毁的严重后果。于是，船长下令灌水灭火，火被扑灭。由于危险是真实紧迫的，因而灭火行为属于共同海损行为。又如，船舶在航行途中，发现前方有一艘船非常可疑，船长误认为遇到海盗船，命令本船立即掉头远离该船，却因意外而触礁；事后得知，遇到的并非海盗船。此时，真正的风险并不存在，因而不能构成共同海损。

其次，危险必须是不可避免的。这是指某种事故的发生虽然一时尚未实际给船货造成损失，但如果不立即采取措施，船货将不可避免因该危险而受损。例如，船舶在海上因遭遇恶劣气候，只能逆风行驶，导致船速剧减，航行时间意外增加，原先足够航行到目的地的燃油，因消耗过多而不足以使船舶驶达目的地。这时，如果不改变航道驶往附近港口加油，一旦燃油耗尽，主机熄火，船舶将失去控制，导致严重后果。所以，此时船舶确实遇到了不可避免的危险，采取绕航措施属于共同海损行为。

最后，危险必须是危及船舶和货物的共同安全的，如果不及时采取措施，会使船舶和货物同时受到很大的损失。例如，船舶在航行途中搁浅，船底出现裂缝，海水大量涌入舱中，若不采取措施，船舶将会沉没。这时，船舶和货物确实处于共同危险中。又如，船上冷藏机发生故障，使船上货物面临变质危险。为了该货物的安全，船舶驶入附近港口修理冷藏机。由于没有危及船舶安全，不能构成共同海损。

（3）共同海损行为必须是为了解除船舶和货物的共同危险而有意识且合理地采取的。

首先，船舶和货物面临共同危险时，必须是为船舶和货物的共同安全而采取的措施才属于共同海损行为。如果只是为了船舶或货物一方的利益而采取的行为，不能作为共同海损行为。例如，船舶在航行时遭遇暴风雨，船体严重倾斜；同时，海水进入某一船舱，使该舱内的贵重物品受损。船长下令将舱面上一侧的重货抛弃以使船舶保持平衡，同时，又组织人员对受损的贵重物品进行抢救整理。这种情况下，抛货行为是为解除船舶和货物的共同危险，属于共同海损行为；而对货物进行抢救整理是为该货主单方面的利益，不属共同海损行为。

其次，共同海损行为必须是人为的、有意的且合理的。共同海损行为应该不是意外的，而是经过思考后有意识地作出的；同时，这种行为应该是经济的、节省费用的和符合全体利益的。例如，船舶搁浅，为使船舶起浮，船长下令开舱抛货。这是一种在紧急状态中采取的有意且合理的措施，属于共同海损行为。但如果船舶已经起浮，船员由于疏忽没有注意而继续抛货，这种超过实际需要的行为就不属于共同海损行为。

（4）共同海损的牺牲必须是特殊的，费用必须是额外支付的，而且牺牲和费用必须是共同海损行为直接的、合理的后果。

首先，共同海损行为是为解除海上危险而采取的，超过船长在一般情况下应尽的义务。

因此，所导致的牺牲和费用必须是特殊的，是在正常情况下不会发生和没有必要支付的。例如，船舶搁浅，为脱浅而强行倒车造成主机损坏，这种损失在正常情况下不会出现，因而是特殊的，属于共同海损牺牲。又如，在主机已损坏的情况下，为使船舶起浮而雇用拖轮拖带，由此支付的拖带费用显然是额外的，而且是合理的，属于共同海损费用。

其次，共同海损行为的后果是多方面的，有些是直接产生的，有些是间接产生的，但是只有共同海损行为直接导致的合理的牺牲和费用才属于共同海损。例如，船上装着一批冷冻食品。航行途中，船舶的螺旋桨出现故障需要进行修理。在避难港修理时，为修船而不得不将船体向前倾斜，因此导致冷冻机失灵；而该港没有冷冻仓库，无法卸货，使得冷冻货物变质。这种损失是伴随共同海损行为而产生的，而且是共同海损行为的合理后果，属于共同海损牺牲。在上例中，如果该港附近有冷冻仓库，船长因为疏忽而没有考虑到货物可能变质而未将货物存入冷冻仓库，使得船上货物变质。由于该损失原本是可以避免的，因而不具有合理性，不属于共同海损牺牲。

以上各项是共同海损得以成立的必需条件，只有同时符合上述条件，才能构成共同海损。采取共同海损行为，一般应由船长作出决定和负责指挥；但如果遇到特殊情况，由其他人，包括船上其他船员和乘客指挥的行为，若符合上述共同海损成立的条件，共同海损也可成立。

此外，因为共同海损的牺牲和费用需要由各受益方进行分摊，所以，共同海损行为最终有效，即船舶和货物部分或全部获救是共同海损分摊的前提。如果共同海损行为最终无效，船舶和货物最后全损，便不存在共同海损分摊的基础。例如，船舶意外搁浅，船长先下令自动脱浅，船舶未能起浮；船长又下令雇请拖轮拖带，但船舶依然未能起浮；最终，船舶沉没而致船货全损。此时，共同海损虽然成立，由于船舶和货物全损，不存在受益方，共同海损的损失并不能获得分摊。

3. 共同海损的分摊

船舶发生海损事故后，凡是属于共同海损的牺牲和费用，应当由受益方进行分摊。这是共同海损形成的基础，也是处理共同海损的基本原则。

共同海损牺牲主要包括抛弃损失、灭火损失、船舶起浮脱浅损失、船舶自动搁浅损失，船上属具、物料或货物作为燃料的损失，以及切除损毁、残留物体的损失等。采取共同海损行为时，需要支付的共同海损费用包括：救助报酬，如拖轮拖带费用；与避难港有关的费用，如船舶进出避难港的费用以及港口费；船员工资、给养、燃料、物料费用，代替费用①和其他杂项费用，如共同海损理算费、检查费等。

对共同海损的牺牲和费用，各国法律都规定应当由受益方按照各自的分摊价值比例分摊。分摊价值是按航程结束时的实际价值加上共同海损的牺牲和费用计算的。

根据我国《海商法》第 199 条的规定，船舶、货物和运费的共同海损分摊价值，分别依照下述方法确定。

（1）船舶共同海损分摊价值，按照船舶在航程终止时的完好价值，减除不属于共

---

① 代替费用包括拖轮拖带费、雇用驳船/舶临时修理费、转运货物费用、修理船舶工人加班费、船舶带货入坞附加费等。按我国《海商法》第 195 条规定，列入共同海损代替费用的金额，不得超过被代替的共同海损的特殊费用。

同海损的损失金额计算；或者按照船舶在航程终止时的实际价值，加上共同海损的牺牲金额计算。

（2）货物共同海损分摊价值，按照货物在装船时的价值加保险费加运费，减除不属于共同海损的损失金额和承运人承担风险的运费计算。货物在抵达目的港以前出售的，按照出售净得金额，加上共同海损牺牲的金额计算。

旅客的行李和私人物品，不分摊共同海损。

运费分摊价值，按照承运人承担风险并于航程终止时有权收取的运费，减除为取得该项运费而在共同海损发生后，为完成本航程所支付的营运费用，加上共同海损牺牲的金额计算。

4. 共同海损的理算

世界上各海运国家对于共同海损的理算，都有自己的原则和规定。我国于 1975 年公布并开始实施《中国国际贸易促进委员会共同海损理算暂行规则》，简称《北京理算规则》。该理算规则包括共同海损的范围、原则、金额计算，共同海损分摊、利息、手续费，共同海损担保、时限等内容。目前，国际上普遍采用的共同海损理算规则是《约克-安特卫普规则》（York-Antwerp Rules）。它虽然不具有法律强制力，却已被国际航运界、贸易界和保险界广泛接受，在提单和运输货物保险单中，普遍订有“共同海损按该规则理算，凡与该规则相抵触的法律和惯例，均视为无效”的规定。

货主如果已经投保海运货物保险，保险货物发生共同海损牺牲后，一般由保险人先行赔付，然后，由保险人参与共同海损分摊，向有关受益方收回共同海损分摊额。发生共同海损费用或其他方的共同海损牺牲时，先由保险人出具共同海损担保函，然后，再根据实际分摊额进行赔偿。因而，发生共同海损时，保险人实际承担的赔偿金额不是保险货物遭受的共同海损牺牲或支付的共同海损费用，而是受益的保险货物应分摊的共同海损分摊值。

（三）单独海损和共同海损的区别

1. 造成损失的原因不同

单独海损是由自然灾害或意外事故等海上风险直接导致的损失；而共同海损是为避免或解除船货共同危险，人为有意识造成的。例如，船上发生火灾，部分货物被烧毁。为避免火势蔓延危及其他货物和整条船的安全，采用灌水的方法进行施救，导致舱内未遭焚烧的货物被海水浸湿致损。此时，被火烧毁的货物损失属于单独海损，而被海水浸湿的货物损失属于共同海损。

2. 损失承担的方式不同

单独海损一般由受损方自行承担。如果损失是第三者责任所致，可向责任方进行追偿；如果已经投保海运保险，保险人应按保险合同的规定承担赔偿责任。共同海损是为船货共同安全而采取行为所致，应当由全体受益方按照各自获救价值的比例进行分摊。如果已经投保海运保险，保险人应按合同规定，承担对被保险人分摊金额的赔偿责任。

在实践中，由于这两种海损经常错综复杂地交织在一起，将其予以区分并不容易。此外，有一些损失既不属于共同海损，也不属于单独海损，也应予以区分。例如，间接损失、没有真实申报的货物损失等，均不属于保险中的海损。

第三节 海洋运输货物保险保障的费用

发生海上危险事故时，为避免损失的发生或扩大，往往需要采取一定的措施，因此，会引起费用的支出。对这些费用，保险人根据其性质规定了不同的赔付原则。在海运货物保险中，保险人负责赔偿的费用主要有以下几种。

一、施救费用（Sue and Labor Charges）

（一）施救费用的概念

施救费用是指，保险货物遭遇保险责任范围内的事故时，被保险人或其代理人、雇佣人员和受让人，为避免或减少损失而采取各种抢救、保护、整理措施而产生的合理费用。例如，船舶在航行途中因意外触礁，致使海水从船底进入船舶，舱内所载服装部分被浸湿。船长下令将服装搬离该舱，并对已浸湿的服装进行整理和烘干，因此而支出的费用就是施救费用。

（二）施救费用的构成条件

施救费用的构成必须符合三个条件。首先，施救行为必须是由被保险人或其代理人、雇佣人或受让人所采取的。如果由其他与被保险人无关的人员采取抢救行为，因此而产生的费用并不属于施救费用。其次，施救费用的支出受保险责任范围的限制。如果保险货物的损失不属保险责任，被保险人为此而支出的抢救费用不能作为施救费用得到补偿。最后，施救费用应该是必要的、合理的费用，如果施救行为不当，因此而支付的费用不能作为施救费用，保险人不予赔偿。

（三）施救费用赔偿的原则和限额

对保险标的进行施救是被保险人应尽的义务，它不仅可以减少物质财富的灭失，还可以减少保险赔款的支付。所以，保险人对这种行为是予以鼓励和支持的。只要施救行为是必要和合理的，不管该行为是否产生效果，保险人对因此而支出的施救费用均予赔偿。

保险人对施救费用的赔偿是有限制的，其金额最多不能超过保险金额。但对施救费用的赔偿，与对保险标的损失的赔偿金额无关，它是在保险标的的损失赔偿之外，按实际支出金额单独在保险金额内另行赔偿。对此，各国保险法规和保险条款均作出了类似的规定，其中包括英国《1906 年海上保险法》第 65 条和我国《海商法》第 240 条。

如果海上保险单是不足额保险单，则未投保部分视为被保险人自保，保险人按保险金额与保险价值的比例赔偿损失，施救费用的赔偿也不例外。

二、救助费用（Salvage Charges）

（一）海上救助的概念

当船舶遇到海难，经船上人员尽力采取办法仍不能使船舶脱离危险时，必须由他人来救助，这就是海上救助行为。前来救助的人员可以是应遇难船舶的请求而来，也可以自愿赶来；可以是专业救助，也可以是过往的其他船舶。海上救助的对象不限于船舶，还包括船上人员，船载货物及船舶的物料和属具，遇难的钻井平台、浮船坞、挖泥船和浮筒等水上浮动装置，遇难时被迫降落在水面或船舶上的飞机等。

海上救助的范围并不限于发生在海上的救助，对于发生在海港内或江、河、湖泊上等其他可航水域的救助，只要救助方或被救助方中有一方是海船，即属于海上救助。

海上救助行为是多种多样的，无论是采取具体的救助措施或是提供劳务甚至是提供某项建议，只要能使遇难船舶、货物得以脱险，均可认为是救助行为。

（二）救助报酬和求助费用

救助报酬（Salvage Award）是指，由和遇难船舶及其载货无关的第三者根据契约或海商法律对遇难船舶、货物或其他财产进行抢救而获取的报酬。

在海上保险中，被保险人因被救助而支付给救助人的报酬称为救助费用，它是海上保险人承保的责任之一。救助费用的产生必须具备以下几个条件。

1. 救助人必须是与海难财产无关的第三者。被保险人或其代理人、雇佣人（如船员）所进行的抢救不是救助行为，因为他们是按自己的职责履行义务。但是，一旦船长宣布弃船，原来船上的船员对船舶自愿进行的救助，可被视为第三者的救助行为。

2. 救助行为必须是自愿的。救助人必须是自愿者，而不是在危险发生之前与被救助方事先已经签订了合同的当事人。例如，船东担心甲船在航行时发生事故，在开航时就雇用乙拖船对其进行拖带；途中遇到大风浪，甲船遇难，乙船拖带甲船脱离险境，安全抵达目的地。这是合同规定的义务，不应视为救助行为。

（三）海上救助合同

在海上救助中，为明确双方的权利和义务，特别是明确救助报酬的支付原则和支付方式等，以使救助工作顺利进行，救助人和被救助人一般均在救助开始前或救助过程中订立救助合同。救助合同的形式可以是口头的，也可以是书面的。救助合同有两种，一种是雇佣性救助合同，另一种是“无效果，无报酬”（NO CURE，NO PAY）的救助合同。

1. 雇佣性救助合同

雇佣性救助合同是指遇难船舶事先与救助人约定，对前来救助的船舶按约定的费率，即按固定的金额或工作时间给付救助报酬而不管救助行为有无效果。雇佣性救助合同的特点是救助工作由遇难的船舶进行指挥，在救助过程中发生的风险均由被救助方承担。雇佣救助费用一般以救助人所需花费的人力和设备以及救助时间为依据。雇佣性救助合同在实际中应用较少，一般只适用于船舶的遇难地点在港内、锚地或距港区不太远的水域，情况不十分危急，同时，所需的只是一般的拖带作业，救助成功较有把握时。

2. “无效果，无报酬”救助合同

“无效果，无报酬”救助合同是指遇难船舶与救助人约定，只有在救助取得效果时，才能获得救助报酬的救助合同。采用这类合同，如果救助无效果，被保险人无需支付报酬。现在国际上通常采用的是英国的“劳合社救助合同标准格式”（Lloyd's Standard Form of Salvage Agreement/No Cure，No Pay）。这一格式最早出现于1890年，是为解决救助人和遇难船之间为报酬、双方责任、支付方式等引发的纠纷而产生的。劳合社救助合同中规定，如果救助无效，救助人不收取任何报酬；如果救助行为取得效果，则应得到适当报酬。

采用“无效果，无报酬”为原则订立救助合同，可以使救助工作迅速展开，避免在救助前探讨各类条款内容而延误救助时机；还可防止救助人乘遇难船舶危急之际索取高额的不合理的报酬；同时，又保证了救助人得到合理救助报酬的权利。因此，国际上广泛运用“无效果，无报酬”的救助合同。中国海事仲裁委员会制定的救助合同标准格式，也以“无效果，无报酬”为原则。采用“无效果，无报酬”为原则的救助合同，救助人承担了若无效果便收不到报酬的风险。因此，救助人索取救助报酬的金额一般都高于正常的海上作业。如果双方对救助报酬的金额协商不成，可以提请受理争议的法院判决或经由各方协议提请仲裁机构裁决。法院或仲裁机构对于救助报酬金额，一般也是作出有利于救助人的裁定或判决。

对救助报酬的确定方法，在《1910 年国际救助公约》中有一些原则性规定。随着航运和海上活动的发展，海上救助的救助标的、海上风险、救助方式等方面发生了很大的变化。为适应新的需要，国际海事组织制定了《1989 年国际救助公约》，明确了确定救助报酬应考虑的因素。这些因素主要有：获救的船舶和其他财产的价值；救助人在防止和减轻对环境损害方面的技能和努力；救助人获得成功的程度；危险的性质和程度；救助人在救助船舶、其他财产及人命方面的技能和努力；救助人所花的时间、费用及遭受的损失；救助人或其设备的责任风险及其他风险；提供服务的及时性；用于救助作业的船舶及其他设备的可用性及使用情况等。

此外，由于近年来海上污染事件频繁发生，对海洋及周围生态环境造成了严重的破坏，防止环境污染已成为整个国际社会关注的问题。为了鼓励救助人对构成环境污染损害的船舶或货物的救助，《1989 年国际救助公约》规定了此种情况下，即使救助人的救助没有取得成功，只要没有过失，仍可获得特别补偿费，其数额相当于其在救助作业中所花费的合理费用。我国《海商法》第 182 条，对此也作了类似的规定。

救助人进行救助作业往往发生在载货的船舶遭遇海难时，存在船舶、货物和运费共同的利益方。因此，大部分情况下，救助报酬应作为共同海损，由全体受益者分摊。但如果被救助方只是船舶一方或其他财产一方，救助报酬应由被救助方独自支付。

（四）海上保险人对救助费用的赔偿

海上保险人赔偿救助费用的前提，是救助工作必须是为了避免承保风险引起的损失。因此，只有在保险人对损失予以赔偿时，对为避免损失而支付的救助费用才予补偿。

除特殊情况外，保险人对救助费用的赔偿责任以获救财产的价值为限。当救助行为没有取得效果时，保险人对救助费用不予补偿。因而救助费用与保险标的本身损失的赔偿相加，不得超过保险金额。

此外，保险人对救助费用的赔偿还受保险标的的保险金额、保险价值和分摊价值三者之间大小关系的制约。如果保险金额小于保险价值，保险人应仅按保险金额与保险价值的比例承担救助费用。当救助费用作为共同海损处理时，如果保险价值小于分摊价值，保险人要按照保险价值与分摊价值的比例赔偿被保险人应分摊的救助费用。

三、续运费用（Forwarding Charges）

续运费用是指运输工具遭遇海难后，在中途港或避难港由于卸货、存仓以及运送货物所产生的费用，其目的是为防止或减轻货物的损害。如果货物遭受的风险属于保险责任，因此而支付的费用，保险人也予以负责。保险人对续运费用的赔偿和对货物单独海损的赔偿总和，以保险金额为限。

四、额外费用（Extra Charges）

额外费用是指为了证明损失索赔的成立而支付的费用，包括保险标的受损后，对其进行检验、查勘、公证、理算或拍卖受损货物等支付的费用。一般只有在索赔成立时，保险人才对额外费用负赔偿责任。但如果公证、查勘等是由保险人授权进行的，不论索赔是否成立，保险人仍需承担该项额外费用。

案例聚焦

【案情介绍】

某年9月22日，SUN公司所属、Z船务公司经营的M轮在从日本驶往上海途中，因遇7~9级大风，船舶剧烈摇摆，主机发生故障，已无法保持航向，船长请求援助。次日，主机四缸发现漏水，船身倾斜35度。9月24日，日本拖轮公司指派拖轮实行救助，于27日拖往日本修理。后该轮宣布发生共同海损。

事故当时，该轮正在履行航次租约。合同中约定，共同海损按照《北京理算规则》进行理算。该轮宣布共同海损后，船上7票货物的货主提供了货物保险人A保险公司签署的无限额共同海损担保函。担保函载明："兹保证分担下列由本公司承保的货物项下应予分担的共同海损损失及费用。"该轮涉及的救助费用经仲裁后，A保险公司及有关方均支付了救助报酬及相关费用。中国国际贸易促进委员会海损理算处进行了共同海损理算并制作成海损理算书，确认应由A保险公司分摊的共同海损金额为131 606.77美元。

【分析】

1. 共同海损是否成立

共同海损是现代各国海商法中保留的最古老的制度之一，也是海商法中一项特有的法律制度。构成共同海损需具备下列条件：(1) 危险必须危及船舶和货物的共同安全，而且是真实存在的或不可避免出现的。(2) 共同海损行为必须是为了解除船舶和货物的共同危险，有意识采取的合理措施。(3) 共同海损的牺牲必须是特殊的，费用必须是额外支付的，而且牺牲和费用必须是共同海损行为的直接的、合理的后果。(4) 共同海损行为必须是最终有效的。本案例中，M轮在航行途中遇到恶劣气候致船舶主机发生故障，船舶无法保持航向。此时，船、货处于共同的现实危险中，遭遇了共同海损危险。船长主动请求他人救助是保证船、货共同安全的唯一措施。因此，此时的救助是船长的故意、合理行为，属于共同海损行为。由此产生的救助费是避险措施的直接后果，属于共同海损费用。因此，共同海损成立，救助费应由各受益方分摊。

2. 共同海损的赔偿

根据海运保险条款的规定，共同海损的牺牲和分摊均属于海运保险人的承保范围。也就是说，在货物已经投保的情况下，货方应履行的共同海损分摊义务，实际上最终由其保险人承担。基于此，在长期的海事实践中，为简化手续，原本规定在船方和货方之间进行的共同海损结算，已转变成主要由船舶的保险人和货物的保险人之间进行结算。保险人主动代表被保险人办理共同海损的补偿和分摊工作；而作为共同海损事故人的船、货方，仅在共同海损结算结束后，分别和各自的保险人进行结算。因此，本案例中，应由A保险人分摊共同海损费用131 606.77美元。

本章小结

海洋运输货物保险保障的风险分为狭义的海上风险和外来风险两类，狭义的海上风险又可分为自然灾害和意外事故两种。海运货物保险保障的损失，按损失程度分为全部损失和部分损失。全部损失可分为实际全损和推定全损，部分损失又可分为单独海损和共同海损。共同海损一旦成立，各受益方要按照获救价值进行共同海损分摊。海运货物保险保障的费用包括施救费用、救助费用、续运费用和额外费用。

案例研究

某远洋运输公司的“X”号轮在4月28日满载货物起航，出公海后，由于风浪过大偏离航线而触礁，船底划破长2米的裂缝，海水不断渗入。为了船货的共同安全，船长下令抛掉一部分货物并组织人员抢修裂缝。船修复以后，继续航行；不久，又遇船舱失火，船长下令灌水灭火。火被扑灭后，发现2 000箱货物中，一部分被火烧毁，一部分被水浸湿。

在船抵达目的港后，清点货物共有以下损失：（1）抛入海中的200箱货物；（2）被火烧毁的500箱货物；（3）被水浸湿的100箱货物。

试分析以上的损失各属什么性质的损失。

思考题

1. 何谓海上风险和外来风险？分别列举其所包括的主要风险。
2. 何谓实际全损？构成实际全损有哪几种情况？
3. 何谓推定全损？它和实际全损有哪些区别？
4. 什么是委付？委付时，须注意哪些问题？
5. 什么是共同海损？其构成条件如何？
6. 单独海损和共同海损有哪些区别？
7. 何谓施救费用和救助费用？保险人对这两种费用的赔偿有什么区别？

第六章　海洋运输货物保险条款

教学目标

通过本章学习，掌握我国海运平安险、水渍险和一切险的责任范围及除外责任，掌握“仓至仓”条款的内容，了解我国海运一般附加险条款、特别附加险条款和特殊附加险条款的内容，掌握伦敦协会货物 ICC（A）、ICC（B）和 ICC（C）条款的承保责任和除外责任，了解 ICC（A）、ICC（B）和 ICC（C）条款关于索赔的规定。

关键词

平安险　水渍险　一切险　一般附加险　特别附加险　特殊附加险　“仓至仓”条款　正常运输　非正常运输　卖方利益险　保险利益条款　续运费用条款　推定全损条款　增值条款

由于海洋运输具有运量大和运费低廉的优点，国际贸易中，大部分货物的交付是通过海上运输来实现的。但货物在运输途中会因遇到各种风险事故而受损，为避免经济损失，货主通常希望能通过保险的方式将损失转嫁给保险公司承担。海洋运输保险作为一种有效的经济补偿手段，促进了国际贸易的蓬勃发展。

第一节　我国海洋运输货物保险基本险条款

我国现行的《海洋运输货物保险条款》是由中国人民保险公司修订，于 1981 年 1 月 1 日实施的。① 该条款主要参照了伦敦保险协会 1963 年的货物保险条款，基本险包括平安险、水渍险和一切险（分别相当于 1963 年协会条款的 FPA、WA 和 All Risks），附加险分为一般附加险、特别附加险和特殊附加险三种。附加险都不能单独投保，需要在基本险的基础上附加投保。此外，还有针对特殊货物的专门险条款。

基本险又称主险，是可以独立投保的险别。我国现行的《海洋运输货物保险条款》共包括五部分：责任范围、除外责任、责任起讫、被保险人的义务和索赔期限。

① 我国各保险公司按规定，于 2009 年对采用的保险条款报中国保监会备案。因此，在保险单中往往载明运用 2009 年保险条款，但条款的内容依然是 1981 年由中国人民保险公司制定的《海洋运输货物保险条款》。

一、责任范围

责任范围（Scope of Cover）是指保险人列明的予以承保的损失和费用。我国现行的《海洋运输货物保险条款》中，规定的基本险有平安险、水渍险和一切险三种。现将它们的责任范围分别介绍如下。

（一）平安险

平安险是我国保险公司习惯使用的险别名称，在三个基本险中，其承保责任范围最小，英文原文是“Free from Particular Average，F. P. A”，意指不负责单独海损。它来源于全损险（Total Loss Only，T. L. O），即仅对共同海损和全部损失予以负责。随着国际保险界对平安险条款的不断修订补充，平安险的承保责任已与其原义不相吻合，保险人对意外事故等原因造成的单独海损也予以负责。因此，平安险不能从险别名称字面上理解成“投保平安险就确保平安”，或是理解成“凡是单独海损，概不负责”。根据我国《海洋运输货物保险条款》的规定，平安险的承保责任如下。

1. 被保险货物在运输途中，由于恶劣气候、雷电、海啸、地震、洪水等自然灾害造成整批货物的全部损失或推定全损。

本条对上述列明的自然灾害造成保险货物的全损予以负责。

2. 由于运输工具遭受搁浅、触礁、沉没、互撞、与流冰或其他物体碰撞，以及失火、爆炸意外事故造成货物的全部或部分损失。

本条包括两部分，一是对运输工具发生意外事故造成的保险货物损失负责，二是对在运输途中发生火灾、爆炸事故时造成的保险货物损失负责。这里所指的损失，均包括全部损失和部分损失。

3. 在运输工具已经发生搁浅、触礁、沉没、焚毁意外事故的情况下，货物在此前后又在海上遭受恶劣气候、雷电、海啸等自然灾害所造成的部分损失。

根据本条规定，保险人对于自然灾害所造成的保险货物部分损失予以赔偿的前提条件，是运输工具曾经发生上述规定的搁浅、触礁、沉没或焚毁四种意外事故。也就是说，保险人对单纯由于自然灾害造成的部分损失并不负责赔偿；但当同一批货物在运输途中不仅因自然灾害受损，而且因上述四种意外事故致损时，如果两者导致的货物损失无法分清，则保险人对损失应全部赔付。

4. 在装卸或转运时，由于一件或数件货物整件落海造成的全部或部分损失。

本条是针对货物在运输途中，装卸或转运时落海的损失而订立的。

5. 被保险人对遭受承保责任内危险的货物采取抢救，防止或减少货损的措施而支付的合理费用，但以不超过该批被救货物的保险金额为限。

本条规定了对施救费用的赔偿。如果货物遭遇保险责任内的损失，对于被保险人支付的合理的施救费用，保险人应予负责，但最大金额不得超过保险货物的保险金额。

6. 运输工具遭遇海难后，在避难港由于卸货引起的损失，以及在中途港或避难港由于卸货、存仓和运送货物所产生的特别费用。

本条规定是针对运输工具遭遇海难后，因避难而产生的特别费用，包括两部分：一是对货物在非预定卸货港因卸货引起的损失，保险人予以负责；二是对运输中途中止后，需要续运货物至原定目的地时所发生的特别费用，保险人予以负责。

7. 共同海损的牺牲、分摊和救助费用。

本条规定也包括两部分，一是对共同海损的牺牲和分摊均予负责，二是对救助费用予以负责。

8. 运输契约订有“船舶互撞责任”条款，根据该条款规定，由货方偿还船方的损失。

船舶互撞责任条款（Both-to-Blame Collision Clause）是货主与承运人签订的租船合同或承运人签发的海运提单中的条款，它规定货主须补偿本船承运人原来可以免责却又被迫承担的他船应对该船货物损失所负赔偿责任中的那部分赔款。

本条规定，如果由于货主与承运人的运输契约中有“船舶互撞责任”条款，当船舶发生碰撞事故后，对货主根据该条款偿还船方的损失，由保险人负责赔偿。

从平安险责任的具体内容可以看出，平安险主要是对自然灾害造成的全部损失和对意外事故造成的全部及部分损失予以赔偿。因此，在保险实务中，平安险一般适用于低值的大宗货物，如铁丝、钢板、（建筑用）板材、砂石等。

（二）水渍险

水渍险也是我国习惯使用的险别名称，它的责任范围比平安险大，英文原文是“With Particular Average，W. A，W. P. A”，意思是包括单独海损。这和其承保责任是基本一致的，但中文名称与其内涵不符。因为水渍险对货物在运输途中发生的因淡水或雨淋引起的水渍损失，保险人并不予以负责。根据现行《海洋运输货物保险条款》的规定，水渍险除承保上述平安险的全部责任外，还承保被保险货物由于恶劣气候、雷电、海啸、地震、洪水等自然灾害所造成的部分损失。简言之，水渍险对因自然灾害或意外事故造成的损失，不论是全部损失或部分损失，均负责赔偿。

水渍险负责承保自然灾害和意外事故造成的损失，但对外来原因造成的损失不予负责。因此，水渍险一般适用于不大可能由于其本身的特性或外部环境变化而造成品质变化损失的货物。

（三）一切险

一切险是三个基本险中，责任范围最大的险种，英文名称是“All Risks”。根据现行《海洋运输货物保险条款》的规定，一切险除包括平安险和水渍险的各项责任外，还包括货物在运输途中由于外来原因所致的全部或部分损失。需要指出的是，一切险并不承保一切风险，在其条款中，明确规定对有些风险导致的损失不予负责。因此，一切险的名称与实际内涵也并不相符。

由于一切险提供的保障范围比较全面，所以适用于各类货物，如纺织品、工艺品、精密仪器等。

平安险、水渍险和一切险的保险责任范围的关系，如图 6-1 所示：

- 一切险
  - 水渍险
    - 平安险
      - 1. 由于自然灾害造成的货物全部损失
      - 2. 由于意外事故造成的货物损失
        - 全部损失
        - 部分损失
      - 3. 在运输工具已经发生搁浅、触礁、沉没、焚毁意外事故前后，由于自然灾害造成的货物部分损失
      - 4. 装卸或转运时，一件或数件整件货物落海造成的损失
      - 5. 施救费用
      - 6. 船舶遭遇海难后，在避难港和中途港的卸货损失和特别费用
      - 7. 共同海损的牺牲、分摊和救助费用
      - 8. “船舶互撞责任”条款中，规定应由货方偿还船方的损失
    - 由于自然灾害造成的货物部分损失
  - 由于一般外来风险造成的货物损失

图 6-1　平安险、水渍险和一切险的保险责任范围的关系

二、除外责任

除外责任（Exclusion）是保险人列明的不予承保的损失和费用。除外责任中所列的各项致损原因，一般都是非意外和不具有偶然性的或是比较特殊的，保险人通过将其列入除外责任，进一步明确了保险人的责任范围。我国现行《海洋运输货物保险条款》中的除外责任简明扼要，共包括以下五条。

（一）被保险人的故意行为或过失造成的损失

这里所说的被保险人，是指被保险人本人或其代表，并不包括其代理人或普通雇员。在海运保险中，保险单合法持有者即为被保险人。由于法律不允许任何人由于本身的故意行为而获利，所以，本条将被保险人的故意行为作为除外风险。例如，买方指使船员把完好的货物抛弃并谎称发生海难，对此抛货损失，保险人并不负责。又如，发生火灾时，被保险人如果采取措施本可减少损失，但被保险人见火不救致使损失扩大，对此损失，保险人不予赔偿。

（二）属于发货人责任引起的损失

属于发货人责任引起的损失是多方面的，主要包括：发货人准备货物时包装不足或不当，不能经受航程中的通常风险，导致货物在运输途中受损；由于标志错误，使货物运到非原定目的地；发货人发错货物引起的损失等。对上述损失，保险人均不负责。

（三）在保险责任开始前，被保险货物已经存在的品质不良或数量短差所造成的损失

对保险责任开始前便存在的货物损失，保险人并不负责。例如，铁丝在装运前就存在严重的锈损现象，货主如果索赔，保险人有权拒赔。为避免对损失时间的确定引起争议，保险人往往规定装船前须进行检验。另外，提单上有关货物状况、数量的记载也是保险人据以判断货物损失时间的证明。

（四）被保险货物的自然损耗、本质缺陷或特性，以及市价跌落、运输延迟所引起的损失或费用

本条包括以下几方面内容。

一是对货物的自然损耗不予赔偿。自然损耗具体表现为水分蒸发、渗漏、扬尘、易碎品破碎、散装货短量等。例如，袋装水泥在运输途中，会因扬尘而致重量减轻，只要损耗在正常额度内，保险人不予赔偿。对于易损货物，保险人通常采取规定免赔率的做法，对损失率低于免赔率的部分，保险人不予赔偿。

二是对货物本质缺陷或特性所致货物本身损失和支出的费用，保险人不予负责。货物本质缺陷是指货物自身固有的缺陷或在运输前已经存在的质量上的瑕疵。货物的特性是指在没有外在原因的情况下，货物在运输途中因自身特殊性质引起的损坏。有些商品，如黄麻，其燃点较低，容易自燃。在没有外来风险作用时，黄麻如果发生自燃，属本质缺陷所致，保险人无需负责。但如果因此引起火灾，导致其他货物受损，对于其他货物的损失，保险人应予赔偿。

三是对货物市价跌落引起的损失不予赔偿。货物的市价跌落，不是直接物质损失而是商业风险损失，保险人不予负责。

四是运输延迟所引起的损失和费用，保险人不予负责。运输延迟可能导致鲜活商品的变质和死亡，也可能导致时令性商品如节日礼物，因错过节日而市价跌落。不管导致运输延迟的原因是否属保险责任，凡是运输延迟所引起的损失，均作为间接损失，保险人一律不予承保。

（五）海洋运输货物战争险条款和罢工险条款规定的责任范围和除外责任

战争风险和罢工风险属于特殊风险，凡与此有关的原因造成保险标的的损失，如果仅投保基本险，保险人均不负责赔偿。此外，本条还明确将战争险和罢工险条款的除外责任也作为海运货物保险主险的除外责任。

从上述规定可以看出，除外责任主要包括来自被保险人及发货人的人为风险、不属于运输期间的风险、保险标的自身特性的风险，以及市价跌落、运输延迟、战争、罢工等特殊风险等所引起的损失或费用。

三、保险期限

保险期限（Duration of Insurance）在中国保险条款中称为“责任起讫”，指保险人对运输货物承担保险责任的责任期间，保险人仅对发生在保险期限内的保险事故造成的货物损失负责。我国海运货物保险的基本险的责任期限以运输过程为限，在保险实务中，通常被称为“仓至仓”条款（Warehouse to Warehouse Clause）。它规定保险人对保险货物的责任自被保险货物运离保险单所载明的起运地仓库或储存处所开始运输时生效，包括正常的运输过程中的海上、陆上、内河和驳船运输在内，直到该项货物运抵保险单载明目的地的收货人最后仓库或储存处所，或被保险人用作分配、分派或非正常运输的其他储存处所为止。

（一）责任开始

按基本险的条款规定，自被保险货物运离保险单所载明的起运地仓库或储存处所开始运输时，海运保险责任开始生效。由此可见，只有当货物进行航程所需的运输时，保险责任才开始，如果货物在仓库装车而未运离，保险责任并未开始。如果在此期间发生损失，保险人不负责任。

至于集装箱货，在货物从起运地运往集装箱货运站及在货运站装箱过程中发生的损失，均属于保险期内的损失，保险人应予负责。

（二）正常运输情况下的责任持续

正常运输是指将货物从保单载明起运地至目的地的整个航程所需要的正常的运输，包括用正常的运输工具、按正常的航线行驶并停靠港口以及途中正常的延迟和转道，包括为完成海运所需的，与之相关联的陆上、内河或驳船运输在内。对于正常运输途中所发生的货物保险事故损失，保险人应予赔偿。例如，一批保险货物自发货人仓库起运，由卡车运至码头，然后，装于海轮进行运输。由于该航线没有直达船，事先安排经中国香港中转运至目的港。在中国香港等待转船时，由于岸上临时仓库发生火灾而将货物焚毁，保险人对此损失应负赔偿责任，因为货物损失发生在正常运输过程中。

（三）正常运输情况下的责任终止

按照“仓至仓”条款的规定，在正常运输情况下，海运货物保险的保险责任至保险货物运达保险单所载明目的地的收货人最后仓库或储存处所时为止。一旦货物运抵收货人的最后仓库或被保险人用作分配、分派或非正常运输的其他储存处所，保险责任即行终止。在实际业务中，由于保险货物所运往的目的港或目的地的情况往往不一样，货物经过正常运输，到保险单中载明的目的港卸下海轮后，其责任终止有以下几种情况。

以卸货港为目的地，被保险人提货后，将货物运到其在卸货港仓库时，保险责任即行终止；或是以内陆为目的地，被保险人提货后将货物运到其在内陆的仓库时，保险责任即终止。此后，如果被保险人将货物出售或分配，保险人不再承担责任。

以卸货港为目的地，被保险人提货后并不将货物运往自己的仓库，而是将货物进行分配、分派或分散转运，保险责任从开始分配、分派或转运时终止。

以内陆为目的地，被保险人提货后没有将货物直接运往自己在内陆目的地的仓库，而是先行存入另一仓库，然后，在该仓库对货物进行分配、分派或分散转运，保险人的赔偿责任自货物到达此仓库时全部终止，而不管其中是否有部分货物最终运到保险单所载明的内陆目的地仓库。

上述行为都必须在货物卸离海轮后 60 天内完成；否则，自货物卸离海轮满 60 天，保险责任即终止。

（四）非正常运输期间的责任持续

非正常运输是指在运输过程中出现的被保险人无法控制的运输延迟、船舶绕道、航线变更、运输合同终止等异常情况，以及由此引起的货物在途中被迫卸下、重新装载或转载、货物运到非保险单所载明的地点等非正常情况。

出现上述被保险人无法控制的海轮绕航被迫卸货、重新装载或转载等非正常运输情形，如果被保险人及时将具体情况通知保险人并在必要时加缴一定的保险费，在此期间，保险合同继续有效。

（五）非正常运输情况下的责任终止

出现非正常运输，货物可能继续运往目的地，也可能在途中被处理或将其运往其他地方，保险责任的终止应视具体情况而定。

承运人运用运输合同赋予的权限，作出航海上的变更或在中途终止运输合同后，保险货物如果在中途被出售，保险责任至交货时终止。

发生非正常运输后，保险货物如果继续被运往原定目的地，则保险责任的终止与正常运输情况下相同。

发生非正常运输后，保险货物如果转运其他目的地，则保险责任自转运时终止。

上述行为应在货物卸离海轮后60天内完成；否则，自货物卸下海轮后满60天，保险责任即终止。

四、被保险人的义务

被保险人的义务（Duty of the Insured）是指被保险人按规定应履行的义务。海运货物保险合同是保险人与投保人之间签订的合同，双方在享有权利的同时，均须按合同的规定履行各自的义务。保险人在收取保险费以后，应承担货物因发生保险事故而遭受损失的赔偿责任。与此相对应，被保险人为获得保险赔偿，必须履行保险合同中规定的有关义务和支付保险费；否则，保险事故发生时，保险人可以拒赔损失。

被保险人的义务主要包括以下几个方面。

（一）及时提货

保险货物抵达保险单载明的目的港或目的地，被保险人应及时提货。因为保险人的责任至货物抵达目的地收货人仓库终止，货物存放在卸货港码头仓库或海关仓库期间，仍属于保险责任期间，保险人为能早日终止自己的保险责任，有权要求被保险人尽快提货。

（二）施救义务

对遭受承保责任内危险的货物，被保险人应迅速采取合理的抢救措施，防止或减少货物的损失。同时，保险人对被保险人因此而产生的施救费用应予以赔偿。规定被保险人施救的目的是防止货物损失扩大，有助于减少保险赔偿金额。

（三）维护保险合同效力

如遇航程变更或发现保险单所载明的货物、船名或航程等内容有遗漏或错误时，被保险人应在获悉后立即通知保险人进行更正，如有必要还应加缴保险费，以维护保险合同的效力。这体现了对被保险人诚信的要求。

（四）索赔时提供相关单证

被保险人在向保险人索赔时，应提供包括保险单正本、提单、发票、检验报告、装箱单、磅码单、货损货差证明、索赔清单等索赔所需的各项单证。如货损涉及第三者责任，被保险人还需提供向责任方追偿的有关函电及其他必要的单证或文件。保险人理赔时，需要根据相关单证确定致损原因以及损失程度，决定是否给予赔偿和确定赔偿金额。

（五）及时通知“船舶互撞责任”条款的责任

发生船舶互撞事故之后，被保险人根据“船舶互撞责任条款”应承担的责任属于保险责任。因此，被保险人在获知船舶互撞的实际责任后，应迅速通知保险人，以便保险人能在必要时以被保险人的名义对承运人的索赔进行抗辩。

被保险人如未能按规定履行上述义务而影响了保险人的利益，对保险货物的相关损失，保险人有权拒绝赔偿。

五、保险索赔期限

保险索赔期限（The Time of Validity of A Claim）又称保险索赔时效，是指保险货物发生保险事故损失时，被保险人根据保险合同向保险人要求保险赔偿的有效期间。我国《海洋运输货物保险条款》规定的索赔时效为两年，自被保险货物全部卸离海轮时起算。

案例聚焦

【案情介绍】

1999年9月27日，上海某服装公司与加拿大某贸易公司签订了一份服装出口合同，采用CIF加拿大温哥华价格条件，装运时间为当年11月上旬。

同年10月25日，服装公司向中国某保险公司为该批服装办理国际货运保险，被保险人为服装公司，承保险别为一切险，运输方式为海运，保险期限为“仓至仓”，起运地为中国上海，目的地为加拿大温哥华，保险金额为USD 378 660，采用中国人民保险公司1981年1月1日海运货物保险条款。

同年11月6日，服装公司向保险公司索赔，称其投保的货物从位于上海宝山的仓库装上卡车后，运往码头途中，因卡车翻车而掉落河中，损失USD 5 360。保险公司以货损不属于保险责任为由拒赔，双方因此产生纠纷。

【分析】

首先，货损发生在货物离开起运地上海宝山的仓库运往码头的途中，还没有装上船。根据CIF贸易术语的规定，此时，风险由卖方承担，服装公司作为卖方具有保险利益，有权向保险人索赔。

其次，货损发生时，货物已经离开起运地发货人仓库，是在卡车运往码头的运输途中。根据中国人民保险公司1981年1月1日海运保险条款规定，属于“仓至仓”条款规定的保险责任期间之内。

最后，货损的原因是卡车翻车导致服装掉落河中，根据我国海运保险条款的规定，因运输工具意外事故导致的损失，属于一切险的责任范围。

综上所述，保险公司应对此批货物承担赔偿责任。

第二节　我国海洋运输其他保险条款

一、附加险条款

附加险是基本险的扩展，不能单独投保而必须在投保主险的基础上加保，它承保的是外来风险引起的损失。按承保风险的不同，附加险又可分为一般附加险、特别附加险以及特殊附加险。

（一）一般附加险（General Additional Risks）

一般附加险负责赔偿一般外来风险所致的损失。我国《海洋运输货物保险条款》规定的一般附加险有以下十一种，其条款内容非常简单，一般只规定承保的责任范围。由于一般附加险已包括在一切险中，所以，若已投保一切险，则无需加保。

1. 偷窃、提货不着险（Theft，Pilferage and Non-delivery Clause，TPND）

本险别主要承保两类损失。一是承保货物由于偷窃行为所致的损失，货物被偷走的损失和因偷窃而致货物的损坏均属承保范围。但偷窃与抢劫不同，偷窃指暗中进行的偷摸、窃取行为，而抢劫则是使用公开的暴力手段抢夺，对于抢劫造成的损失，不属于本险别的承保责任。二是承保被保险人未能在目的地提取整件货物或全部货物的损失。但本险别并非对任何原因所致的提货不着均予负责。例如，货物在中途被作为危险品扣押，被保险人并不能据此险别获得赔偿。对提货不着损失，被保险人须向有关责任方取得整件提货不着的证明。

保险人为限制其承保的责任，有时还在本条款上附贴“海关检验条款”或“码头检验条款”，将保险责任期限提前到目的地海关或最后卸货港码头终止。

2. 淡水雨淋险（Fresh Water &/or Rain Damage Clause，FWRD）

本险别承保货物因直接遭受雨淋或淡水所造成的损失。雨淋所致损失包括雨水及冰雪融化造成的货物损失；淡水所致损失包括船上淡水舱或水管漏水以及舱内水汽凝结而成的舱汗造成的货损，它是相对于海水而言的，由于海水所致损失一般均包括在平安险或水渍险的承保范围内，不需要另行加保附加险。

3. 短量险（Shortage Clause）

本险别承保货物在运输途中，数量短少和重量短缺的损失。如果是包装货，必须以包装是否破裂、裂口、脱线等异常现象为依据，判断是否由于外来原因造成短量；散装货则一般以装船重量和卸船重量的差额作为短量依据。至于运输途中的正常途耗，并不属短量险的责任范围，必须事先扣除。因此，双方往往在保险单中约定一个免赔额，保险人仅赔付超过免赔额部分的损失。

4. 混杂、沾污险（Intermixture & Contamination Clause）

本险别承保两类损失。一是承保货物在运输途中，因和其他货物混杂而致的损失。例如，装过矿砂的干货舱没有清扫干净，以致另一航程运送黄豆时砂石混入豆中，造成黄豆杂质过多而只能降价出售，或为清除杂质而必须支付一笔费用，保险人对此贬值损失或清理费用予以负责。二是承保货物在运输途中受其他货物沾污所致的损失。例如，服装被油类沾污而只能降价出售，保险人对此损失予以负责。

5. 渗漏险（Leakage Clause）

本险别承保两类损失。一是承保装在容器中的液体、流质类货物由于容器损坏而引起的渗漏损失。例如，装在铁桶中的汽油由于铁桶破裂而漏出桶外造成的损失。二是承保用液体储存的货物因液体渗漏而引起货物腐败变质等损失。例如，装在坛中的酱菜由于坛子破裂，酱菜汁渗漏而变质致损。

6. 碰损、破碎险（Clash & Breakage Clause）

本险别承保货物在运输过程中，因碰撞、震动、受压所造成的破碎和变形等损失。金属和木质货物往往会发生碰损，如搪瓷器皿因受到震动颠簸而致脱瓷、凹瘪、变形，漆木家具因运输途中受挤压而致表面刮坏、破损、凹瘪，玻璃器皿、陶瓷器皿、大理石、玉制工艺品等易碎货物容易因运输途中的震动、撞击、颠簸而致破裂或破碎。对于上述货物的损失，保险人均予负责。

7. 串味险（Taint of Odor Clause）

本险别承保食品、中药材、化妆品原料等货物在运输过程中，因受其他物品的影响而引起的串味损失。例如，茶叶在运输途中与皮革、樟脑等有异味的物品存放在同一货舱内，茶叶极有可能混入异味而无法饮用。如果货物串味是由于船方配载不当所致，保险人在赔偿被保险人的损失后，有权向船方进行追偿。

8. 受潮受热险（Sweat & Heating Clause）

本险别承保货物在运输过程中，因气温突然变化或由于船上通风设备失灵致使船舱内水汽凝结，引起货物发潮或发热所造成的霉烂、变质等损失。例如，船舶经过炎热潮湿的赤道地带后，舱内的谷物霉烂，若已投保受潮受热险，被保险人可向保险人索赔；但同时，被保险人负举证之责，须证明货物是由于外来原因而非本身缺陷致损。

9. 钩损险（Hook Damage Clause）

本险别承保货物在装卸过程中，因使用钩子而使外包装破裂导致货物损失或钩子直接钩及货物而致损失。此外，保险人还对必要的包装修补或调换所支付的费用负责赔偿。袋装水泥、粮食、捆装布以及纸张等货物均可能遭遇此类损失，一般应加保钩损险。

10. 包装破裂险（Breakage of Packing Clause）

本险别承保货物在运输途中，因装卸或搬运不慎，使外包装破裂而造成的货物损失。对于为继续运输而支付的必要的外包装修补和调换费用，保险人也予以负责。包装破裂险与钩损险的承保内容有所重叠，但侧重点并不相同。首先，它仅适用于包装货物。其次，它不限于货物在装卸过程中使用吊钩或手钩所致的损失。

11. 锈损险（Rust Clause）

本险别承保金属及其制品在运输途中，因各种外来原因所致的生锈损失。只要货物的锈损发生在保险期限内，保险人均予以负责。由于有些裸装的金属板、块、条、管，以及习惯装在舱面的体积庞大的钢铁制品等在运输途中非常容易生锈，保险人对此类货物一般不愿接受锈损险的投保。

（二）特别附加险（Special Additional Risks）

特别附加险所承保的风险大多与国家的行政措施、政策法令、航海贸易习惯有关，它并不包括在基本险中，必须另行加保才能获得保障。特别附加险的险别有以下六种。

1. 交货不到险（Failure to Deliver Clause）

本险别承保货物装上船后，如果在预定抵达目的地日期起满六个月，仍未运到目的地交货的损失。交货不到险承保的风险与提货不着险承保的风险并不相同。提货不着险承保的是运输上的原因导致整件货物提货不着的损失，对此类损失，交货不到险不予承保；此外，交货不到险对战争险项下应予负责的交货不到损失也不负责。

交货不到险所承保的损失往往是政治风险所致，如运输途中，货物被中途国当局禁运而被迫卸货，货主因此收不到货的损失，即属于交货不到险的责任范围。此时，被保险货物并没有实际全损。因此，保险人按全损赔付时，都特别要求被保险人将货物的权益转让给自己。

保险人负责赔偿交货不到的损失以被保险人获得一切进口所需许可证为条件。如果被保险人由于未能获得许可证而致货物不能如期交到目的地，保险人不予负责。

2. 进口关税险（Import Duty Clause）

本险别承保货物由于遭受保险事故损失，但被保险人仍需按完好货物价值缴纳进口关税所造成的损失。各国政府对在运输途中受到损失的进口货物，在征收进口税时的政策并不相同。有的国家规定受损货物可按货物受损后的实际价值减免关税；有的国家规定要区别货损发生在进口前还是进口后，前者可以减免关税，后者则不能；还有的国家规定不论货物抵达目的港时是否完好，一律按发票上载明的货物价值或海关估价征收关税。本险别承保货物不论在进口前或进口后发生损失，按进口国法律规定，仍须按完好货物价值纳税而致的关税损失，但该保险货物在运输途中所遭遇的损失必须属于保险责任范围。

进口关税险的保险金额应为货主须缴纳的关税，和货物本身的保险金额并不相同。因此，须根据进口国的关税税率确定。一般是按货物发票金额的若干成投保并在保险单上注明，以免和主险的保险金额相混淆。当被保险人索赔关税损失时，必须提交关税证明。

3. 舱面险（On Deck Clause）

本险别承保载于舱面的货物因遭受保险事故而致的损失以及抛弃和浪击落海损失。海运货物一般都是装在船舱内进行运输的，保险人对海运货物保障范围的确定和保险费率的制定也均以舱内货物为对象。因此，载于甲板上的货物，其损失并不属于保险责任范围。如果有些货物因为体积大、有毒性或易燃易爆而必须装载于舱面时，这些货物除了会遭到舱内货物可能遭遇到的风险外，还可能被海浪冲击落水。如需对此类货物遭遇的风险损失予以保障，就有必要加保舱面险。

投保了舱面险，保险人除了承担保险单中载明的风险外，还需承担抛弃及浪击落水的损失。但对载于集装箱船甲板上的封闭式集装箱等习惯装于甲板上的货物，按照保险业的习惯做法，可视为普通载于舱内的货物，无需加保舱面险。因为货物装于舱面运输极易受损，保险人为限制自身承担的风险，防止责任扩大，往往只愿接受在平安险基础上加保舱面险，而不愿接受在一切险基础上加保舱面险。

4. 拒收险（Rejection Clause）

本险别承保货物在进口时，由于各种原因被进口地有关当局（如检验检疫部门）拒绝进口或没收所造成的损失。保险人的赔偿金额为被拒绝进口或没收货物的保险价值。为得到本险别在货物被拒收时的保障，被保险人必须保证被保险货物的生产、质量、包装和商品检验等，符合产地和进口地的有关规定，还必须具有必需的有效进口许可证或特许证。如果货物起运前，进口地已经宣布禁运或禁止，保险人对拒收不负责任；如果货物已起运但未到目的港时，进口地宣布实行禁运或禁止，保险人负责赔偿货物返回或转口到其他目的地而增加的运费，但最多不超过该批货物的保险价值。

市价跌落、货物标志错误或与贸易合同不符等原因造成买方拒收货物的，并不属于本险别的承保责任。

5. 黄曲霉素险（Aflatoxin Clause）

本险别承保货物在保险责任有效期内，在进口港或进口地经当地卫生当局检验，证明黄曲霉素的含量超过该地对该毒素的限制标准而被拒绝进口、没收或强制改变用途的损失。

黄曲霉素是一种致癌毒素，发霉的花生、油菜子、大米等通常含有此毒素。当其含量超过一定限度时，会对人体造成很大的危害，所以很多国家都对这种毒素的含量有严格的限制标准。如果超过限制标准，货物就会被拒绝进口、没收或强制改变用途；如果加保了黄曲霉素险，被保险人可从保险人处获得损失赔偿。由此可见，黄曲霉素险是一种专门的拒收险。

6. 出口货物到中国香港（包括九龙）或中国澳门存仓火险责任扩展条款［Fire Risks Extension Clause（for storage of cargo at destination Hongkong, including Kowloon or Macao）, F. R. E. C.］

这一条款专门适用于出口到中国香港和中国澳门特别行政区且在港澳银行办理押汇的出口运输货物。它承保货物抵达中国香港或中国澳门卸离运输工具后，直接存放于保单载明的过户银行指定的仓库时，发生火灾造成的损失。

我国内地出口到港澳特别行政区的货物，有一部分是进口人向港澳的银行办理进口押汇的。在进口人未向银行偿还货款之前，货物的权益属于银行，在保险单上必须注明货物过户给放款银行。如果货到目的地，货主仍未还款，货物往往就存放在过户银行指定的仓库里。此时，运输险的责任已经终止。为避免在此期间货物发生损失而损害银行及货主的正常利益，就需要加保本险别。本险别的责任自运输险责任终止时开始。责任的终止则有两种情形，一是银行收回押款解除对货物的权益为止，二是自运输险责任终止时起计满 30 天为止，两者以先发生者为准。

（三）特殊附加险（Specific Additional Risks）

特殊附加险也不包括在任何基本险中，需另行加保才能获得保障。特殊附加险主要承保战争和罢工的风险。

1. 海运货物战争险（Ocean Marine Cargo War Risks Clause）

本险别承保：直接由于战争、类似战争行为和敌对行为、武装冲突或海盗行为所致的损失，以及由此引起的捕获、拘留、扣留、禁制、扣押所造成的损失；各种常规武器，包括水雷、鱼雷、炸弹所致的损失；战争险责任范围引起的共同海损的牺牲、分摊和救助费用。

海运货物战争险对由于敌对行为使用原子或热核制造的武器所致的损失和费用不负责任；对根据执政者、当权者，或其他武装集团的扣押、拘留引起的承保航程的丧失和挫折而提出的索赔也不负责。

海运货物战争险的保险期间与海运货物基本险的保险期限有所不同，它是以“水上责任”（Water Borne）为限，即自被保险货物装上保险单所载起运港的海轮或驳船时开始。而保险责任的持续和终止，具体可分为以下几种情况。

保险责任到货物卸离保险单所载明目的港海轮或驳船时为止。但如果海轮到目的港后货物未卸船，则最长期限为海轮到达目的港当日午夜起算满 15 天。

如果货物在中途港转船，不论货物在当地卸载与否，保险责任以海轮到达该港或卸货地点的当日午夜起算满 15 天为止；一旦再装上续运海轮时，恢复有效。

如果运输合同在保险单所载明的目的地以外的地点终止，该地即视为本险别的目的地，保险责任仍按货物抵达保险单载明的目的地的有关规定终止。如货物需运往原目的地或其他目的地，被保险人于续运前通知保险人并加缴保险费的情况下，保险责任自装上续运的海轮时重新有效。

如运输发生绕道、改变航程或承运人运用运输契约赋予的权限所作的任何航海上的改变，在被保险人及时将获知情况通知保险人并在必要时加缴保险费的情况下，保险继续有效。

战争险只承保战争风险造成的直接物质损失，对由于战争风险所致的费用支出并不予以承保。例如，因战争而致航程中断，引起卸货、存仓或转运等额外支出的费用，并不属于战争险的承保责任。如果被保险人希望保险人对这些附加费用也予以负责，可再加保战争险的附加费用（Additional Expenses Ocean Marine Cargo War Risks）。它实际上是对战争险责任范围的扩展。

2. 海运货物罢工险（Cargo Strike Clause）

本险别承保货物由于罢工者或被迫停工工人或参加工潮、暴动、民众斗争的人员的行为，或任何人的恶意行为所造成的直接损失和上述行动和行为引起的共同海损的牺牲、分摊和救助费用。

本险别只承保罢工行为所致的被保险货物的直接物质损失。因罢工造成劳动力不足或无法使用劳动力，而使货物无法正常运输、装卸所致损失，属于间接损失，保险人不予负责。

本险别的保险期限和海运货物基本险相同，都是以“仓至仓”条款为依据。保险人负责货物从卖方仓库起运，到存入买方仓库为止的整个运输过程的风险。

如果投保人在投保海运货物保险基本险的基础上已加保战争险，如再加保罢工险，根据国际保险市场习惯，不需另行缴纳罢工险的保险费。若仅要求加保罢工险，则按战争险费率缴付保险费。

二、特种货物保险条款

（一）海洋运输冷藏货物保险条款［Ocean Marine Insurance Clause（Frozen Products）］

本险别是根据冷藏货物的特性而专门设立的。对于新鲜的水果、蔬菜、肉类以及水产品等货物，为保持新鲜程度，运输时均须置于专门的冷藏箱，根据其特点保持一定的冷藏温度。这些冷藏货物在运输途中，除和普通货物一样可能遭遇各种海上灾害事故而受损，还可能因冷藏机发生故障，无法正常运转以保持必要的温度而致腐烂、变质，因而需要通过投保海运冷藏货物保险以得到全面保障。

1. 海洋运输冷藏货物保险险别

海洋运输冷藏货物保险分为冷藏险（Risks for Frozen Products）和冷藏一切险（All Risks for Frozen Products）两个险别，两者均可单独投保。冷藏险的责任范围包括由于冷藏机器停止工作连续达到 24 小时以上所造成的货物腐烂或损失和水渍险的承保责任，即对被保险的冷藏货物在运输途中，由于自然灾害或意外事故造成的腐败和损失予以赔偿。这里所说的冷藏机器包括载运货物的冷藏车、冷藏集装箱及冷藏船上的制冷设备。冷藏一切险的责任范围更广，在承保冷藏险的各项责任基础上，还负责被保险鲜货在运输途中，由于外来原因所致的腐烂或损失。

2. 海洋运输冷藏货物保险的除外责任

海洋运输冷藏货物保险的除外责任，在海运货物保险条款的基础上稍有改变。一是增加了一项除外责任，将“被保险鲜货在运输途中的任何阶段，因未存放在有冷藏设备的仓库或运输工具中，或辅助运输工具没有隔湿设备所造成的鲜货腐烂的损失”列入除外责任。二是将海运货物保险条款除外责任中的“在保险责任开始前，被保险货物已经存在的品质不良或数量短差所造成的损失”，改为“被保险鲜货在保险责任开始时，因未保持良好状态（包括整理加工和包扎不妥，冷冻上的不合规定及骨头变质）所引起的货物腐败和损失”。

3. 海洋运输冷藏货物保险的保险期限

海洋运输冷藏货物保险的保险期限与海运货物保险的保险期限大致相同，区别仅在于冷藏险关于责任终止期限的规定根据冷藏货物的特点和储藏条件的特定要求有所差异。具体表现如下。

（1）货物到达保险单载明的最后目的港后，须在 30 天内卸离海轮；否则，保险责任终止。而在海运保险中没有此种限制。

（2）货物全部卸离海轮并存入冷藏仓库，保险人负责货物卸离海轮后 10 天内的风险。但在上述期限内，货物一经移出冷藏仓库，保险责任即终止。而在海运保险中，自货物卸离海轮后，保险人最多可负责 60 天；一旦货物存入目的地指定收货人仓库，保险责任即终止。

（3）如果货物卸离海轮后不存入冷藏仓库，保险责任至卸离海轮时即终止。而在海运保险中，货物如果未运往目的地指定仓库，保险责任自货物分派、分配或转运时才终止。

本险别关于被保险人的义务和索赔的时效，与《海洋运输货物保险条款》的规定相同。

（二）海运散装桐油保险条款［Ocean Marine Insurance Clause（Woodoil Bulk）］

桐油作为油漆的重要原料，是我国大宗出口商品之一。桐油因自身特性，在运输过程中容易受到污染、变质等损失，需要特殊保障。海运散装桐油保险条款就是为桐油提供全面保障而制定的。本险别可以单独投保。

1. 海运散装桐油保险的责任范围

海运散装桐油保险只有一个险别，负责不论任何原因所致的桐油超过保险单规定免赔率的短少、渗漏损失和不论任何原因所致的桐油的污染或变质损失。

2. 海运散装桐油保险的保险期限

海运散装桐油保险的保险期限与海运基本险的保险期限基本一致，具体规定如下。

（1）在正常运输情况下，海运散装桐油保险的保险责任自桐油运离保险单载明的起运港的岸上油库或盛装容器开始，至保险单载明的目的地岸上油库时责任终止，包括整个运输过程，而且最多只负责海轮到达目的港后 15 天。

（2）在非正常运输情况下，被保险桐油应在运到非保险单载明的港口 15 天内卸离海轮，保险责任在桐油卸离海轮后满 15 天终止。如在 15 天内货物在该地被出售，保险责任在交货时终止。

（3）被保险桐油如在上述 15 天内继续运往保险单所载明的原目的地或其他目的地，保险责任按（1）款的规定终止。

3. 特别约定

由于散装桐油非常容易损失，而且保险人承保的责任广泛，对于任何原因造成的桐油变质、污染、短少、渗漏损失均须负责，为控制自身承保的风险，避免承担桐油装运前的质量缺陷及容器的不洁导致的损失，保险人在保险条款中，对桐油的检验规定了一系列严格的要求。具体如下。

（1）被保险人在起运港必须取得船上油仓的清洁合格证书，桐油装船后的容量、重量、温度的证书和装船桐油的品质检验合格证书。

（2）如果发生意外，必须在中途港卸货时，同样必须在卸货前对桐油进行品质检验，取得证书；还要对接受所卸桐油的油驳、岸上油库及重新装载桐油的船舶油舱等接收容器，进行检验并取得合格证书。

（3）桐油到达指定目的港后，在卸货前，还须由保险单指定的检验人对油舱温度、容量、重量及品质进行检验，出具证书。

被保险人必须取得上述检验证书，才能在桐油质量发生损失时获得保险赔款。

除了为决定赔款额而支付的检验和化验费用由保险人负责之外，散装桐油在运输过程中的其他一切检验和化验费用，均由被保险人负担。

海运散装桐油保险的除外责任以及被保险人的义务等内容，与《海洋运输货物保险条款》的规定相同。

三、卖方利益险条款

在我国的货物运输保险中，还有一种称为卖方利益险［Contingency Insurance Clause (Cover Seller's Interest Only)］的险别。它不同于一般的运输货物保险，是在卖方没有投保货运基本险的情况下，为保障自身在货物运输途中遇到事故时，买方不付款赎单而遭受的损失而设立的。

出口货物若采用付款交单（D/P）、承兑交单（D/A）或赊账（O/A）等商业信用付款条件成交，进口商都是在取得货运单据时或其后甚至提取货物后才付款，使出口商承担了很大的商业信用风险。当合同中采用 CIF 贸易术语时，规定应由卖方办理海运货物保险。如果货物在装上船后的运输途中遭遇保险事故而致损失，应由买方凭保险单向保险人索赔。但如果买方因为信用或经济原因拒绝付款赎单，卖方可凭海运保险单向保险人索赔货物的损失。而当合同中采用的是 FOB 或 CFR 贸易术语时，规定由买方自行负责办理保险，一旦货物在运输途中遭受损失，如果买方不付款赎单，卖方既无法收回货款，又因为没有投保货运保险而不能向保险人索赔，不可避免地会造成经济损失。为避免这种情况的发生，使卖方的损失得到及时补偿，我国保险公司开设了卖方利益险。

卖方利益险条款规定，卖方利益险负责赔偿货物遭受保险单上载明的货运险条款责任范围内的卖方损失，但仅在买方不支付该项受损货物部分的货款时才予赔偿。由此可见，被保险人要从卖方利益险项下获得赔款，须符合以下两个条件：一是被保险货物的损失必须属于货运保险的承保责任，二是买方拒绝支付该受损货物部分的货款。而且卖方利益险赔偿的仅仅是受到遭遇货运保险事故的那部分货物损失；因买方拒绝提货而使卖方遭受的其他损失，如将货物运回卖方所在地所支付的运费，或在目的港将货物另行处理而支付的费用等，均不属于保险人的承保范围。

卖方利益险的费率为货运险保险费率的 25%。卖方利益险条款还规定，被保险人应将其向第三方或买方追偿的权利转让给保险人。由于买方不付款赎单的行为违反了贸易合同，应当承担违约责任，保险人取得代位求偿权后，可向买方追偿。

案例聚焦

【案情介绍】

2000 年 5 月 29 日，K 公司向 S 公司购买 665 吨秘鲁鱼粉，每吨 430 美元，总货值 285 950 美元，交货条件为 CIF 上海，同年 8 月 30 日前交货。该货物由 G 公司的 M 轮承运。同年 6 月 22 日，S 公司向 B 保险公司为该批货物办理了海运保险，约定承保险别为中国海运保险条款的一切险和战争险，保险金额为 314 545 美元。

K 公司在收到该批货物的记名提单后，却因货物未到达目的港上海而未能按期提货。2000 年 9 月 18 日，K 公司得知载货船舶 M 轮滞留在厄瓜多尔港口，由于船东与他人的经济纠纷，M 轮被申请扣留，因而被厄瓜多尔当地法庭下令禁止起航。同年 11 月 17 日，该法庭同意 M 轮在扣留期间开往瓜亚基尔市的安全港口，卸下船载鱼粉并存放仓储。由于货物一直未到达目的港，K公司于2001年1月9日向保险公司索赔，要求保险公司赔偿全部货款损失，遭到保险公司拒绝。理由为：其一，M轮在厄瓜多尔被司法扣押，由此引起该航程无法完成。依据保险单背面海洋运输战争险条款的约定，因司法扣押引起的承保航程的丧失和挫折而提出的任何索赔，属于战争险的除外责任，即“由于执政者、当权者或者其他武装集团的扣押/拘留引起的承保航程的丧失或挫折而提出的任何索赔”。据此，该货损不属于保险赔偿责任。其二，货物在瓜亚基尔市的码头存放，并未发生全部损失，被保险人不能索赔全部货款损失。

【评析】

一、关于货损是否属于保险责任

近因原则是海上保险合同的一个基本原则。被保险人向保险人索赔时，须证明损失是由承保风险造成的。而保险人的抗辩包括被保险人未证明损失是由承保风险造成的，或者保险人证明所拒赔的损失是由除外风险引起的。

从本案事实来看，货损系因载货船舶经济纠纷被厄瓜多尔当地法庭下令禁止起航导致。由于该货物投保了我国海运一切险和战争险，一切险的承保风险不是列明式风险，而是规定除平安险和水渍险的风险外，还包括运输过程中由于外来原因产生的其他风险。在本案中，载货船舶被扣押的风险并没有列明在一切险的除外责任中，且对被保险人而言是意外的风险，因此，属于一切险的承保责任。

至于保险人辩称货损是司法扣押引起的承保航程的丧失和挫折所致，属于战争险的除外责任，存在理解上的错误。战争险除外责任中的“航程丧失和挫折”应是战争引起的航程丧失和挫折，而本案船舶被扣押是由船东和他人之间的经济纠纷导致的，并非因战争而产生的后果，不属于战争险的除外责任。

二、关于货物是否发生全损

本案中，被保险人主张全损赔偿。根据我国《海商法》的规定，全损包括实际全损和推定全损两种情形。我国《海商法》第245条规定：“保险标的发生保险事故后灭失，或者受到严重损坏完全失去原有形体、效用，或者不能再归被保险人所拥有的，为实际全损。”本案的保险货物依然存在，并未被扣押，货主未丧失对其的所有权。所以，该货损显然不属于实际全损。

我国《海商法》第246条规定：“货物发生保险事故后，认为实际全损已经不可避免，或者为避免发生实际全损所需支付的费用与继续将货物运抵目的地的费用之和超过保险价值的，为推定全损。”可见，判断推定全损有两个相互独立的标准：一是实际全损不可避免，二是“拯救费用”会超过保险价值。证明货物推定全损的举证责任在被保险人一方。本案中，载货船舶被扣押后，保险货物依然存在，并未被扣押，且被允许转船运输。被保险人未能证明在当时的情况下无法找到替代船舶将货物运至目的地，因而不能认为“实际全损已经不可避免”。同时，被保险人也无法证明“为避免发生实际全损所需支付的费用与继续将货物运抵目的地的费用之和超过保险价值”。因此，本案货物并未因航程丧失或挫折而构成推定全损。此外，选择索赔推定全损时，被保险人必须在合理时间内向保险人发出委付通知。本案的被保险人并没有向保险人发出委付通知，也因此丧失了索赔推定全损的权利。

综上，被保险人无权向保险人主张全损赔偿，而只能向保险人索赔部分损失。

第三节 伦敦保险协会海洋运输货物保险条款

英国是近代世界海上保险的中心，在国际海上贸易、航运和保险市场中占有重要地位。很多国家在海上保险业务中，直接采用伦敦保险协会制定的《伦敦保险协会货物保险条款》（简称《协会货物条款》，Institute Cargo Clause，ICC），或者在制定本国保险条款时，参考或部分采用了《协会货物条款》。在我国的国际贸易中，进出口货物保险除了采用中国保险条款外，也普遍采用《协会货物条款》。

《协会货物条款》最早制定于1912年，是S.G.保险单的重要组成部分，以加贴条款的形式附于保险单的背面，经过多次进行修订和补充，于1963年形成了一套完整的海上运输货物保险标准条款，即ICC旧条款。该条款包括平安险、水渍险和一切险三个条款。我国现行的《海洋运输货物保险条款》正是参照该条款而制定的。

为适应国际贸易和航运发展的需要，保持英国在世界海上保险市场的中心地位，伦敦保险协会制定了新的《协会货物条款》及相应的保险单格式。该条款自1982年1月1日起在英国保险市场使用，旧的《协会货物条款》和S.G.保险单于1983年3月31日起在英国保险市场停止使用。

到了21世纪，为了适应全球政治经济的发展和各国法律法规的变化，伦敦保险协会于2008年11月24日又发表了新的《协会货物条款》，该条款于2009年1月1日起生效。2009年条款和1982年条款在结构上并没有变化，主要对除外责任条款进行了较大的调整，对保险人的免责作出一些限制，扩展了保险责任期限，扩大了被保险人的范围，取消了除外责任条款中的副标题；同时，用词更加准确，结构更为严密。

本书主要介绍2009年的ICC①，同时，将其和1982年条款进行比较。

《协会货物条款》A条款、B条款和C条款［ICC（A）、ICC（B）和ICC（C）］均包括承保风险（Risks Covered）、除外责任（Exclusions）、保险期限（Duration）、索赔（Claims）、保险受益（Benefit of Insurance）、减少损失（Minimizing Losses）、防止延迟（Avoidance of Delay）和法律与惯例（Law and Practice）八部分。

一、《协会货物条款》A条款的主要内容

（一）承保风险

《协会货物条款》A条款改变了以往“列明风险”的方式，采用“一切风险减去除外责任”的方式，对约定和法定的除外事项，在“除外责任”部分全部予以列明；对于未列入“除外责任”项下的风险损失，保险人均予负责。但是，“一切风险”不能理解为“任何原因”，保险人负责的损失应该是风险导致而意外发生的，对那些必然发生

---

① 如果没有特别指出，则本章所介绍均为2009年的《协会货物条款》。

的损失，保险人不予负责。同时，A 条款还承保共同海损和救助费用；对根据运输合同中"船舶互撞责任"条款规定的由被保险人承担责任的部分，保险人也予负责。

从承保范围看，A 条款主要承保海上风险和一般外来风险，责任范围广泛。

根据本条款，被保险人只需要证明保险标的在承保期间内遭受了意外的损失或损害，而不必证明损失或损害的确切原因是什么。这对于被保险人来说，举证责任较轻，也较公平。保险人若想拒赔，则需要证明损失或损害属于除外责任造成。

（二）除外责任

《协会货物条款》A 条款的除外责任包括法定除外责任和约定除外责任，内容全面、详尽，条理清晰，包括四个条款。和 1982 年的条款相比较，2009 年条款取消了每个条款前的副标题，其原因是副标题所表示的意思与除外责任的具体内容不可能完全一致。

1. 第 1 条除外责任

在任何情况下，本保险对以下各项不予承保。

（1）归因于被保险人恶意不法行为所造成的损失、损害或费用。

本条规定对被保险人本人的恶意不法行为所致的损失后果，保险人不负责任；但被保险人以外的任何其他人，包括其代理人或雇员等的恶意行为所致的损失，不在本条之列，故属于保险人承保的责任。例如，由于货物市价跌落，进口商指使船长在中途将货物卖掉而谎称发生海难，索取保险赔款，保险人对此损失不予赔偿。但如果在被保险人不知情的情况下，船长为获得非法收益而私自将货物卖掉，谎称发生海难，应属于保险责任，被保险人可向保险人申请赔偿。

（2）保险标的的自然渗漏，重量或容量的自然损耗或自然磨损。

由于货物的自然损耗、自然磨损、自然渗漏不是外来风险所致，而是属于运输途中的必然性损失，故保险人对该项损失不承担赔偿责任。

（3）保险标的包装或准备不足或不当引起的不能承受运输过程中的通常风险产生的损失、损害或费用，是由被保险人或其雇员实施的，或是在本保险责任开始前完成的（在本款意义上，"包装"包括集装箱内的积载，"雇员"不包括独立承包商）。

一般情况下，包装属于保险人承保的责任范围。但货物的包装均有一定的标准，如果包装本身有缺陷、不符合要求，经不起运输或装卸等操作而致货物损失，保险人无需负责。

在本款中，规定只有当包装是由被保险人或其雇员进行的，或是保险责任开始前完成的，由此导致的损失，保险人才可拒赔。和 1982 年条款相比较，2009 年条款对此款在文字和结构上均有所调整，规定更为细致，含义也更为明确，删除了"大型海运箱（Liftvan）"① 这一词语，并规定"雇员"不包括"独立承包商"。

（4）保险标的内在缺陷或特性所引起的损失、损害或费用。

由于货物的内在缺陷及特性造成的损失属于货物的内在原因而非外来风险所致，故保险人对此损失予以除外。例如，新鲜的水果在运输途中腐烂，如果未曾遭遇灾害事

---

① 在 1982 年 ICC 条款中多次出现的"大型海运箱"一词，在 2009 年条款中均不再出现。

故，保险人即可以固有缺陷为由而拒赔。但如果由此造成其他货物的损失，不属保险除外责任，保险人应予负责。

（5）由于延迟造成的损失、损害和费用，即使延迟是由承保风险导致的。

本条明确规定，任何原因造成的延迟损失，保险人均不予负责，即使延迟是承保风险引起的也是如此。

（6）由于船舶所有人、经理人、承租人或经营人破产或经济困境导致的损失或损害或费用，如果在保险标的装上船舶时，被保险人知道或在通常业务过程中应该知道，此种破产或经济困境会阻止本次航程的正常进行。本责任免除不适用于保险合同已转让给第三方，而该第三方是基于合同善意购买或同意购买保险标的并提出保险索赔的情形。

本款对承运人因经济上的原因造成的损失和费用不予负责，目的是鼓励货主谨慎地选择承运人，以避免其为降低成本而选择运费低廉但有财务困难或信誉不良的承运人。

和 1982 年条款相比较，2009 年条款对此款有所调整。首先，限制了保险人的免责范围，规定只有当保险标的在装上运输船舶时，被保险人知道或理应知道船舶所有人、经理人、承租人或经营人破产或经济困境将会影响航程的正常完成时，保险人才能免责。这是因为自 2008 年起，航运市场步入发展的“冬季”，船东因财务困境而没有足够的流动资金购买燃油或支付船员工资的情形时有出现，在充分考虑货主权益的基础上，对被保险人作出了更为宽松的规定。其次，该款还增加了保护善意第三方的规定，即责任免除不适用于保险合同已转让给善意第三方的情形。例如，在 CIF 合同项下，由卖方负责办理保险和租船。当卖方将货运单据包括保险单转让给买方后，如果出现承运人破产而致航程在途中被迫终止的情形，无辜的买方对承运人的情形并不知情，则保险人并不能依此条款拒赔货损。

（7）由于使用任何原子或核裂变和/或核聚变或其他类似反应或放射性作用，或放射性物质的武器或设备直接或间接导致的损失、损害或费用。

本条对核武器或设备所致的损失后果一概除外不保。和 1982 年条款相比较，2009 年条款在此款中的规定有所变化，用“武器或设备”代替了 1982 年条款中的“战争武器”，扩大了除外责任的范围——除外责任既包括战争武器，也包括其他设备。

2. 第 2 条除外责任

在任何情况下，本保险不承保下述原因所致保险标的的损失、损害或费用。

（1）被保险人在保险标的装船时已经知道船舶或驳船不适航，或对运送保险标的不适合；集装箱或运载工具不适合安全运输保险标的，如果装载开始或完成在本保险责任开始之前，或是由被保险人或其雇员负责装载，而且他们在装载时已经知道不适合。

本款包括两种情况。一是针对船舶和驳船不适航或不适合装运保险标的导致的损失，如果被保险人在保险标的装船时知道船舶、驳船不适航或不适合装运保险标的，保险人不负责赔偿；二是针对集装箱和其他运载工具不适合安全运载保险标的导致损失，如果该装载是在保险合同生效前进行的 ，或是被保险人及其雇员在装载时对其不适合安全运输已经知情，保险人不负责赔偿。这个规定是针对现代运输方式中，货方自己装箱或用自己的拖车运送集装箱货物的情形。

（2）如果保险合同已转让给根据一份有约束力的合同已善意购买或同意购买保险

标的的另一方，对于其提出的索赔，上述除外责任不适用。

这是2009年条款新增的内容，规定保险人的责任免除不适用于保险合同已转让给善意第三方的情形，体现了对于无辜的保单持有人利益的保护。

（3）保险人放弃载运保险标的到目的港的船舶不得违反默示适航或适货保证。

根据英国《1906年海上保险法》的规定，航程保险单有一个默示保证，即在船舶开始航行时，船舶不仅要适航，而且要适合载运货物到保险单载明的目的地。这一规定对于货物保险的被保险人很不公平，因为在船、商分离的情况下，被保险人与船方一般并无密切关系，很难影响或控制承运船舶的适航情况。所以，针对这一情况，规定了第3款的内容，使得保险人放弃了这一默示保证，对于载货船舶存在不适航或不适货情况下的货物损失，保险人应当予以赔偿。

3. 第3条除外责任

在任何情况下，保险人对下列原因造成的损失、损害或费用不予负责。

（1）战争、内战、革命、叛乱、暴乱或由此引起的内乱，或来自交战方或针对交战方的任何敌对行为。

（2）捕获、拘留、扣留、禁制、扣押（海盗除外），以及上述行为的后果或这方面的任何企图、威胁。

（3）被遗弃的水雷、鱼雷、炸弹或其他被废弃的战争武器。

此条对战争行为/敌对行为以及由此引起的捕获、禁制或扣押等造成的损失后果和战争武器所致的损失予以免责。其中，需注意的是，关于海盗风险，在战争除外责任中被明确剔除。这说明在《协会货物条款》中，海盗风险属于一般的外来风险而非战争风险，故应该是A条款的承保风险，由此引起的损失，保险人负责赔偿。而在我国海运货物战争险条款中，海盗风险属于战争险的承保责任。

4. 第4条除外责任

在任何情况下，保险人对下列损失、损害或费用不予负责。

（1）罢工者、被迫停工工人，或参加工潮、暴动或民变人员造成。

（2）罢工、被迫停工、工潮、暴动或民变引起。

（3）由任何恐怖主义分子实施的恐怖行为引起，其行为代表或与旨在推翻或影响法律上承认的或非法律上承认的政府组织相联系。

（4）由任何人出于政治、信仰或宗教目的实施的行为引起。

罢工除外责任规定，对罢工者及罢工行为引起的损失不予负责；同时，对恐怖分子或有政治动机的人员造成的损失也予以除外。

自2001年美国"9·11"事件以来，全球恐怖行为的威胁日益严重。基于此原因，2009年条款对于此条除外责任的规定更为详尽，将1982年条款的第3款拆分为两款。前一款明确了恐怖主义行为的定义、范围和目的；后一款扩大了除外不保的范围，规定对出于政治、宗教和意识形态动机的行为造成的损失和费用予以除外。

（三）保险期限

《协会货物条款》中，对保险期限的规定包括三个条款，分别是运输条款、运输合同终止条款和航程变更条款。

1. 运输条款（Transit Clause）

运输条款规定的是保险责任的开始、持续和终止的条件，和我国《海洋运输货物保险条款》的有关规定基本一致，均以“仓至仓”为限。但在《协会货物条款》中规定，如果出现被保险人无法控制的延迟、绕航、强制卸货、重新装载或转载，以及船东或承租人行使运输合同赋予的权限而进行任何航海上的变更，在此期间，保险继续有效，被保险人无需通知保险人，也无需另行缴付保险费。而我国《海洋运输货物保险条款》中规定，如果出现上述情况，被保险人应该立即通知保险人并在必要时加缴保险费。

在2009年条款中，规定保险责任自保险标的为了立即搬运至运输车辆或其他运输工具以便开始运输之目的，在仓库或储存处所内开始搬移时生效。而在1982年条款中，规定保险责任自货物运离仓库或储存处所时开始。由此可见，根据2009年条款，保险责任的开始是从货物在保险合同载明的起运地仓库或储存处所开始搬移时起算。如果货物在仓库开始移动到卡车的过程中发生损坏，即使卡车还没有驶离仓库，也属于保险责任范围，保险人对此损失予以负责。

关于保险责任的终止，2009年条款增加了一种情况，即规定如果被保险人或其雇员使用任何运输车辆或其他运输工具或集装箱作为正常运输过程以外的储存时，保险责任终止。

2. 运输合同终止条款（Termination of Carriage Clause）

运输合同终止条款规定，如果由于被保险人不能控制的情况，运输合同在非保险单载明的目的地终止，保险合同也终止；但如被保险人迅速通知保险人，提出续保要求，保险合同继续有效。这和我国《海洋运输货物保险条款》的规定是一致的。

3. 航程变更条款（Change of Voyage Clause）

航程变更条款规定，当保险责任开始后，若被保险人改变了目的地，则被保险人必须立即通知保险人并另行商定保险费率和保险条件；在此费率和条件达成一致前，若发生保险事故，只有在保险费率和保险条件符合合理的商业市场行情的情况下，本保险继续有效。当保险标的按照本保险合同的航程规定开始航行时，被保险人或其雇员对该船舶驶向另一目的地不知情，则本保险仍然被视为是在本保险合同规定的航程开始时生效。而在我国《海洋运输货物保险条款》中，规定若航程有所变更时，被保险人应在获悉后立即通知保险人并在必要时加缴保险费，保险继续有效。显然，《协会货物条款》对航程变更的规定更加详细明确，而且增加了对善意被保险人利益保护的程度。

（四）索赔

保险标的发生事故后，被保险人在向保险人索赔时，适用以下四个条款。

1. 可保利益条款（Insurable Interest）

可保利益条款也称可保权益条款，是保险索赔的基本原则之一，体现了英国《1906年海上保险法》中关于可保利益的规定。具体规定如下。

（1）发生损失时，被保险人对保险标的必须具有可保利益；否则，不能获得保险赔款。例如，以FOB或CFR条件成交的货物买卖合同，保险由买方自理。如果损失发生在装运港装上船之前，此时，买方并不具有可保利益，故其不能向保险人请求赔偿。

（2）除另有规定外，被保险人有权获得在保险期间发生的承保损失的赔偿，尽管该损失发生在本保险合同订立之前，除非当时被保险人知道该项损失而保险人不知道。这一条体现了“无论灭失与否”条款的精神，即在签订保险合同时，不论保险标的是否已经灭失，只要保险双方是善意的，此保险合同即有效。因此，只要被保险人对保险货物具有可保利益，而且对保险事故的发生并不知情，即使在发生保险事故后才办理保险，保险人还是应负责赔偿。例如，以 FOB 或 CFR 条件进口货物时，货运保险由买方自理。有时发货人由于疏忽，在货物装上船一段时间后才通知买方有关货物付运的消息，这就有可能出现当买方购买保险时，货物已经在运输途中发生损失的情况。此时，只要被保险人本着诚信的态度，事先并不知情，其所购买的货运保险单还是有效的，保险人对该项损失仍应按照保险合同的规定予以赔付。

该条款是根据国际货物买卖的特点而订立的，也是世界各国保险业的习惯做法。

2. 续运费用条款（Forwarding Charges Clause）

续运费用条款规定，由于承保责任范围内的风险导致运输在非保险单载明的港口或处所终止时，保险人应赔偿由此产生的卸货、存仓及续运保险标的至保险单载明目的地而产生的合理的额外费用，但不包括由被保险人或其雇员的过错、疏忽、破产或经济困境而引起的费用。由此可见，如果航程的终止是保险风险所致，其所引起的续运费用应由保险人负责。例如，途中船舶触礁，无法完成航程，只好在中途转船，由此支出的额外费用，保险人予以赔偿。

3. 推定全损条款（Constructive Total Loss Clause）

推定全损条款重申了推定全损的概念，即规定如果由于实际全损不可避免，或因为恢复、整理和续运保险标的到保险目的地的费用会超过其抵达目的地的价值，经过委付，被保险人可得到推定全损赔偿。

4. 增值条款（Increased Value Clause）

增值条款是货物在投保增值保险的情况下，对有关赔偿问题的规定。

由于货物的价值会随着市场行情的波动而发生变化，在投保货运保险后，卖方按保险价值投保的金额可能低于买方期望在出售后得到的金额。在这种情况下，买方往往希望另行购买保险对此差额予以保障。增值保险是指，买方估计所买进的货物在到达目的地时的完好价值，将比卖方投保原始保险的保险金额要高，而将两者之间的估计差额另行投保（一般在原保险单基础上，按原保险条件投保）的保险。

本条款规定，若货物投保增值保险，则货物的保险价值应为原始保险的保险金额和所有增值保险的保险金额的总和。发生损失时，每一保险人的赔偿责任以其保险单中载明的保险金额占总保险金额的比例计算。这改变了英国《1906 年海上保险法》中，关于原保险单中约定的保险价值约束保险合同的双方当事人，任何一方不得推翻该价值的规定，并使原保险人和增值保险的保险人在支付赔款和享受向第三者责任方追偿的权利时，处于平等地位。

（五）被保险人的义务

《协会货物条款》A 条款对被保险人义务的规定主要体现在“减少损失”（Minimizing Losses）和“防止延迟”（Avoidance of Delay）条款中。前者也称被保险人义务条款，其主要内容是，保险标的发生保险责任范围内的损失时，被保险人及其雇员和代理人应尽可能地采取合理措施以避免或减少货物的损失，并适当地保留和维护对第三者责任方的追偿权利；而保险人除了负责赔偿承保责任范围内的任何损失外，还负责赔偿被保险人履行上述义务时支付的合理费用。后者的内容是，被保险人必须在力所能及的情况下，对保险标的所发生的任何事情采取合理迅速的行动，避免出现延迟。

（六）其他内容

1. 弃权条款（Waiver Clause）

本条款规定当保险标的发生损失时，被保险人和保险人为拯救、保护或恢复保险标的所采取的措施，不得视为放弃或接受委付或影响任何一方的权利。这条规定是为鼓励被保险人在货物受损之后积极履行施救义务，明确了保险合同双方当事人中的任何一方对受损保险标的进行施救，并不会影响自身的权利，即保险人不能把被保险人的施救行为看作放弃委付权利的表现，被保险人也不能把保险人为减少保险标的损失而采取的措施视为已接受委付的表示。

2. 保险利益条款（Benefit of Insurance Clause）

2009 年的保险利益条款取代了 1982 年的不受益条款（Not to Insure Clause）。首先，规定了本保险保障的被保险人，包括根据本保险合同索赔的人或收货人；其次，规定了承运人或其他受托人不得享受本保险的利益。这一规定的目的是防止承运人或其他受托人，通过在货物运输合同或委托合同中订立享有保险利益条款来摆脱对货物损失应承担的责任。享有保险利益条款的主要内容是：对于应由承运人或受托人负责的损害，如另有保险可获赔偿时，承运人或受托人可以要求享受保险利益。按此条款，保险人在向被保险人支付保险赔款后，将丧失向承运人或其他受托人行使代位求偿的权利。本款规定否定了承运人和其他受托人享受保险利益的权利，避免了保险人代位求偿权的丧失。

3. 法律与惯例条款（Law and practice）

本条款规定本保险适用于英国法律和惯例，明确《协会货物条款》受英国法律和惯例管辖。

二、《协会货物条款》B 条款的主要内容

（一）承保风险

B 条款承保的责任范围比 A 条款小，它采用列明风险的方式将所保的风险逐一罗列，对下述原因所致保险标的的损失和损害负责赔偿。

1. 火灾或爆炸。
2. 船舶或驳船搁浅、擦浅、沉没或倾覆。
3. 陆上运输工具倾覆或出轨。
4. 船舶、驳船或运输工具与水以外的任何外界物体碰撞或接触。
5. 在避难港卸货。
6. 地震、火山爆发或闪电。
7. 共同海损牺牲。

8. 抛弃或浪击落海。

9. 海水、湖水或河水，进入船舶、驳船、运输工具、集装箱或储存处所。

10. 货物在装卸时，落水或坠落而造成的整件货物的全部损失。

此外，保险人还承保共同海损分摊和救助费用，但导致共同海损的原因必须不是本保险所除外的风险。

由此可见，首先，B 条款主要承保自然灾害和意外事故所致的损失；同时，还承保共同海损的牺牲、分摊和救助费用。和我国《海洋运输货物保险条款》水渍险相比，B 条款明确将承保危险扩大到陆上，对发生在保险期限内的陆上运输工具的意外倾覆、出轨予以负责。其次，根据 B 条款，货物在运输途中或陆上储存期间，若被海水、湖水或河水浸湿，只要发生在保险期限内，均可获赔而不必具体确定由于何种风险所致。最后，B 条款仅承保货物在装卸过程中，跌落造成的整件货物的全部损失，这与水渍险的规定有所区别。

（二）除外责任

B 条款的除外责任和 A 条款大致相同，只有两点区别。

1. 在“一般除外责任”条款中，增加了“由于任何个人或数个人的错误行为对保险标的或其组成部分故意损害或破坏，保险人不负责任”的规定。这意味着在 B 条款中，保险人不但对被保险人的蓄意不法行为所致的损失不负责任，对任何其他人的故意非法行为所致损失也不负责任。

2. 在“战争险除外责任”条款中，B 条款规定“捕获、拘押、扣留、禁制以及此种行为的后果或这方面的企图”造成的损失、损害或费用不予承保。在 A 条款中，加上了“海盗行为除外”这几个字，明确将海盗风险从除外责任中剔除，即将海盗风险作为承保风险；而 B 条款中，海盗风险并未作为除外风险，但也没有列入承保风险。由于 B 条款采取列明风险的方法确定承保风险，所以，按照 B 条款的规定，保险人对海盗风险不予负责。

（三）其他内容

B 条款关于保险期限、索赔、被保险人义务的规定和其他内容，在字面上均与 A 条款相同。

三、《协会货物条款》C 条款的主要内容

C 条款是《协会货物条款》A、B、C 三种条款中，保险人责任范围最小的条款。与 B 条款相同，C 条款的承保风险也采用逐一列明的方式。

（一）承保风险

保险人对下列原因造成的保险标的的损失负责。

1. 火灾或爆炸。

2. 船舶或驳船遭受搁浅、擦浅、沉没或倾覆。

3. 陆上运输工具倾覆或出轨。

4. 船舶、驳船或其他运输工具与水以外的任何外界物体碰撞或接触。

5. 在避难港卸货。

6. 共同海损牺牲。

7. 抛弃。

此外，保险人对非除外风险所致的共同海损的分摊和救助费用负责赔偿。

由此可见，C 条款的承保范围比 B 条款更小，主要承保意外事故所致的损失以及共同海损和救助费用；对于自然灾害造成的损失，全都不予负责。和我国《海洋运输货物保险条款》平安险相比，C 条款的承保风险范围显然较小。

（二）其他内容

C 条款关于除外责任、保险期限、索赔、被保险人的规定和其他内容，在字面上与 B 条款完全一致。

为了便于理解，将 ICC（A）、ICC（B）、ICC（C）三种险别中，保险人承保的风险列表进行比较，如表 6-1 所示。

表 6-1　　ICC（A）、ICC（B）、ICC（C）承保责任对比表

承保风险	ICC（A）	ICC（B）	ICC（C）
（1）火灾、爆炸	√	√	√
（2）船舶/驳船的搁浅、触礁、沉没、倾覆	√	√	√
（3）陆上运输工具的倾覆或出轨	√	√	√
（4）船舶、驳船或运输工具同除水以外的任何外界物体碰撞或接触	√	√	√
（5）在避难港卸货	√	√	√
（6）地震、火山爆发或雷电	√	√	×
（7）共同海损牺牲	√	√	√
（8）共同海损分摊和救助费用	√	√	√
（9）运输合同订有“船舶互撞责任”条款，根据该条款的规定，应由货方偿还船方的损失	√	√	√
（10）抛弃	√	√	√
（11）浪击落海	√	√	×
（12）海水、湖水或河水，进入船舶、驳船、运输工具、集装箱或储存处所	√	√	×
（13）货物在船舶或驳船装卸时落海或跌落，造成任何整件的损失	√	√	×
（14）由于被保险人以外的其他人（如船长、船员等）的故意违法行为所造成的损失或费用	√	×	×
（15）海盗行为	√	×	×
（16）由于一般外来原因所造成的损失	√	×	×

四、协会货物战争险条款［Institute War Clause（Cargo）］

2009 年 1 月 1 日起使用的协会货物战争险条款由八部分组成，共 14 条，具有完整的结构体系，故可以单独投保。这里主要介绍承保风险、除外责任和保险期限三部分内容。

（一）承保风险

协会货物战争险条款承保的风险包括以下两部分。

1. 负责下列原因造成的保险标的的损失或损害。

（1）战争、内战、革命、叛乱、暴乱或由此引起的内乱，或来自交战方或针对交战方的任何敌对行为。

（2）由上述承保风险引起的捕获、拘留、扣留、禁制或扣押，以及这些行为的后果或任何进行这种行为的企图。

（3）被遗弃的水雷、鱼雷、炸弹或其他被遗弃的战争武器。

从上述规定可知，协会货物战争险条款仅对战争行为及战争武器导致的保险标的的直接损失负责，不负责因此而致的费用损失。此外，海盗风险并不属于承保风险。

2. 对为避免承保风险所造成的共同海损和救助费用，予以负责。

（二）除外责任

本险别的除外责任包括“一般除外责任”和“不适航、不适货除外责任”两部分。

1. 一般除外责任

该部分和《协会货物条款》A 条款相比，增加了“航程挫折条款”，表明保险人对货物本身没有受损，但由于航程受阻或航海上的损失而引起的货物的索赔不予负责。也就是说，保险人只承保货物本身的损失而不承保其运输航程的完成。此外，在战争险条款中，“核武器除外责任”的内容为“敌对性地使用核战争武器所致损失不予负责”。

2. 不适航、不适货除外责任

战争险条款的“不适航、不适货除外责任”，和 A 条款中的有关规定完全一致。

（三）保险期限

协会战争险关于保险期限的规定比较复杂，主要包括以下几方面。

1. 保险期限以“水上危险”为限，即保险责任自货物装上海轮时开始，直到卸离海轮时终止。若货物不及时卸离海轮，以海轮到最后港口或卸货港当日午夜起满 15 天为限，保险责任终止。如果在中途港转运，也以到港 15 天为限。

2. 当保险责任中途终止时，如果货物继续运往保险单载明的目的地，通过支付保险人所要求的额外保险费，自续运开始后，保险单可以重新恢复效力。

3. 如果由驳船向海轮装卸货物，保险人承保装卸时的水雷和鱼雷风险，但最长不超过货物卸离海轮后 60 天。

五、协会货物罢工险条款［Institute Strike Clause（Cargo）］

2009 年 1 月 1 日起使用的协会货物罢工险条款也是由八部分组成，共 14 个条款，结构完整，可以单独投保。

（一）承保范围

罢工险对下列原因造成的保险标的的损失或损害负责。

（1）罢工者或被迫停工工人或参加工潮、暴动或民变人员。

（2）由任何恐怖主义分子实施的恐怖行为，其行为代表或与旨在推翻或影响法律上承认的或非法律上承认的政府组织相联系。

（3）由任何人出于政治、信仰或宗教目的实施的行为。

此外，罢工险条款也承保为避免承保风险所致的共同海损和救助费用。

（二）除外责任

罢工险的除外责任包括“一般除外责任”和“不适航、不适货除外责任”两部分。

1. 一般除外责任

该部分和《协会货物条款》A 条款相比，增加了下列内容。

（1）由于航程或航海上的损失或受阻的索赔，保险人不负责。

（2）由于罢工、关厂、工潮、暴动或民变造成的各种劳动力缺乏或短缺或抵制引起的损失，保险人不负责。

（3）对战争风险所致的损失后果，保险人不负责。

另外，其中的“核战争武器除外责任”，仅对敌对性使用核战争武器所致的损失后果予以除外。

2. 不适航、不适货除外责任

罢工险的“不适航、不适货除外责任”，和 A 条款中的有关规定完全一致。

六、协会附加险条款

（一）协会货物恶意损害险条款（Institute Malicious Damage Clause）

协会货物恶意损害险条款开始使用的时间是 1983 年 8 月 1 日，是《协会货物条款》的附加险条款。作为补充性的协会条款，它没有完整的结构，不能单独投保，而是供双方当事人在基本条款基础上加保使用。

恶意损害险主要承保除被保险人以外的其他人的故意损害、故意破坏、恶意行为所致保险标的的损失或损害。如果恶意行为是出于政治动机，则不属于本条款的承保范围，但可以在罢工险条款中得到保障。

《协会货物条款》A 条款只将被保险人的恶意行为列入除外责任，显然已将恶意损害险的内容包括在其承保范围之内；而在 B 条款和 C 条款中，被保险人以外的任何他人的恶意行为所致的损失均属于除外责任。因此，若想得到恶意损害风险的保障，除非已经投保 A 条款，否则须加保恶意损害险。

（二）协会偷窃提货不着险条款（Institute Theft，Pilferage and Non-delivery Clause）

本险别规定，以被保险人支付附加保险费为前提，保险人同意承保由偷窃或整件货物提货不着造成的保险标的的损失或损害。因此，该险别承保两类风险，一是偷窃，二是提货不着。

按照英国《1906年海上保险法》的规定，所谓“偷”（Theft），是指海上袭击性偷窃，须伴有暴力或暴力威胁，不包括暗中的小偷小摸；而“窃”（Pilferage），是指暗中进行的小偷小摸。

提货不着指由于任何不明原因造成整件货物不知去向，或者误交给不知姓名的其他提货人而无法追回。如果交货不到的原因和货物所在处所是知道的，不属于“提货不着”的范畴。

偷窃提货不着险已包含在A条款中，如果投保B条款或C条款，则需要加保该险别才可得到保障。

七、协会特种货物保险条款

冷冻食品、煤炭、散装油类和橡胶等商品，由于性质特殊或运送方式不同于一般货物，若采用普通的货物运输保险条款，往往无法全面保障货物在运输途中遭遇的风险，或是由于责任不明确会引起保险合同双方的争议。因此，伦敦保险协会在《协会货物条款》A、B、C条款的基础上，对特种货物的海上运输制定了适应该种货物特别需要的保险条款。下面主要介绍三种协会特种货物保险条款。

（一）协会冷冻食品保险条款

冷冻食品有严格的冷藏温度要求，在运输途中，除可能因遭遇一般的海上风险而致损失外，温度的变化是影响冷冻食品质量的主要原因。由于与其他冷冻食品相比，冷冻畜肉要求更低的冷藏温度，需另设专门的冻肉保险条款，因而冷冻食品条款不适用于冻肉的保险。冷冻食品保险条款包括19条，其结构与《协会货物条款》A、B、C条款完全一致，内容上主要表现为承保风险、除外责任和保险期限有所区别。

协会冷冻食品（冻肉除外）保险包括A条款［Institute Frozen Food Clauses（A）］（Excluding Frozen Meat，1/1/1982，re-issued 1/1/1986）和C条款［Institute Frozen Food Clauses（C）］（Excluding Frozen Meat，1/1/1982，re-issued 1/1/1986）两套条款。这两套条款于1982年1月1日开始使用后，均于1986年1月1日重新修订。下面主要介绍冷冻食品A条款不同于《协会货物条款》A条款的部分。

1. 风险条款

和《协会货物条款》A条款相比，除包括一般风险导致的非温度变化引起的保险标的的损失外，冷冻食品A条款中增加了由于制冷机器故障造成停止运行不少于连续24小时而使温度变化引起的保险标的的损失。此外，对于因发生火灾、爆炸、船舶搁浅、沉没、碰撞等意外事故导致温度变化引起的保险标的的损失，保险人也予以负责。

2. 除外责任条款

和《协会货物条款》A条款相比，新增了“由于被保险人或其雇员没有采取合理的预防措施保证保险标的保存在冷冻，或在合适时，适当隔离和冷藏的处所所引起的损失、损害或费用”，强调被保险人在其可以控制的范围内，对照料货物不能有过失。

另外，还规定任何索赔如果未在保险责任终止后30天内通知保险人，保险人有权拒赔。这主要是为了防止损失的扩大。因此，被保险人应在收货后尽快确定保险标的的品质是否良好。

3. 保险期限

和《协会货物条款》A 条款相比，主要区别在于保险责任自货物从保险单载明的冷库装上运输工具开始运送即开始，而不是在运离仓库起责任才开始。

保险责任终止的时间为保险标的在最后卸离港全部卸离海轮后的 5 天，而非《协会货物条款》A 条款中规定的 60 天。

4. 特别注意事项

本条是在 1986 年 1 月 1 日协会修订条款时增加的，明确规定“本保险不承保禁运或进口国政府或其职权部门所造成的损失、损害或费用，但并不排除本保险承保的风险引起的发生在此种禁运、拒收、禁止或滞留之前的保险标的的损失或损害”。这意味着本险别不包括拒收险，对由于保险货物属于禁运品或不符合卫生检疫标准等原因，被进口地当局拒收、禁止或滞留的损失，保险人不负责任。

协会冷冻食品 C 条款的内容和《协会货物条款》C 条款相类似，在此不作详述。

（二）协会散装油类保险条款

协会散装油类保险条款（Institute Bulk Oil Clauses，1/2/1983）是协会新增订的针对油类货物的特种货物运输保险条款，和《协会货物条款》B 条款相比较，增加了“理算条款”，使总条款增加为 20 条。下面介绍其与《协会货物条款》B 条款不同的部分内容。

1. 风险条款

和《协会货物条款》B 条款相比，从字面上看，用“保险标的的损失或沾污（Contamination）”代替了“保险标的的损失或损害（Damage）”。

从内容上看，增加承保了三种与油类运输密切相关的风险。具体如下：

（1）“在装货、转运或卸货时连接管道的渗漏。”连接管道，是指装卸时连接岸上油罐和船舱的管道，本项仅承保此种管道在装卸或转运过程中发生的渗漏损失。

（2）“船长、高级船员或普通船员，在抽吸货物、压载水或燃料方面的疏忽。”此项承保与船员操作泵系有关的疏忽导致的货物损失。由于船员疏忽经常导致货物与货物之间、货物与压载水或燃料之间发生沾污，所以，此项规定能使被保险人将此类风险损失转嫁给保险人。

（3）“恶劣气候影响造成的保险标的的沾污。”

2. 除外责任条款

与《协会货物条款》B 条款相比，本险别没有将“包装不足”和“除被保险人以外的其他人的故意损害或毁坏”造成的保险标的的损失列入除外事项。

3. 保险期限

本险别规定，保险人的保险责任从货物为装船而离开保险单载明的起运地岸上油罐开始，至卸入保险单载明的目的地岸上油罐或油驳时终止。本保险不承保由陆上运输工具运送的风险，岸上油罐必须全部由管道直接与船舱相连。

此外，保险责任终止的最长时间期限为船舶抵达目的港时起满 30 天。如果在中途发生运输终止的情况，本保险续保的最长期限也是 30 天。

4. 理算条款

本条款规定了保险货物的渗漏或短卸索赔的理算原则，是专为液体散装油类货物设立的，其目的是尽可能减少由于记录装船数量和卸船数量的文件缺乏，直接的可比性和测量液态货物数量的困难所引起的“纸面损失”（Paper Loss）。

（三）协会木材贸易联合会条款

协会木材贸易联合会条款（Institute Timber Trade Federation Clauses）（Agreed with the Timber Trade Federation，1/4/1986）是在《协会货物条款》A、B、C 条款的基础上修订的，同样包括 19 条。其与 A 条款的区别在于承保风险条款和运送条款的规定有所不同。

1. 风险条款

由于木材很可能放在甲板上运输，因此，本条款包括两种情况下的承保风险。

（1）当货物装载于甲板上时，承保风险以 C 条款为基础，另外还承保浪击落水、偷窃或提货不着以及恶意行为风险。但另一方面，不承保 C 条款所承保的陆上运输工具倾覆或出轨的风险，以及驳船搁浅、擦浅、沉没、倾覆或碰撞/碰损风险。

（2）当货物未装于甲板时，承保风险以 A 条款为准，即承保除外风险以外的一切风险。

由于装在甲板上的木材被海浪打入水中是经常发生的损失，木材还可能因不明原因丢失，这些损失均可以通过本险别予以承保。

2. 运送条款

本保险的责任自保险货物在林场、仓库工厂、堆场或库房等任何地点装上陆上或水上运输工具，或起漂、向海轮发送时开始。这条规定充分考虑了木材贸易运输的实际情况。不管木材是以何种方式运输，也不管木材从什么地方发运，只要木材为装上海轮而发运，保险责任就开始。这种灵活的规定使被保险人不致因运送时的情况不同于一般货物而丧失保险索赔权利。

保险责任的终止有三种情形：一是在最后目的地交付收货人或被保险人；二是交付到被保险人用作非正常储存的仓库或储存处所；三是在最后卸货港卸离海轮时起满 60 天。以先发生者为准。

第四节　中英两国海运货物保险条款比较

我国现行《海洋运输货物保险条款》是在我国 1972 年条款的基础上，于 1976 年和 1981 年两次修订而成的。我国的条款一方面广泛地吸取了当时国际保险市场的内容和做法；另一方面，又结合了我国的实际情况，基本上满足了我国对外贸易过程中对海运保险的要求。英国 1982 年的《伦敦保险协会货物保险条款》是在对原 S. G. 保险单和旧的协会条款进行彻底改革的基础上制定的；而 2009 年条款，则对 1982 年条款进行了一些结构和文字上的调整。现将我国《海洋运输货物保险条款》（1981 年 1 月 1 日）与

《伦敦协会货物保险条款》（2009 年 1 月 1 日）进行比较。

一、两国海运货物保险条款的共同点

我国《海洋运输货物保险条款》的一切险、水渍险和平安险，与《协会货物条款》A 条款、B 条款和 C 条款一一对应。从总体上看，有如下的共同点：

（一）承保责任范围相当

一切险和 A 条款的承保责任，虽然在文字表达上有所区别，但都对海上自然灾害、意外事故和一般外来风险予以负责，内容比较接近；水渍险和 B 条款的承保责任，均主要对海上自然灾害和意外事故予以保障，内容也基本相当；平安险和 C 条款所承保的风险，虽然有所区别，但从保障的范围看，两者比较接近。

（二）除外责任基本相同

我国《海洋运输货物保险条款》只有 5 条除外责任；《协会货物条款》则包括 4 条，近 20 款；但从具体内容看，基本上都是把非意外的、间接的及特殊原因的和人为故意行为所致损失作为除外责任，两者的区别不大。

（三）保险期限基本一致

我国《海洋运输货物保险条款》的保险期限采取“仓至仓”的责任起讫；《协会货物条款》则由运输条款、运输契约终止条款和航程变更条款，共同组成保险人的责任期限，实际上也是以“仓至仓”为责任起讫。

（四）被保险人义务大致相同

两国条款均规定货物发生损失时，被保险人应迅速采取合理措施，防止或减少货物的损失；航程发生变更时，被保险人应立即通知保险人；货物发生损失时，被保险人应保证保险人向第三方追偿的权利等。

二、两国货物保险条款的区别

（一）两国保险条款的名称不同

我国《海洋运输货物保险条款》的基本险别分别命名为一切险、水渍险和平安险，实际的承保责任和名称并不符合，容易让人望文生义从而引起误解。

《协会货物条款》的主要险别分别称为 A 条款、B 条款和 C 条款，可避免因名称而产生误解；同时，非常简单，称呼方便。

（二）两国保险条款的结构不同

我国《海洋运输货物保险条款》只有一个总的条款，共分为五条，包括三个基本险别，文字比较简明扼要；但由于各主险没有完整、独立的结构，不利于被保险人区分各险别的内容差距。

《协会货物条款》中，A 条款、B 条款和 C 条款均自成体系，包括结构完整的 19 条内容；由于各险别结构独立，便于被保险人确定各险别的具体内容。

（三）两国保险条款的承保责任和除外责任有所不同

我国的一切险和协会的 A 条款在对一切风险的界定上是基本一致的，但协会的 A

条款规定的除外责任比我国一切险更加具体、内容更加全面。A 条款除了增加“由于船舶所有人、经理人、租船人或经营人破产或不履行债务造成的损失”这一项内容外，还明确了船舶不适航、不适货的除外责任的适用情况，有利于进一步明确条款中“一切风险”的涵盖范围，避免把任何原因引起的损失都包括在一切险的承保责任范围中的误解。

我国的水渍险与协会的 B 条款的承保责任虽然大致相当，但存在一些差别。首先，水渍险仅对列举的自然灾害、意外事故的货物损失和共同海损负责赔偿。而 B 险负责海水、河水、湖水进入运输工具所致的货物损失，而不必明确是何种灾害所致。其次，水渍险对浪击落海的货物损失不予负责；此外，水渍险对货物在装卸时落海或跌落造成的全部损失和部分损失均予负责。而 B 险仅负责由此造成的整件货物的全部损失。最后，在除外责任中，水渍险对于被保险人以外的其他人的恶意行为导致的货物损失并未予以除外。而在 B 险中，此风险属于除外责任。

我国的平安险和协会的 C 条款的承保责任也存在差别。平安险对海上发生的自然灾害造成货物的全部损失负责；而 C 条款对自然灾害造成的损失，无论是全部损失还是部分损失，均不予负责。平安险负责货物在装卸或转运时落海造成的全部或部分损失；C 条款对此损失均不予负责。从整体上看，平安险的保险责任范围大于 C 条款的责任范围。但 C 条款通过列明风险，明确地界定了责任范围，取消了按全部损失和部分损失划分险别的规定，条理更加清楚，内容更加明确。

此外，从险别的总体承保内容看，平安险和水渍险的责任范围差距不大；而 B 条款与 C 条款的责任范围差别比较明显。

（四）两国保险条款其他内容的不同

与我国条款相比，协会条款新增了“可保利益条款”“增值条款”以及“法律和惯例条款”等内容，有利于避免保险合同双方之间发生不必要的纠纷，也有利于指导保险纠纷的解决。我国条款虽然文字简练，但内容不够全面，有些方面没有包括在内；在具体实践中如果出现问题，一般参照以往的习惯做法和国际惯例，容易引发合同双方的纠纷。

本章小结

我国《海洋运输货物保险条款》基本险包括平安险、水渍险和一切险三个险别。其中，平安险责任范围最小，水渍险次之，一切险责任范围最大。我国条款承保“仓至仓”期间的运输风险，附加险是在投保基本险的前提下需要附加投保的险别。在我国的条款中，一般附加险已包含在一切险中，但未包含于平安险和水渍险中。《伦敦保险协会货物保险条款》的 A 条款的承保责任范围最大，B 条款次之，C 条款的承保责任范围最小。协会条款关于索赔的规定，包括保险利益条款、续运费用条款、推定全损条款和增值条款。

案例研究

我国某农产品进出口公司与古巴某糖厂签订了进口10 000吨袋装蔗糖的贸易合同。卖方负责租船并支付运费，承运船舶为某轮船公司所属A号货轮，起运港为古巴的圣地亚哥港，目的港为我国的青岛港。农产品进出口公司作为收货人，向国内某保险公司投保了一切险。两个月后，A号货轮到达青岛港，卸下全部货物，农产品进出口公司发现大部分蔗糖已受潮变质结块。损失发生后，农产品进出口公司以被保险人的身份向保险公司索赔。

保险公司接到索赔通知后，理赔人员经过调查发现，船舶在运输过程中一直处于适航状态，导致蔗糖变质结块的原因是蔗糖包装过于简单，大量破损。试分析保险公司对此货损是否负责。

思考题

1. 说明我国海运货物保险条款的平安险、水渍险和一切险的承保范围有何区别。

2. 试简述伦敦保险协会的A条款、B条款和C条款承保的风险。

3. 伦敦保险协会的A条款，除外责任主要包括哪些内容？它和我国海运货物保险条款的除外责任有何不同？

4. 什么是卖方利益险？何种情况下，需投保卖方利益险？

5. 简述保险利益条款的内容。

6. 何谓增值保险和增值保险条款？

7. 案例分析：出口两批陶瓷，均投保我国海运货物保险条款的平安险，由A、B两条轮船分别承运。A轮在途中遇暴风雨袭击，船舶剧烈颠簸；陶瓷由于相互碰撞，部分破碎受损。B轮则在途中与C轮相碰撞，也使部分陶瓷破碎。问：对A、B轮货物的损失，货主能否得到保险赔款，为什么？如果投保的是我国海运货物保险条款的水渍险，又该如何？而投保伦敦协会的C条款，结果呢？

第七章　其他运输方式下的货物保险条款

教学目标

通过本章学习，掌握陆上运输货物保险条款、航空运输货物保险条款和邮包运输货物保险条款的主要内容，了解集装箱运输货物保险条款以及国际多式联运货物的保险方式。

关键词

陆上运输货物保险　陆上运输货物战争险　陆上运输冷藏货物险　航空运输货物保险　航空运输货物战争险　邮包运输货物保险　邮包战争险　国际多式联运保险

除了海运之外，国际贸易货物还普遍采用陆运、空运以及多式联运方式。由于现代陆运、空运保险等都是在海上保险的基础上发展演变而来的，因而其与海运货物保险在很多方面有相同之处。但由于陆上运输、航空运输的运输方式与海洋运输不同，货物在运输途中可能遭遇的风险也有所区别，因而其保险条款也有所不同。

第一节　陆上运输货物保险

国际贸易中的陆上运输一般用于有铁路相通的国家或毗邻国之间。目前，在欧洲、非洲及拉丁美洲的内陆国家之间，经由陆上运输的国际贸易货物数量比重很大。我国对独联体各国、东亚的蒙古国、南亚的巴基斯坦以及中东欧的波兰和罗马尼亚等很多“一带一路”沿线国家的贸易货物，以及对中国香港、中国澳门特别行政区的贸易货物，也大都采用铁路运输。由此可见，陆上运输方式在我国的对外贸易中占有重要的地位。

陆上运输主要采用铁路和公路运输这两种方式，运输工具主要是火车和汽车。在国际保险实践中，承保陆上运输货物，运输工具一般仅包括火车和汽车，对人力车和牲口驮运等落后工具运输货物的风险往往不予承保。目前，我国陆运货物保险采用中国人民保险公司于1981年1月1日修订的《陆上运输货物保险条款》，其中明确规定以火车和汽车为限，基本险别包括陆运险和陆运一切险两种，附加险除专门设有“陆上运输货物战争险（火车）”之外，海运货物保险中的附加险可在陆运货物保险中有选择地使用。另外，还设有适用于陆运冷藏货物的陆上运输冷藏货物保险。

一、陆上运输基本险

（一）承保责任范围

1. 陆运险的承保责任

陆运险（Overland Transportation Risks）的承保责任范围与海运货物保险条款中的水渍险类似，保险人负责赔偿被保险货物在运输途中遭受暴风、雷电、洪水、地震等自然灾害，或由于运输工具遭受碰撞、倾覆、出轨，或在驳运过程中因驳运工具遭受搁浅、触礁、沉没、碰撞，或由于遭受隧道塌陷、崖崩、失火、爆炸等意外事故所造成的全部或部分损失。此外，被保险人对遭受承保责任内危险的货物采取抢救、防止或减少货物损失的措施而支付的合理费用，保险公司也负责赔偿，但以不超过该被救货物的保险金额为限。

2. 陆运一切险的承保责任

陆运一切险（Overland Transportation All Risks）的责任范围和海运保险条款的一切险相似。保险公司除了承保陆运险的全部责任外，还对被保险货物在运输途中由于外来原因所造成的全部或部分损失负责赔偿。

（二）除外责任

陆运基本险的除外责任包括以下五项。

1. 被保险人的故意行为或过失所造成的损失。
2. 属于发货人责任所引起的损失。
3. 在保险责任开始前，被保险货物已存在的品质不良或数量短差所造成的损失。
4. 被保险货物的自然损耗、本质缺陷、特性，以及市价跌落、运输延迟所引起的损失或费用。
5. 陆上运输货物战争险条款和货物运输罢工险条款规定的责任范围和除外责任。

从上述规定可知，陆运基本险的除外责任与海运基本险的除外责任基本相同。

（三）保险期限

陆运基本险的保险期限以“仓至仓”为限，保险责任自被保险货物运离保险单所载明的起运地仓库或储存处开始运输时生效，包括正常运输过程中的陆上和与之有关的水上驳运在内，直至货物到达保险单所载明目的地收货人的最后仓库或储存处所，或被保险人用作分配、分派的其他储存处所为止。如未运抵上述仓库或储存处所，则以被保险货物运抵最后卸载的车站满 60 天为止。

（四）索赔时效

陆运货物险的索赔时效为自被保险货物在最后目的地车站全部卸离车辆后起算，最多不超过两年。

二、陆上运输货物战争险

陆上运输货物战争险（火车）（Overland Transportation Cargo War Risks）是陆上运输货物险的一种附加险，只有在投保了陆运险或陆运一切险的基础上，方可加保。在国外，私营保险公司大都不承保陆运战争险。为了适应我国外贸发展的需要，我国保险公司开设了该险种，投保人需与保险人协商才可投保。目前，仅限于火车运输方式。

陆上运输货物战争险负责货物在运输途中由于战争、类似战争行为、敌对行为、武装冲突所致的损失，以及各种常规武器，包括地雷、炸弹所致的损失。但对敌对行为使用原子或热核武器所致的损失和费用，以及根据执政者、当权者或其他武装集团的扣押/拘留引起的承保运程的丧失和挫折而造成的损失，保险公司不予赔偿。

陆上运输战争险的保险期限同海运战争险相似，以货物置于运输工具时为限，即自被保险货物装上保险单所载明起运地的火车时开始，直到卸离保险单所载明目的地火车时为止。如果被保险货物不卸离火车，则以火车到达目的地的当日午夜起算，满 48 小时为止。如在运输途中转车，不论货物在当地卸载与否，保险责任以火车到达该中途站的当日午夜起算，满 10 天为止。如货物在上述期限内重新装车续运，本保险恢复有效。但如果运输契约在保险单所载明目的地以外的地点终止时，该地即视为保险目的地，保险责任在货物卸离该地火车时为止。如不卸离火车，保险责任以火车到达该地当日午夜起算，满 48 小时为止。

陆上运输货物保险除了可以加保战争险，也可加保罢工险。与海运货物保险相同，在投保战争险的前提下，加保罢工险不另收费。如仅要求加保罢工险，则按战争险费率收费。在我国，无论海运、陆运还是空运，投保罢工险都采用同一种保险条款。所以，不同运输方式下，罢工险的承保范围是完全一致的。

三、陆上运输冷藏货物险

陆上运输冷藏货物险（Overland Transportation Insurance Frozen Products）是适用于冷藏货物的专门险种，其责任范围除负责货物在运输途中遭遇陆运险所列举的自然灾害和意外事故所造成的全部或部分损失外，还负责赔偿货物在运输途中由于冷藏机器或隔温设备的损坏或车厢内贮存冰块的溶化所造成的因解冻溶化而腐败的损失。

陆运冷藏险的除外责任除包括陆运基本险的除外责任外，对货物在运输过程中因未存放在有冷藏设备的仓库或运输工具中，或辅助运输工具没有隔温设备或没有在车厢内贮存足够的冰块所致的货物腐败，以及货物在保险责任开始时因未保持良好的状态所引起的腐败和损失，也不负赔偿责任。

陆运冷藏险的保险责任自被保险货物运离保险单所载明的起运地冷藏仓库装上运送工具开始运输时生效，包括正常的陆运和与之有关的水上驳运在内，直至货物运抵目的地收货人仓库为止。但最长保险责任，以被保险货物到达目的地车站后 10 天为限。

第二节　航空运输货物保险

航空运输具有快速、方便的优点。近年来，随着航空技术的迅速发展和对航空运输需求的日益增长，航空运输在国际货物运输中的地位日益提高，航空运输货物保险也随之蓬勃发展。

我国航空运输货物保险采用的是中国人民保险公司于 1981 年 1 月 1 日修订的《航空运输货物保险条款》，其基本险别包括航空险和航空一切险，附加险设有专门的“航空运输货物战争险条款”。此外，还可有选择地使用海洋运输货物保险中的附加险。

一、航空运输基本险

（一）承保责任范围

1. 航空运输险的承保责任

航空运输险（Air Transportation Risks）的承保责任范围，和海运条款中的水渍险大致相同，保险公司负责赔偿被保险货物在运输途中遭雷电、火灾、爆炸或由于飞机遭受恶劣气候或其他危难事故而被抛弃，或由于飞机遭受碰撞、倾覆、坠落或失踪等自然灾害或意外事故所造成的全部或部分损失。

2. 航空运输一切险的承保责任

航空运输一切险（Air Transportation All Risks）的承保责任范围，和海运条款一切险大致相同，除了包括上述航空运输险的全部责任外，保险公司还负责赔偿被保险货物由于外来原因所造成的全部或部分损失。

航空运输险和航空运输一切险的除外责任，与海运条款的除外责任基本相同。

（二）保险期限

航空运输货物保险的保险期限采用的也是“仓至仓”责任，与海运条款的保险期限所不同之处在于，当货物经正常运输并未运抵保险单所载明目的地收货人的最后仓库或储存处所，则以被保险货物在最后卸载地卸离飞机后满 30 天，责任终止。

货物出现被保险人无法控制的非正常运输时，不论何种情况，保险责任以被保险货物在卸载地卸离飞机满 30 天为止。

二、航空运输货物战争险

航空运输货物战争险（Air Transportation Cargo War Risks）是航空运输货物保险的附加险，只有在投保航空运输险或航空运输一切险的基础上，通过和保险公司协商才能予以加保。

航空运输货物战争险承保的是在航空运输途中由于战争、类似战争行为、敌对行为或武装冲突以及各种常规武器和炸弹所造成的货物的损失，但对因使用原子或热核制造的武器所造成的损失除外不保。

航空运输货物战争险的责任起讫同海运、陆运战争险相同，以货物置于运输工具为限，即自被保险货物装上保险单所载明起运地的飞机时开始，直至卸离保险单所载明目的地飞机时为止。如果被保险货物未卸离飞机，则责任以飞机到达目的地的当日午夜起算，满 15 天为止。如被保险货物在中途转运，保险责任以飞机到达转运地的当日午夜起算，满 15 天为止。待装上续运的飞机，保险责任又恢复有效。

航空运输货物保险的附加险还包括罢工险。与海运、陆运保险相同，在投保战争险的前提下，加保罢工险不另收费。如仅加保罢工险，则按战争险费率收费。

第三节　邮包货物保险

在国际贸易中，通过邮政包裹运送小件货物对寄件人来说，是一种比较简便的运输方式。由于邮包运输要经过海上、陆上和航空运输等一种或多种运输方式才能实现，货物在运输途中也会遭遇各种自然灾害、意外事故而损毁，使寄件人遭受经济损失。因此，被保险人需要通过投保邮包保险获得保障。邮包保险的保险人，承保邮政包裹在运送过程中由于自然灾害、意外事故或外来风险所造成的包裹内物品的损失。由于邮包运送可能同时涉及海、陆、空三种运输方式，故保险人在确定承保责任范围时，需综合考虑这三种运输方式各自可能遭遇的风险，以给予全面的保险保障。

国际保险市场上，对邮包所采用的保险条款及保险险别并无统一的规定。伦敦保险协会迄今为止，仅对邮包运输制定了协会战争险条款（邮包）[Institute War Clauses (sending by post), 1/1/1982]，而未制定邮包货物运输的基本险别条款。目前，我国邮包货物保险采用的是中国人民保险公司于1981年1月1日修订的《邮包保险条款》，其基本险包括邮包险和邮包一切险，还设有附加险“邮包战争险”。

一、邮包货物运输基本险

（一）承保责任范围

1. 邮包险的承保责任

邮包险（Parcel Post Risks）的责任范围是负责赔偿被保险邮包在运输途中由于恶劣气候、雷电、海啸、地震、洪水自然灾害，或由于运输工具搁浅、触礁、沉没、碰撞、出轨、倾覆、坠落、失踪或由于失火和爆炸意外事故所造成的货物损失。此外，对货物遭遇承保风险时，被保险人采取抢救措施，防止或减少货物损失而支付的合理费用，保险人也负责赔偿，但以不超过该货物的保险金额为限。

2. 邮包一切险的承保责任

邮包一切险（Parcel Post All Risks）的承保责任除包括邮包险的全部责任外，还负责赔偿邮包在运输途中由于外来原因所致的损失。

（二）除外责任

邮包货物运输基本险的除外责任包括：因战争、类似战争行为、敌对行为、武装冲突、海盗行为、工人罢工所造成的损失；直接由于运输延迟或被保险物品本质上的缺陷或自然损耗所造成的损失；属于寄件人责任和被保险邮包在保险责任开始前已存在的品质不良或数量短差所造成的损失；被保险人的故意行为或过失所造成的损失。

（三）保险期限

邮包货物运输基本险的保险责任自被保险邮包离开保险单所载明起运地寄件人的处

所运往邮局时开始生效，直到邮包运抵保险单所载明目的地邮局，自邮局签发到货通知书当日午夜起算，满 15 天终止。但在此期限内，邮包一经递交至收件人的处所时，保险责任即行终止。

邮包保险的索赔时效为从被保险邮包递交收件人起算，最多不超过两年。

二、邮包战争险

邮包战争险（Parcel Post War Risks）作为附加险，只能在投保邮包险或邮包一切险的基础上加保。

邮包战争险负责赔偿邮包在运输过程中由于战争、类似战争行为、敌对行为、武装冲突、海盗行为以及各常规武器所造成的损失。此外，还负责被保险人对遭受承保风险的货物进行抢救，防止或减少损失而支付的合理费用。但保险公司对因使用原子或热核制造的武器所致的损失不负责任。

邮包战争险的保险责任自被保险邮包经邮政机构收讫后，自储存处所开始运送时起，直至该邮包运送至保险单所载明目的地邮政机构送交收件人为止。

邮政包裹也可以加保罢工险。在投保战争险的前提下，投保罢工险不另外收费。如只要求投保罢工险，则按战争险费率收取保险费。邮包罢工险采用的条款，和海、陆、空运罢工险条款相同。

第四节　集装箱运输货物保险条款和国际多式联运货物保险

随着国际贸易和运输业的发展，集装箱运输及在此基础上发展起来的国际多式联合运输方式越来越多地被采用。如今，集装箱货物多式联运已成为国际货物运输的发展方向。

一、集装箱运输货物保险条款

对于集装箱运输货物的保险，根据采用的运输方式不同，直接适用于本书前面所述的海运、陆运或空运货物保险。由于集装箱运输的特殊性，实务中，对其特殊的风险以及一些特别条款的应用，需予以特别关注。

为适应集装箱运输货物保险的需要，我国制定了《进口集装箱货物运输保险特别条款》，附贴在一般的运输货物保险条款中使用。该条款的主要内容如下。

（一）保险期限

1. 进口集装箱货物运输保险责任，按原运输险保险单责任范围负责，但保险责任至原保险单载明的目的港收货人仓库终止。

2. 集装箱货物运抵目的港，原箱未经启封而转运内地的，其保险责任至转运目的地收货人仓库终止。

3. 如果集装箱货物运抵目的港或目的港集装箱转运站，一经启封开箱，全部或部分箱内货物仍须继续转运内地时，被保险人或其代理人必须征得目的港保险公司同意，按原保险条件和保险金额办理加批、加费手续后，保险责任可至转运单上标明的目的地收货人仓库终止。

（二）特别除外责任

1. 凡集装箱体无明显损坏，铅封完整，经启封开箱后，发现内装货物数量规格等与合同规定不符，或因积载或配载不当所致的残损，不属保险责任。

2. 装运货物的集装箱必须具有合格的检验证书，如因集装箱不适货而造成的货物残损或短少，不属保险责任。

（三）被保险人义务

1. 集装箱在目的港转运站、收货人仓库或经转运至目的地收货人仓库，被发现箱体有明显损坏或铅封被损坏或灭失，或铅封号码与提单、发票所列的号码不符时，被保险人或其代理人或收货人应保留现场、保存原铅封，并立即通知当地保险公司进行联合检验。

2. 进口集装箱货物残损或短缺涉及承运人或第三者责任的，被保险人有义务先向承运人或第三者取证，进行索赔或保留追索权。

二、国际多式联运保险

国际多式联运是指将海、陆、空各段的运输，以两种或两种以上的运输方式衔接起来，组成一个连贯的运输，把货物从一个国家的起运地，运至另一个国家的交货目的地的运输方式。由于国际多式联运将不同的运输方式有机地组合在一起，具有各单一运输方式所无法比拟的优势，因而发展迅速。

国际多式联运货物在运输途中同样面临多种风险，需要保险保障。但是，迄今为止，国际多式联运货物的保险在国际保险业中，尚未形成一个单独的险种。我国保险界也没有一款专门的险种针对国际多式联运的货物。对于国际多式联运中的货物，实践中的普遍做法是视承运货物的不同方式，分段投保相应运输方式的运输货物保险。在保险单的承保险别一栏，则将不同运输方式的货物保险险别全部列入。若货物在运输途中发生保险责任范围内的损失，则直接依据所投保的险别向有关保险人索赔。

本章小结

陆运货物保险的基本险别包括陆运险和陆运一切险，航空运输保险的基本险别包括航空险和航空一切险，陆运、航空运输货物保险的责任起讫均采用“仓至仓”条款。邮包保险的基本险包括邮包险和邮包一切险，邮包保险的保险责任自邮包从起运地寄件人处所运往邮局之时生效，自邮包递交收件人处所时终止。集装箱货物根据采用的运输方式不同，直接适用于海运、陆运或空运货物保险。

案例研究

1999 年 8 月 2 日，新加坡 A 公司与卖方某医药保健品进出口公司（以下简称 B 公司）签订了成交确认书。根据合同规定，由卖方按照 CIF 新加坡的价格条款向 A 公司销售虫草 300 公斤，货物由中国口岸空运到新加坡并由卖方负责投保，合同总额为 24.6 万美元。

1999 年 8 月 12 日，B 公司在广州把 300 公斤虫草交付 D 公司承运，并由 D 公司出具了广州至新加坡的全程空运单。同时，B 公司向保险公司办理了货物的投保手续。保险公司出具了货物航空运输保险单，保险金额为 26.84 万美元，运输方式为空运，投保险种为航空运输一切险，起运地为广州，目的地为新加坡，赔付地为新加坡。B 公司把背书后的保险单连同其他单据送交 A 公司。

8 月 23 日，A 公司在新加坡机场仓库提货时，发现上述 300 公斤虫草全部被盗。A 公司通知了保险公司在新加坡的保险代理人到场查验，证实货物在广州出关后的运输途中被盗。货损发生后，A 公司凭保险单和其他单据向保险公司索赔。

试分析保险公司是否应予赔付。

思考题

1. 我国陆运货物保险包括哪些基本险别？其责任范围有何区别？
2. 简述我国航空运输险和航空运输一切险的承保责任。
3. 邮包保险主要承保哪些风险？其责任起讫是如何规定的？
4. 简述集装箱货物运输保险条款的主要内容。
5. 如何投保国际多式联运保险？

第八章　国际货物运输保险实务

教学目标

通过本章学习，掌握如何选择投保险别、计算保险金额和保险费，了解如何正确填写投保单和制定国际货物买卖合同中的保险条款；掌握货损发生后，如何办理索赔手续，了解保险人如何确定损失原因、审定保险责任和计算赔款。

关键词

批单　索赔　理赔　损失通知　索赔清单　货损货差证明　索赔时效　损失检验　检验报告　原残　船残　短卸　工残　连续损失　免赔率

国际贸易中的货物，在从出口地到进口地的运输过程中，一般均需要办理货物运输保险。通常情况下，国际货物运输保险实务，包括投保人的投保、保险人的承保以及保险的索赔和理赔几个阶段。

第一节　国际货物运输保险投保实务

国际货物运输保险的投保是指，投保人向保险人表示订立保险合同的意愿，提出投保申请，将自己所面临的风险和投保的要求告知保险人，向保险人发出要约或询价；保险人表示承诺，或对此询价提出包括保险条件及费率的要约由投保人予以承诺。在我国的保险实践中，投保人一般需要填写国际货物运输保险投保单来完成投保行为；保险人则在投保单上签章，表示同意承保。此时，保险合同成立。

一、由谁投保

应由何方投保国际货物运输保险，主要取决于贸易合同中采用的贸易术语。《国际贸易术语解释通则2020》规定的11种贸易术语中，只有CIF和CIP两种贸易术语明确规定，卖方必须根据合同约定，自行负担费用取得货物保险。其他术语中，均无关于何方有办理货运保险的义务。因此，各方应根据自己所承担的风险来决定是否投保。当采用FOB、FCA、CFR、CPT以及EXW和FAS这一类在出口国国内或港口交货的术语时，卖方并不承担国际运输过程中的风险。因此，买方若想获得保险保障，需自己投保货运保险。若采用DPU、DAP和DDP等在买方所在国交货的术语时，卖方要承担货物在国际运输途中的风险。为将此风险进行转嫁，卖方应当自行投保国际货运保险。

二、投保险别的选择

采用 CIF 和 CIP 术语时，双方应在贸易合同中规定投保何种险别。如果贸易合同中没有对保险险别等具体内容进行规定，根据《国际贸易术语解释通则 2020》的规定，采用 CIF 术语成交时，卖方可投保 ICC（C）或其他类似范围的保险险别，也就是按照最小责任的基本险别投保。例如，可以投保我国保险条款的平安险。而采用 CIP 术语成交时，卖方需投保 ICC（A）或其他类似范围的保险险别，也就是按照最大责任的基本险别投保。例如，可以投保我国保险条款的一切险。

以其他贸易术语成交时，卖方或买方应根据运输货物的实际需要，选择合适的险别。由于保险公司承担的保险责任是以险别为依据的，不同险别所承保的责任范围并不相同，其保险费率也不相同。因此，投保人在选择保险险别时，既要考虑使货物得到充分保障，又要尽量节约保险费的支出，降低贸易成本，提高经济效益。

在国际货物运输保险业务中，选择何种险别，一般应考虑下列因素。

（一）货物的性质和特点

不同种类的货物，由于其性质和特点不同，在运输时，即使遭遇同一风险事故，所致的损失后果往往并不相同。因此，投保人在投保时，应根据货物的性质和特点选择适当的险别。例如，粮谷类商品（如大米、豆类和玉米等）的特点是含有一定的水分，经过长途运输，可能会因水分蒸发而致短量损失；如果途中被水浸湿或是船上通风设备不良、船舱中湿气过大，则可能导致霉烂。对于这类商品，海运一般需投保一切险，或在水渍险的基础上加保受潮受热险及短量险；陆运则需投保陆运一切险，或在陆运险的基础上加保短量险。又如，服装等纺织品容易受到水湿及沾污损失。所以，海运需投保一切险，或在水渍险的基础上加保淡水雨淋险和混杂沾污险；陆运同样应投保与海运相当责任的险别。再如，玻璃器皿、家具、大理石、水磨石的特点，是比较容易碰损、破碎，因而可在投保平安险的基础上加保碰损、破碎险。此外，对某些大宗货物（如散装桐油、原煤、天然橡胶）以及特殊货物（如冷藏货物），需选择特定的或专门的保险条款进行投保，以得到充分保障。

（二）货物的包装

货物的包装方式会直接影响货物的完好状况。散装货物，如散装的矿石、矿砂，装卸时容易发生短量损失，散装的豆类还可能因混入杂质而受损；裸装货物，如卡车，一般停放于甲板上并采取固定、防滑措施后进行运输，容易因碰撞或挤擦而导致表面凹瘪、油漆掉落等损失；包装货物会出现各种损失，如袋装大米可能因装卸时使用吊钩而使外包装破裂，大米漏出而致损。因此，投保人应根据不同包装方式的特点，选择合适的险别。

如果采用集装箱运输，货物在运输途中遭遇各类风险而致损失的可能性相对较小，但也可能因集装箱本身未清理干净而使货物沾污受损，或是箱内货物堆放不妥而致运输途中出现碰损、混杂等损失，往往需要在平安险或水渍险的基础上加保碰损、破碎险或加保混杂、沾污险。

货物包装不足或不当，以致不能适应国际货物运输的一般要求而使货物遭受损失，属于发货人的责任，保险人一般不予负责。

（三）货物的用途与价值

货物的用途各有不同。一般而言，食品、化妆品及药品等与人的身体和生命息息相关的商品，一旦发生污染或变质，就会丧失全部使用价值。因此，在投保时，应尽量考虑这类货物能得到充分、全面的保障。例如，茶叶在运输途中，一旦被海水浸湿或吸收异味即无法饮用，完全失去使用价值，故应当投保一切险。

价值的高低对投保险别的选择也有影响。对于古玩、古画、金银、珠宝及贵重工艺品之类的商品，由于其价值昂贵，而且一旦损坏对价值影响很大，故应投保一切险以获得全面保障。而对于矿石、矿砂等建材类商品，因其价值低廉，也不易受损，海运一般仅需在平安险的基础上加保短量险。

（四）运输方式和运输工具

货物通过不同运输方式、采用不同的运输工具进行运输，途中可能遭遇的风险并不相同，可供选择的险别也因运输方式而各异。例如，我国货物运输保险条款中，货物采用的运输方式不同，其适用的保险险别也不同。如海运保险的主险包括一切险、水渍险和平安险，陆运保险的主险则包括陆运一切险和陆运险。因此，应根据不同的运输方式和运输工具选择适用的保险险别。

随着运输技术的发展，多式联运作为新的运输方式被越来越多地采用。它利用现代化的组织手段，将海运、陆运、空运等单一的运输方式有机地结合起来，因此，投保人在投保时，应根据运输过程中具体采用的运输方式，分段选择相应的保险险别。

（五）运输路线、运输季节和港口（车站）情况

运输路线的长短和货物的损失也有一定的关系。一般而言，运输路线越长，所需的运输时间越长，货物在运输途中可能遭遇的风险越大；反之，运输路线越短，风险越小。例如，从上海港海运一批大米到日本，由于只有两三天的航程，大米在途中发霉的可能性很小；但如果目的地为法国马赛，由于航程时间长，大米在运输途中因气候变化、船舱通风设备不畅等导致受潮受热而发霉的可能性就大。

另外，运输过程中经过区域的地理位置、气候状况及政治形势等，也会对货物的安全运输产生影响。例如，船舶在经过赤道地带时，有的商品（如粮谷类）很可能因气候潮湿炎热而致发霉变质，而有的商品（如鱼粉）可能因为燃点低而发生自燃。又如，经过的区域如果政局动荡，货物遭受意外损失的可能性自然会增加。此外，货物如果需在中途转运，由于增加了装卸、搬运等环节，也使人为损坏的风险增加。因此，投保人应根据运输路线的不同选择合适的保险险别。

季节不同也会对运输货物带来不同的风险和损失。例如，冬季运送橡胶制品，货物可能出现冻裂损坏；夏季运送水果，则极易出现腐烂现象。因此，投保人应根据不同季节的特点选择险别。

再者，装货港（车站）、卸货港（车站）及运输工具中途停靠的港口（车站）条件不同，其运送能力、装卸设备、安全设施、管理水平及治安状况等方面均存在差异，也会影响货物在装卸及存放时货损、货差的可能性。例如，有的港口（车站）由于设

备陈旧、管理松懈，货物在装卸时包装破裂的可能性大大增加。又如，有的港口（车站）治安情况不好，货物在其仓库暂时存放期间遭遇偷窃损失的可能性较大。因此，投保人在投保时，应事先了解装卸地及中转地港口（车站）的情况，根据需要投保合适的险别。

三、保险金额的确定

保险金额是保险合同中必不可少的项目，是保险人对保险标的承担的最高赔偿金额，也是保险人计算保险费的依据。因此，投保人在投保时，须以保险价值为依据申报保险金额。

（一）保险金额的构成

在我国的外贸实践中，采用 FOB、CFR、CIF、FCA、CPT 与 CIP 这六种贸易术语的买卖合同居多。而在国际货运保险中，保险金额一般是以 CIF 或 CIP 的发票价格为基础确定的，除应包括商品的价值、运费和保险费，还应包括被保险人在贸易过程中支付的经营费用，如开证费、电报费、借款利息、税款和分摊到本笔交易的日常管理费用，以及在正常情况下可以获得的预期利润等。如果以 CIF 或 CIP 条件成交，保险金额应为 CIF（CIP）×(1+保险加成率)。如果以其他四种贸易术语成交，则应先折算成 CIF 或 CIP 再加成。

关于保险加成率，在《跟单信用证统一惯例》（现行版本为国际商会第 600 号出版物，简称 UCP600）和《国际贸易术语解释通则 2020》中均规定，最低保险金额为货物的 CIF 或 CIP 价格加 10%。当然，保险加成率并非必须是 10%。因为加成的目的是弥补被保险人的各项经营费用及预期利润的损失，所以，被保险人可以依据每笔交易的预期利润及经营费用的高低，在买卖双方取得协议的基础上，与保险人约定不同的加成率。在我国出口业务中，保险金额一般按 CIF 或 CIP 的价格加 10% 计算。如果国外进口商提出的保险加成率高于 10%，保险人在综合考虑货物在出口地和进口地的价格差以及进口商的资信后，若认为确属客观业务需要，一般愿意接受被保险人提出的加成率。但如果保险人认为会有较大道德风险，可能导致骗赔现象时，往往拒绝接受过高的保险加成率，而只接受按 CIF 或 CIP 价加 10% 计算的金额作为保险金额。在具体业务中，对出口商而言，如果国外进口商要求很高的保险加成率，比如 30%，出口商除应明确保险费差额由进口商承担之外，还应事先征求保险人意见；在保险人表示同意后，才能在订立买卖合同时，接受进口商的保险条件。

（二）保险金额的计算

1. 已知 CIF 价格和加成率，计算保险金额

保险金额=CIF 价格×(1+加成率)。

例如，CIF 货价为 105 美元，加成率 10%，则计算公式为：

保险金额=105×(1+10%)= 115.5（美元）

2. 已知 CFR 价格、保险费率和加成率，计算保险金额

保险金额是以 CIF 价格为基础计算的。如果对外报价为 CFR 价格，而国外买方要

求改报 CIF 价格，或者在 CFR 合同项下，由卖方代买方办理投保，保险金额都不能直接用 CFR 价格加上保险费来计算，而应先把 CFR 价格换算为 CIF 价格，再计算保险金额。从 CFR 价格换算为 CIF 价格时，应利用下列公式：

CIF 价 = CFR 价/[1-保险费率×(1+保险加成率)]

保险金额 = CIF(或 CIP)价×(1+保险加成率)

例如，某公司出口一批货物到美国，原报 CFR 美国东海岸某港口，总金额为 40 000 美元；现进口商来电要求改报 CIF 价格，目的地不变，并按 CIF 价加成 10%，投保海运一切险。假设运至美国东海岸的该项货物海运一切险的保险费率为 0.5%，应按如下方法计算保险金额：

CIF = 40 000 美元/[1-0.5%×(1+10%)] = 40 221.22（美元）

保险金额 = 40 221.22×(1+10%) = 44 243.34（美元）

四、投保单的填写

在我国，无论在进口或出口业务中，投保货物运输保险时，投保人通常需以书面方式作出投保要约，即填写货物运输保险投保单，经保险人在投保单上签章承诺或是出立保险单，保险双方即确定了合同关系。按照保险利益原则的规定，货物运输保险的被保险人在索赔时，必须对保险货物具有保险利益。因此，为保障贸易双方的利益，投保人应在货物开始运输之前办理货运保险。

（一）投保单的内容

投保单是投保人在投保时，对保险标的及与其有关事实的告知和陈述，也是保险人签发保险单和确定保险费的依据。因此，投保单的填写必须准确、真实。进出口货物运输保险投保单的具体内容，主要有以下几项。

1. 被保险人

被保险人是保险合同保障的对象。以 CIF 或 CIP 条件出口时，应由出口方办理保险。为保障自身利益，出口方应以本人作为被保险人。若货物在起运港装上船之前或交付承运人接管之前发生损失，由于风险由出口方承担，其可向保险人索赔。而货物装上船或交承运人接收后，出口方只需根据信用证或其他文件的要求在保单上签章背书，即可将保险单转让给进口方或指定的第三方（如银行）。

如果以 FOB、FCA、CFR 或 CPT 条件成交，则由进口方自行办理国际货运保险，投保人与被保险人一般均为进口方。出口方可通过投保国内短途货运险，转嫁在起运港装上船或货交承运人接收之前的风险。

2. 发票号码和合同号码

确定保险保障的货物具体批号，主要是便于在索赔时进行核对。按我国目前的做法，货物出口时，一般只需填写该批货物的发票号码；货物进口时，则填写贸易合同号码。

3. 包装数量

需写明包装方式，如捆（Bundles）、箱（Cases）、袋（Bags）、桶（Drums）等以及包装的数量。如果一次投保有数种不同包装，可以件（Packages）为单位。散装货应填写散装重量（×××M/T in Bulk）。如果采用集装箱运输，应予注明“in Container”。

4. 保险货物项目

应填写保险货物的具体类别、名称，如小麦、茶叶、热水瓶等，以便保险人确定适用的保险费率。不应笼统地写成百货、食品等大类。

5. 保险金额

出口交易，应按照贸易合同或信用证规定的加成计算得出的保险金额数值填写，且末位进位成相对整数；进口交易按实际需要填写。保险金额的货币名称要与发票一致。

6. 装载运输工具

海运时，应写明具体的船名。如果中途需转船，已知第二程船时，应打上船名；如果第二程船名未知，则只需写明“转船”（With Transshipment）字样。集装箱运输应写明“Container Shipment”。多式联运应写明联运方式。

7. 航次、航班

应写明船舶航行的航班、航次。

8. 开航日期

一般应注明“按照提单”（as per B/L）或注明船舶的大致开航日期。

9. 运输路线

填写起始地和目的地名称。中途如需转运，则应注明转运地。若到目的地后需转运内陆，应注明内陆地名称。如果到达目的地的路线不止一条，要填写经过的中途港（站）的名称。

10. 承保险别

填写投保何种保险险别（包括主险和附加险），还应注明采用何种条款。投保人如果对保险条款有特殊要求，应予注明，以便保险人考虑接受与否。

11. 赔款地

通常在目的地支付赔款。如果被保险人要求在目的地以外的地方赔款，应予注明。

12. 投保人签章及其名称、地址、电话

填写投保人的名称、地址等具体信息。

13. 投保日期

出口方投保时，投保日期应在船舶开航日期或货物起运日期之前。因为根据UCP600的规定，银行有权拒收保险单日期迟于货物装船或发运日期的保险单。

（二）投保时应注意的事项

投保人在办理投保手续时，应注意下列几点。

1. 申报的内容必须是真实的。投保人在履行如实告知义务的同时，也维护了自己索取保险赔款的权利。投保人对保险标的及与其有关重要事项的申报，是保险人决定是否接受保险以及确定保险费率的依据，因此，如果投保人申报不实，会影响保险人对风险程度的预测甚至不能作出正确的承保决策。根据最大诚信原则的规定，如果投保人故意隐瞒事实，保险人可以解除保险合同、拒付保险赔款且不必退还保险费。如果投保人因过失而未如实申报重要事实，保险人也可以酌情作出解除保险合同或加收保费的决定。

2. 如果国际货物运输的目的地在内陆，在投保时，应将保险期限的终止地指定为内陆的目的地，尤其采用海运方式时，不能只投保到目的港，以保证货物在整个运输过程中均能得到保障。在实际业务中，货物的损失往往在货物运抵目的地仓库，经检验后才能发现。若只保到目的港，对确定损失发生的时间会造成困难；而保到内陆目的地，则可避免这种纠纷。

3. 按 CIF 或 CIP 条件成交时，如果买方对保险有特殊要求，如加保某些特殊险或要求较高的保险加成率等，卖方应事先征得保险人同意，方可接受买方的要求。

4. 采用信用证支付方式时，保险单的内容必须与贸易合同及信用证的有关规定一致。一方面，如果保险单的内容与贸易合同的规定不符，买方可能拒绝接受该保单；另一方面，如果保险单的内容与信用证的规定不符，会遭到银行的拒付。由于保险单是依据投保单的内容制作的，所以，卖方在投保时，要根据贸易合同及信用证的规定填写投保单。

在实际业务中，如果出现买方开来的信用证中有关保险的规定与贸易合同中的保险条款不一致，卖方应根据实际情况妥善处理，以保证贸易合同的正常履行和及时收汇。下面介绍几种常见的信用证和贸易合同的保险条款不一致情形下的处理方法。

一是信用证规定的承保范围过大或要求特殊，保险人不能接受。例如，信用证要求承保不论任何原因的损失（Loss Whatsoever Cause），这显然超越了保险所能保障的范围。因为保险只对意外的、外来原因所致的货物损失负责，故保险人无法接受。此时，应该及时通知买方，按照买卖合同的规定修改信用证。又如，信用证要求承保市价跌落的损失。由于市价跌落属于商业风险，是保险除外责任，保险人不予接受。因此，卖方应通知买方修改信用证，剔除此项规定。

二是信用证规定的保险责任范围大于贸易合同规定，但保险人可以接受。例如，贸易合同中订明保险险别为一切险，而信用证却要求投保一切险加保战争险。出现这种情况，卖方可与买方协商，按一切险加战争险投保，两者之间的保费差额由卖方另行向买方收取。又如，贸易合同规定按 CIF 加 10% 作为保险金额，信用证却规定保险金额为 CIF 加 20%。此时，卖方在征得保险人同意的情况下，可按来证规定的保险金额办理，保费差额应由买方另行支付。再如，贸易合同规定货物运达目的地仓库，保险责任即终止，而来证要求货物到目的地仓库后再负责 30 天。出现这种情况，通过与买方协商，在买方支付额外保险费的前提下，卖方可按来证要求投保。

三是信用证所列保险条款和贸易合同中的保险条款，虽然保险责任相同，但在用词、编排上有所不同，或信用证对保险责任作了进一步解释。例如，贸易合同中规定投保一切险，信用证却在写明一切险的基础上专门列出要保“TPND，BREAKAGE”（偷窃、提货不着险，包装破裂险）等。由于这些一般附加险已经包括在一切险责任范围内，故可按照信用证的文字在投保单及保险单上加列，以符合“单证一致”的要求。

四是信用证要求的保险责任小于贸易合同的规定。例如，贸易合同规定投保协会 A

条款和战争险，信用证却只要求投保协会 A 条款。此时，卖方应先按信用证所列险别投保协会 A 条款并出单议付，另外加投战争险且将战争险保单另行寄给买方。

五是信用证要求采用国外条款。例如，贸易合同规定按我国条款投保，而信用证却要求按协会条款投保。此时，卖方原则上可予接受。如果合同规定投保一切险的，相应改为按协会 A 条款承保；合同规定投保水渍险的，可改为协会 B 条款；合同规定投保平安险的，可改为协会 C 条款。但应注意，提交的保险单所载险别名称，必须与信用证的规定一致。

一般说来，信用证上有关保险的要求如果非常特殊或不合常理，保险人无法接受或保险责任不明确的，卖方应及时通知开证申请人修改信用证条款。若尽管信用证条件和贸易合同不一致，但保险人愿意接受信用证条件，一般可按信用证规定办理保险；需加收保险费的，增加的保险费应由买方承担，卖方可另行向其收取。

五、投保方式的选择

进出口货物投保的方式通常有两种，一是订立进出口货物预约保险合同，二是逐笔办理投保。

对于专营进出口业务的公司，为了简化保险手续，取得优惠的保险费率，避免漏保或保险不及时等情况，通常与保险人签订长期的进出口货物预约保险合同。在合同中明确规定，凡属于该合同规定类别的进出口货物，投保人应在货物启运前，无遗漏地向保险人全部投保，保险人按合同列明的承保条件和条款予以承保；当货物出运后，投保人即填写国际运输保险投保单，保险人据此签发保险单。保险费采取定期结算方式，保险人按照合同约定的保险费率和每期货物出运金额，计算应交的保险费。

对于不是经常有货物需投保的公司，一般采取逐笔方式投保。由投保人逐笔填写投保单，提出书面申请，保险人核保接受后，签发保险单。

如果投保人因为时间紧迫而以电话等口头方式向保险人投保，在获得保险人同意后，保险也可生效；但投保人一定要及时补填书面的投保单。

六、国际货物买卖合同中的保险条款

保险条款是国际货物买卖合同中不可缺少的内容，应在买卖合同中明确规定保险由谁办理、保险费由谁承担、按什么保险条款、投保哪些险别、保险金额如何确定等内容，以便双方遵守执行，避免出现纠纷。如果买卖合同的一方对保险有特殊要求，应事先在买卖合同中约定。例如，有的国家规定进口货物必须在本国保险公司投保，则我方出口时，一般不能使用 CIF 或 CIP 贸易术语。

如果买方对保险的特殊要求涉及保险人是否能接受，卖方应事先向保险人协商，取得保险人同意后才可接受此种条款。例如，洽谈一批钢管的贸易条件时，买方要求卖方为钢管投保一切险。由于钢管非常容易生锈，保险人一般不愿承保一切险。此时，卖方必须事先征得保险人的同意；否则，很可能由于保险人拒绝承保而使卖方无法完成投保而影响及时收汇，并可能承担对买方的违约责任。

下面列举一些常见的保险条文。

（一）以 FOB、CFR、FCA、CPT 等贸易条件成交

1. 保险由买方自行办理，买卖合同中的保险条文可订为：保险由买方负责。

Insurance: To be covered by the Buyer.

2. 若买方委托卖方代办保险，此时须订明：保险由买方委托卖方按发票金额的110%代为投保陆运一切险，以中国人民保险公司陆运保险条款为准，保险费由买方负担。

Insurance: To be effected by the Seller on behalf of Buyer for 110% of total invoice value against Overland Transportation All Risks, as per Overland Transportation Cargo Clauses of People's Insurance Company of China, dated 1/1/1981, premium to be for buyer's account.

（二）以 CIF、CIP 等包含保险的贸易条件成交

此时，按规定应由卖方负责办理保险，买卖双方在合同中须详细规定保险条件。保险条文的内容一般包括由何方办理保险、投保何种险别、如何确定保险金额及采用何种保险条款等。

1. 投保海运水渍险，加保偷窃、提货不着险

保险由卖方按发票金额的110%投保水渍险和偷窃、提货不着险，以中国人民保险公司1981年1月1日《海洋货物运输保险条款》为准。

Insurance: To be covered by the Seller for 110% of total invoice value against With Average, including Risk of Theft, Pilferage, and Non-delivery, as per Ocean Marine Cargo Clause of People's Insurance Company of China, dated 1/1/1981.

2. 投保空运一切险、战争险

保险由卖方按发票金额的110%投保空运一切险和战争险，以中国人民保险公司1981年1月1日《航空货物运输保险条款》和《航空货物运输战争险条款》为准。

Insurance: To be covered by the Seller for 110% of total invoice value against Air Transportation All Risks and War Risks, as per Air Transportation Cargo Clause of People's Insurance Company of China and Air Transportation Cargo War Risks, dated 1/1/1981.

3. 投保海运一切险，扣一定免赔率

保险由卖方按发票金额的110%投保海运一切险，重量短少扣1%免赔率，以中国人民保险公司1981年1月1日《海洋运输货物保险条款》为准。

Insurance: To be covered by the Seller for 110% of total invoice value against All Risks, including shortage in weight in excess of 1%, as per Ocean Marine Cargo Clause of People's Insurance Company of China, dated 1/1/1981.

4. 要求延伸目的地

保险由卖方按发票金额的110%投保海运一切险，保险责任延伸到巴黎收货人仓库，以中国人民保险公司1981年1月1日《海洋运输货物保险条款》为准。

Insurance: To be covered by the Seller for 110% of total invoice value against All Risks, including W/W at Paris, as per Ocean Marine Cargo Clause of People's Insurance Company of China, dated 1/1/1981.

5. 要求按国外条款承保

保险由卖方按发票金额的110%投保海运保险，以《伦敦保险协会货物保险条款》A条款为准。

Insurance : To be effected by Seller for 110% of invoice value covering Marine Risks, as per Institute Cargo Clause (A), dated /1/1/1982.

第二节 国际货物运输保险承保实务

保险人接受投保申请后，需要对投保对象和保险标的进行风险分析和评估，在综合考虑被保险人的资信情况、以往的赔付记录，以及保险标的的性质、运输工具、运输路线、投保险别等与货物运输有关的风险后，决定是否承保，并提出相应的保险条件、确定保险费率。如果保险双方对保险合同的条款内容取得一致意见，则保险合同成立，保险人应及时签发保险单。

一、风险评估

风险评估是指保险人对保险项目的风险因素进行分析和评估。对于国际运输货物的承保，保险人主要考虑的因素有被保险人的资信和以往的赔付记录，保险标的的性质和包装、运输工具、运输路线及停靠港口以及投保险别等。如果评估的结果为投保申请符合承保条件，则保险公司决定承保，并提出相应的保险条件、确定保险费率。如果评估的结果不符合承保条件，保险公司可能拒保或提出变更承保条件。例如，对于甲板货，由于运输途中风险过高，保险人一般不接受一切险的投保，而只愿意承保平安险或水渍险。

二、保险费率厘定和保险费计算

对于可接受的投保申请，保险人根据风险程度确定保险费率。保险费率通常根据以往的损失赔付概率并综合营运成本厘定，需要考虑运输方式、目的地、运输路线、商品种类、保险险别及被保险人以往的索赔记录等因素。保险费率水平应适中，费率过高会使保险人缺乏市场竞争力，费率太低会影响保险人的偿付能力。保险费率水平还应与国际市场的行情保持一致，以使保险人在需要时通过再保险分散和转移风险。

保险费是保险人为承担相应的保险赔付责任而向投保人收取的费用。当投保人接受保险人提出的保险费金额并按约定支付保险费时，保险人按约定承担损失赔偿责任。保险费是保险人经营业务的基本收入，也是保险人用作支付保险赔款的保险基金的主要来源。保险费的金额是由保险金额和保险费率决定的，其计算公式为：保险费=保险金额×保险费率。

三、保险单缮制

保险单是保险人根据投保人提供的投保单的内容而制作的，因此，保险人在接受投保申请后，所缮制的保险单内容应与投保单保持一致。

保险单一般应包括下列事项。

1. 保险人名称。保险单最上方均事先印就保险人的名称。

2. 保险单名称。海运货物保险单的名称为“海洋货物运输保险单”（MARINE CARGO INSURANCE POLICY）。

3. 保险单号次（POLICY No.）。这是保险公司按出单顺序对每张保险单进行的编号。

4. 被保险人名称（THE INSURED）。被保险人俗称“抬头”，按投保单中的内容填写，如信用证规定被保险人为某银行或某公司（Policy issued in the name of ... Bank/Co.），保单抬头应直接打上该银行或公司名称“×× BANK ”或“×× CO.”。保险单可由被保险人背书转让。

5. 发票号与唛头（INVOICE Nos. & MARKS）。填写发票号码，一般还应将发票上所标的唛头打上。如果唛头较复杂，可只填写发票号码“AS PER INVOICE No. ×××”。

6. 包装及数量（QUANTITY）。按投保单填写，包装货物应打明包装方式，如“袋”（BAGS）、“箱”（CASES）等。有两种或两种以上包装方式时，应打上“包装件”（PACKAGES）。有时须打明重量“××千克”（KILOS）。散装货应打上“×× M/T IN BULK”。

7. 保险货物项目（DESCRIPTION OF GOODS）。一般按投保单填写，应与发票相符，如“彩色电视机”（COLOR TELEVISION）。

8. 保险金额（AMOUNT INSURED）。根据投保单中的金额填制，小数点后的尾数一律进为整数，大小写金额必须一致。如果加保进口关税险，需另行打明关税险的保险金额。例如，发票金额为 USD 10 000，加成 10%，另加保 30% 进口关税险，在保险单中应打明：“PLUS LOSS OF IMPORT DUTY AT 30% OF CIF USD 30 00。

9. 保费（PREMIUM）。一般只打“按照约定”（AS ARRANGED），但若信用证要求标明保费及费率，则应打上具体保费金额和保险费率。

10. 装载运输工具（PER CONVEYANCE S. S.）。按投保单上的记载，打上船名和航次。如船名未知，打“TO BE DECLARED”。

11. 开航日期（SAILING ON OR ABT.）。一般打上“按所附提单”（AS PER B/L），表明以提单为准，或打上具体时间，如“1st Sept. 2021”或大致日期“ABOUT ××”。

12. 运输起讫地（FROM ×× TO ××）。按投保单填写。如果中途须转船，则须打明转船字样。例如，从上海至伦敦，在新加坡转运，应为“FROM SHANGHAI TO SINGAPORE AND THENCE TO LONDON”。若到目的港须转运内陆某地，如自上海海运至马赛，然后由铁路运至巴黎，应打上“FROM SHANGHAI BY SEAGOING VESSEL TO MARSEILLES AND THENCE BY RAIL TO PARIS”。

13. 承保险别（CONDITIONS）。此栏具体载明保险公司承担的保险责任，应根据投保单上的要求全面、详细、准确地填写。例如，要求承保平安险加保战争险和短量险，应为：

Covering F. P. A. including Risks of shortage as per Ocean Marine Cargo Clause of the

People's Insurance Company of China, dated 1/1/1981.

Including War Risks as per Ocean Marine Cargo War Risks Clause of the People's Insurance Company of China, dated 1/1/1981.

14. 保险公司在目的地的检验/理赔代理人名称及详细地址、电话号码等内容。检验代理人和理赔代理人可能是同一人，也可能不是同一人，应在保险单中注明。如果最后目的地没有保险公司检验代理人，应规定可由当地合格的代理人检验（SURVEY TO BE CARRIED OUT BY A LOCAL COMPETENT SURVEYOR）。

15. 赔款偿付地点（CLAIM PAYMENT AT/IN）。一般以目的地为赔款偿付地，不能把国家名称作为赔付地点。若投保人要求在目的地以外的某一具体地点付款，如属于贸易需要或正当要求，一般应予接受。

16. 保单签发日期（DATE）。应不迟于运输单据日期，因为银行不接受迟于运输单据日期的保单。实务中，一般以投保单上的日期为保单签发日期。

17. 保险人代表签名（GENERAL MANAGER）。一般由保险公司的负责人签名。

四、保险单批改

保险单签发后，其内容一般不宜更改。但在实际业务中，投保人在申报时可能会出现陈述错误或遗漏，如不及时提出变更或修改，被保险人的利益就可能受到影响甚至导致保险合同失效。因此，投保人应及时变更保单内容。此外，保险货物在运输途中，也可能遭遇意外情况，如航行路线改变、目的地变更或转船等。此时，要求对原保险单内容及时进行变更或修改，以便被保险人获得与之相适应的保险保障。

保险单内容的变更或修改，往往会影响保险人的承保责任范围及其承担的风险。投保人或被保险人如果需要对保险单内容进行变更和修改，应以书面形式向保险人申请批改。通常只要不超过保险条款规定允许的内容，保险人都会接受。如果涉及承保责任扩大或保险金额增加，如果在合理范围内，保险人一般也可以接受，但必须在被保险人不知损失事故发生的情况下，在抵达目的地之前申请办理并需加缴一定的保费。

保险人批改保险单一般采用签发批单（Endorsement）的方式进行。保险人或其代理人所签发的批单，一般应贴在原保险单上并加盖骑缝章，构成原保险单的一个组成部分，对双方当事人均有约束力。

第三节　国际货物运输保险索赔实务

被保险货物因保险事故的发生而遭受损失后，被保险人应按规定进行索赔。首先，在索赔时，被保险人对保险标的必须具有保险利益。以海运为例，若以CIF条件成交，货物的损失若是发生在起运港装上海轮之前的运输途中，应由卖方向保险公司索赔；如果货物的损失发生在装上海轮之后，则应由买方向保险公司进行索赔。同时，在索赔时，被保险人应办理如下手续。

一、损失通知

被保险人获知货损，一般有两种情况。一是货物在运输途中，因运输工具遭遇到意外事故，如卡车倾覆、船舶触礁等而受损。这种情况下，货损情况往往比较严重，被保险人通常在事发后很快就能得悉。二是货物虽然因各种原因而受损，但由于损失程度较轻或从外表无法察觉，直到货物运抵目的港，被保险人在提货时甚至进入收货人的最后仓库时才发现。不管属于何种情况，一旦获悉保险货物受损，被保险人就应立即向保险人或其指定的代理人发出损失通知。

保险人或指定的代理人接到损失通知后，一方面对货物提出施救意见并及时对货物进行施救，避免损失扩大；另一方面，应尽快对货物的损失进行检验，核定损失原因，确定损失责任，以免因时间过长导致货物损失原因难以查清、责任无法确定而使案件处理产生困难或发生争议。因此，被保险人若没有及时发出损失通知，保险人有权拒绝理赔。如果有特殊原因致使被保险人无法在规定的期限内发出损失通知，被保险人应及时向保险人申请延期通知。

二、申请检验

被保险人在向保险人或其代理人发出损失通知的同时，也应向其申请货物检验。货物的检验对查清损失原因、审定责任归属是极其重要的，因而被保险人应及时申请检验。如果延迟检验，不仅会使保险人难以确定货损是否发生在保险期限内，而且可能导致损失原因无法查明而影响责任的确定。特别当被保险人在货物运抵目的地的最后仓库才发现货损时，被保险人更应尽快地向保险人申请检验，以便确定损失是否在运抵最后目的地仓库前发生的。各国的保险人对货物的损失通知和申请检验，均有严格的时间限制。我国的保险公司一般要求申请检验的时间最迟不能超过保险责任终止后 10 天。当然，如果是因为被保险人无法控制的原因导致申请检验时间超过了规定的期限，保险人还是应根据实际情况予以受理。

被保险人在申请检验时，应注意以下几点。

（一）向谁申请检验

在出口货物运输保险单中，均注明了检验/理赔代理人的名称、地址等详细资料。发生货损后，被保险人必须向保险人指定的代理人申请检验，而不能自行请他人进行检验。否则，保险人有权拒绝接受检验报告而要求由指定的代理人重新检验。保险中指定的检验代理人有两种：一种是只有检验权的代理人；还有一种是具有核赔权，即检验、理赔合一的代理人。对于后者，保险人开具一定金额的循环信用证，在一定额度内的损失，代理人可自行核赔。

如果是进口货物运输保险，当货物在运抵目的地发现有损失时，一般由保险人或其代理人和被保险人进行联合检验，共同查明损失的原因、确定损失金额以及责任归属。如果货损情况非常复杂，则应申请由出入境检验检疫部门或保险公证人进行检验，出具检验报告。

（二）可以不申请检验的情况

对整件短少的货物，如果短少是在目的港将货物卸下海轮时发现的，被保险人应向承运人索取溢短卸证明；如果短少是货物在卸离海轮以后、收货人提货以前发现的，被保险人应向有关港口当局或装卸公司索取溢短卸证明。在此情况下，该证明即可作为损失依据，不需申请检验。

此外，如果货损轻微、损失金额很小，申请检验的费用可能超过保险货物损失的金额。从经济上考虑，保险人往往不要求被保险人申请检验。对此，一般由代理人出具不检验损失报告，保险人直接予以赔偿。

（三）检验报告的性质和作用

检验报告是被保险人据以向保险人索赔的重要证据；但同时，检验报告只是检验人对货损情况作出客观鉴定的证书，并不能最后决定货损是否属于保险责任，也不能决定保险人是否应对货损予以赔偿。因此，检验报告上一般注明“本检验报告不影响保险人的权利”。这意味着货物损失是否属于保险责任范围，最终要由保险人根据保险合同条款决定。

三、采取施救措施，防止或减少损失

事故发生后，被保险人应立即采取必要措施防止损失扩大。我国《海商法》第 236 条规定，一旦保险事故发生，被保险人应采取必要的合理措施，防止或减少损失。被保险人收到保险人发出的有关采取防止或减少损失的合理措施的特别通知时，应当按照保险人通知的要求处理。如果被保险人违反了上述规定而造成货物损失的扩大，保险人就该扩大的损失部分不负赔偿责任。

四、向有关责任方索赔

被保险人或其代理人在提货时，若发现货物整件短少或外包装有明显的受损痕迹或散装货有残损，一方面应立即向保险人申请损失检验，另一方面，应及时向有关方面索取货损货差证明，包括记录货物损失情况并由承运人签字的理货报告、由装卸部门签字的货运记录等。如果货物损失不明显，在提货后收货人才发现货物损失，也应立即将损失情况通知有关责任方并向其追偿损失。

根据我国《海商法》第 81 条的规定，承运人向收货人交付货物时，收货人未将货物灭失或损坏的情况书面通知承运人的，此项交付视为承运人已经按照运输单证的记载交付以及货物状况良好的初步证明。如果货物灭失或损坏的情况非显而易见的，在货物交付的次日起连续 7 日内，集装箱货物交付的次日起连续 15 日内，收货人未提交货物残损书面通知的，此项交付，同样视为承运人已经按照运输单据的记载交付以及货物状况良好的初步证据。如果货物交付时，收货人已经会同承运人对货物进行联合检验，则无需就查明的灭失或损坏损失情况提交书面通知。由此可见，如果收货人未能在上述条款规定期限内及时向有关责任方索取损失证明或发出损失通知，可能会导致责任方推卸责任，最终损害被保险人向保险人的索赔权。

被保险人向责任方通知损失后，还应及时以书面形式向责任方索赔并保留追偿权利；必要时，还应申请延长索赔时效。根据我国《海洋运输货物保险条款》的规定，被保险人向保险人索赔的时效为货物卸离海轮之日起两年，而其向有关责任方索赔的时效往往少于两年，如我国《海商法》规定向承运人索赔的时效为货物卸离海轮之日起一年，交通部规定向港务部门索赔的时效为其编制货运记录次日起180天。因此，被保险人应在规定的索赔期限内向责任方索赔，以维护自己的索赔权。而过了索赔时效未向责任方索赔而丧失了索赔权，进而损害保险人代位求偿权的行使，保险人可能会相应扣减赔款额，使被保险人遭受损失。我国《海商法》和《保险法》均规定，被保险人未经保险人同意而放弃向第三人要求赔偿的权利，或者由于过失致使保险人不能行使追偿权利的，保险人可以相应扣减保险赔款甚至拒赔。

因此，及时向责任方进行追偿，维护保险人代位求偿权的行使，是被保险人应履行的一项重要义务。

五、提交索赔单证

被保险人在索赔时，还应提交索赔必需的各种单证。按照我国货物运输保险条款的规定，被保险人在索赔时，应提供保险单正本、提单、发票、装箱单、磅码单、货损货差证明、检验报告、索赔清单、向责任方追偿的有关函电及其他必要的单证或文件。

1. 保险单正本（Original Policy）。保险单是保险合同的书面证明，因而是被保险人向保险人索赔的最基本的凭证。保险单中规定的责任范围及保险金额等内容，是确定保险人赔偿与否及赔偿金额的直接依据。

2. 运输凭证（Transportation Document）。海运的运输凭证以提单（Bill of Lading）为主，公路运输、铁路运输和航空运输的凭证则分别是公路运单（Road Waybill）、铁路运单（Railroad Waybill）和航空运单（Airway Bill）。运输凭证是证明被保险货物在交付承运人进行运输时状况的依据。由于运输凭证是承运人在接收货物后出立的，其中关于货物的数量及交货时是否外表完好等内容的记载，对保险人确定货物损失是否发生在保险期内有很重要的参考价值。

3. 发票（Invoice）。发票是保险人计算保险赔款的依据。保险人还可以通过核对发票与保险单及提单的内容是否相符，来审核保险利益的限额。

4. 装箱单（Packing List）、磅码单（Weight Memo）。这两份包装单据是被保险货物在装运时的数量和重量证明，保险人据以核定货物在数量上及重量上的损失。

5. 货损货差证明（Certificate of Loss or Damage）。货损货差证明是指货物运抵目的港或目的地卸下船舶或其他运输工具时，出现残损或短少而由承运人、港口（车站）、码头或装卸公司等出具的理货单据，如货物残损单、货物溢短单和货运记录等。这类单据须由承运人或其他责任方签字认可。它既是被保险人向保险人索赔的证据，当货损货差是由于承运人等责任方所致时，它又是被保险人和保险人据以向责任方追偿的重要依据。

6. 检验报告（Survey Report）。检验报告是检验机构出具的货物质量和数量检验的单据，是保险人据以核定保险责任及确定保险赔款金额的重要文件。检验报告的内容包括对受损货物的损失原因、损失程度、损失金额、损失价值判断或鉴定及损失处理经过等的记录。

7. 索赔清单（Statement of Claim）。索赔清单是被保险人提交的要求保险人赔偿的详细清单，主要列明索赔的金额和计算依据以及有关费用的项目和用途等。

此外，如果损失涉及承运人、港口或车站等第三者责任，被保险人还应提交向责任方索赔的函电等文件的留底或复印件，以证明其已向责任方追偿，维护了保险人的代位求偿权。如果船舶在航行途中遭遇海事，被保险人还应提交海事报告摘录书或海事声明书，以证明货损与海事有关，保险人则据此审定自己的责任。总之，保险人可根据损失情况和理赔需要，要求被保险人提供与保险标的及海损事故有关的资料和证明。

被保险人按规定提交所需单证后，由保险人审定事故的责任，决定赔付与否及确定具体赔款额。保险人应及时理赔并给付赔款。

第四节 国际货物运输保险理赔实务

保险理赔是指保险人在接到被保险人的损失通知后，通过对损失的检验和必要的调查研究，确定损失的原因、程度并对责任归属进行审定，最后计算保险赔款金额并给付赔款的一系列过程。

一、确定损失原因

对货物进行检验时，很重要的一项任务就是确定损失的原因。根据近因原则的规定，保险人只对近因属于承保风险而导致的损失予以负责。由于具体事件中，导致货损的原因各不相同，因而首先应从若干致损原因中找出损失的近因，然后才能确定损失是否属于保险责任。在实践中，导致运输货物损失的原因主要有以下几种情况。

（一）货物原残

所谓原残，是指货物因本身缺陷造成的损失，包括货物在生产、制造、加工、装配、包装以及在启运前存放等过程中造成的损失，或货物质量、数量等不符合买卖合同的规定以及包装不适合长途运输所造成的损失。由于原残属于发货人的责任，是保险除外责任，保险人不予负责。此时，收货人应及时向有关机构申请检验，凭检验报告及其他索赔单证向发货人直接索赔。

（二）货物在运输途中受损

从损失的表现形式看，货物在运输途中的损失大致有以下几种。

1. 水渍损失

水渍损失是一种常见损失。采用海运方式时，造成水渍损失的原因有海水、淡水和舱汗三种。如果因恶劣气候或意外事故而被海水浸湿，包装货的外包装应有明显的水渍痕迹，货物则应含有盐分（Na^+离子和Cl^-离子）；而且发生这种事故，船长在航海日志中均有记录，必要时，可向船方索取有关资料以作证明。如果货物外包装没有明显的水湿痕迹而在检验时发现有盐分，往往是受海面空气的作用所致，不属保险风险。如果属淡水损失，可能是因装卸驳运时受雨淋或河水溅湿所致，还可能因船上淡水管破裂、淡水溢出所致，这些均应有水湿痕迹。如果属舱汗所致，往往是因途中遭遇恶劣气候，关闭通风筒致使舱内水汽凝结而成，因而货物外包装一般会有汗潮迹象。采用陆运或空运方式时，造成水渍损失主要是因雨水淋湿等所致，一般比较容易确定。

2. 短量、短少损失

包装货整件短少的原因主要有三种：一是途中被抛弃，二是被人整件窃走，三是在装卸时整件坠落。包装货的包装内数量短少，如果外包装有被打开过的迹象，一般是偷窃所致；还可能运输途中外包装破裂、散失，导致货物短缺。

散装货重量或数量短少，可能属自然损耗，也可能被偷走，或是由于装卸时洒落所致。如果同一船舱或车厢中有多个货主的同一种散装货，也可能因先卸货的货主多卸或未扣除途耗导致最后卸货时货物短量。

3. 碰损、破碎损失

碰损、破碎可能是运输工具遇事故剧烈颠簸震动所致，或是装卸时未按规定操作或野蛮装卸所致，还可能是承运人配载不当或包装不当所致。

此外，货物在运输途中还可能遭受火灾损失、串味损失、沾污损失等，这些均须根据实际情况确定损失原因。

二、责任审定

在确定损失原因之后，保险人应根据保险条款中的保险险别以及保险期限等规定，确定损失是否属于保险责任。

（一）险别责任的审定

每一份保险单都明确规定所承保的险别（包括基本险和附加险）及适用的保险条款。保险人应以保险条款为依据，确定损失是否属于承保责任。例如，运输货物按照我国《海洋运输货物保险条款》投保平安险，货损发生后，根据检验结果及被保险人提交的海事声明书可确定船舶在运输途中遇台风导致货物部分被水浸湿。据保险条款规定可知，恶劣气候导致的货物部分损失不属于平安险的承保责任，故保险人不予赔偿。

（二）保险期限的审定

对保险期限，主要审查保险事故是否发生在保险合同有效期内。首先，应查看保险单中被保险人的名称。一般来说，卖方作为被保险人时，保险责任自货物运离发货人仓库即开始；买方作为被保险人时，保险责任自买方承担运输风险后才开始。其次，应审查货物的损失是否发生在正常运输过程中。如果运输途中出现绕道、中途被迫卸货、转载等非正常运输现象，可能会增加保险人承担的风险。由于这些情况并不是被保险人所能控制的，所以，保险人一般应予负责。但一般在保险条款中规定，若发生非正常运输情况，被保险人应及时通知保险人并在必要时加缴保险费。再次，应注意保险单中的责任起讫地点。例如，采用海洋运输时，有时货物在目的港卸下后，还需转运至内陆目的地。如果保险单中载明的目的地为港口所在地，则在内陆运输发生的损失不在保险期限内，保险人无需负责。最后，保险单中如果没有特别载明，海运货物在目的港卸离海轮满 60 天、陆运货物运抵最后卸载的车站满 60 天、空运货物在最后卸离地卸离飞机满 30 天后，保险责任即终止。但如果被保险人要求延长保险期限，保险人已在保险单中予以确认的，则应按保险单的规定办理。

（三）被保险人义务的审定

由于保险合同是最大诚信合同，所以，被保险人应履行合同中规定的告知、保证义务；否则，保险人得以拒赔甚至解除保险合同。首先，被保险人对保险标的及相关重要事实的告知必须是真实的。如果被保险人为少付保险费或为让保险人接受其投保申请等故意隐瞒重要事实，保险人一旦获悉实情，即可解除保险合同，而且对发生的损失均不负责。其次，被保险人如果作了保证，则应自始至终遵守其所作的承诺。一旦违反合同中的保证条款，保险人即有权解除保险合同，但对被保险人在违反保证之前发生的保险事故损失，保险人应予负责。再次，如果在合同有效期间，保险货物危险程度增加，被保险人应及时通知保险人。最后，保险人还应审定被保险人在事故发生后是否尽力采取措施、防止损失扩大；否则，保险人对扩大的损失部分有权拒赔。

如前所述，如果涉及第三者责任，保险人还应审定被保险人是否及时向责任方进行追偿，获取有关证明，有效地维护保险人代位求偿权的行使。如果被保险人放弃向第三者要求赔偿的权利，或因被保险人的过错而使保险人丧失代位求偿权，保险人可以扣减保险赔款甚至拒付赔款。

三、赔偿金额的计算

保险货物发生事故时，如果确定损失属于保险责任，保险人应当及时向被保险人进行经济补偿。

（一）货物损失的赔付

国际货物运输保险一般采用定值保险方式，一旦发生损失，保险人以保险金额为限计算保险赔款。

1. 全部损失

如果货物发生实际全损，或发生推定全损时被保险人进行了委付，保险人按保险金额给予全额赔偿，而不管损失当时货物的完好市价如何。

2. 单独海损

如果货物因保险事故遭受部分损失，则须按损失的程度或数量确定损失比例，然后计算保险赔款。

（1）数量（重量）短少

计算公式为：

$$赔款额=保险金额\times 损失数量(重量)/保险货物总数量(重量)$$

例如，出口大米共 1 000 袋，每袋重 50 公斤，已按我国《海洋运输货物保险条款》投保海运一切险，保险金额 2.5 万美元。运至目的地卸货时，发现部分外包装破裂，还有数袋短少，共计短缺 1 000 公斤，则：

赔款额 = USD 25 000×1 000/(1 000×50)
　　　= USD 500

(2) 质量损失

计算公式为：

赔款额 = 保险金额×(货物完好价值−货物受损后价值)/货物完好价值

例如，出口服装一批，按我国《海洋运输货物保险条款》投保海运一切险，保险金额为 20 万美元。途中遇暴风雨，服装被水浸湿，在中途降价出售，得货款 12 万美元。该批货物在当地的完好价为 24 万美元，保险公司应赔付 10 万美元，其计算方法为：

赔款额 = USD 20 万×(USD 24 万−USD 12 万)/USD 24 万
　　　= USD 10 万

需要注意的是，货物完好价值和货物受损后价值必须是同一地点的市场价；否则，因为货物在世界各地的市场价并不一定相同，会导致两者之间缺乏可比性。在实际业务中，一般以货物运抵目的地检验时的市价作为计算时的数据；但如果受损货物在中途被处理，并不继续运往目的地，则以处理货物所在地的市价为准。如果难以确定当地市价，经协议也可按发票价值计算，公式为：

赔款额 = 保险金额×按发票价值计算的损失额/发票金额

(3) 规定有免赔率时的货物损失

对易碎、易损、易耗的货物的保险，保险公司往往规定有免赔率。① 免赔率的高低由各保险人根据商品种类的不同而定。我国各保险公司采用的是绝对免赔率，即无论货物损失程度如何，对于免赔率额度内的损失，保险人均不予负责。

例如，出口散装花生仁一批，共 500 公吨，从上海运往中国香港，按我国《海洋运输货物保险条款》投保海运一切险，保险金额为 50 万美元，保险合同规定扣短量免赔率 2%。到目的地经检验发现，花生仁短卸 12 公吨。问：保险公司应如何赔付？

计算如下：

受损率 = 12/500
　　　= 2.4%

赔款额 = USD 50 000×(2.4%−2%)
　　　= USD 200

---

① 免赔率是指，保险人对某些保险标的规定一定限度内的损失免除赔偿责任的比率（百分比）。凡保险标的损失程度未超过该比率时，保险人不予赔偿。当保险标的损失程度超过该比率，保险人只负责赔偿其超出部分的，称为绝对免赔率（Deductible）；当保险标的损失程度超过该比率，保险人负责赔偿全部损失的，称为相对免赔率（Franchise）。规定免赔率可以促进被保险人重视安全、加强防灾防损工作，也可以通过减少损失金额很小的事故的保险理赔而降低保险人的成本。

（4）修复时的赔偿

货物遭遇损失后，如果需要进行修复以恢复原状，此时，对合理的修理恢复费用，保险人一般在保险金额内予以赔偿。例如，进口一台机床，按我国《海洋运输货物保险条款》投保海运一切险，保险金额为 20 万美元。运至目的地发现，机床有一主轴损坏，须从国外进口，支付主轴的购置费加上运费、修理费，共 32 000 美元。保险人经审查认为合理，即应赔付 32 000 美元。

3. 共同海损

如果发生共同海损，无论投保何种险别，保险人对共同海损的牺牲和分摊都负责赔偿。

对保险货物的共同海损的牺牲，由保险人先按实际损失予以赔付，然后参与共同海损的分摊，摊回部分归保险人所有。被保险人可以提前得到保险赔偿，而且不受共同海损分摊价值的影响。

如果保险货物本身没有发生共同海损牺牲，但需要承担共同海损的费用或其他方的共同海损牺牲的分摊，一般先由保险人出具共同海损担保函，待共同海损理算完毕后，保险人对分摊金额予以赔付。由于共同海损分摊价值和保险金额不一定相等，故保险人的赔偿金额有所调整。按我国《海商法》第 241 条规定，保险金额低于共同海损分摊价值的，保险人按照保险金额和共同海损分摊价值的比例赔偿共同海损分摊。

4. 连续损失

连续损失是指货物在保险期内发生几次保险事故造成的损失。我国《海商法》第 239 条规定，保险标的在保险期内发生几次保险事故所造成的损失，即使损失金额的总和超过保险金额，保险人也应当赔偿。但是对发生部分损失后未经修复又发生全部损失的，保险人按照全部损失赔偿。

如果货物遭遇保险事故而致部分损失后，在没有处理的情况下，又因为遭受非承保风险而导致全部损失，根据保险的基本原则和实际做法，保险人得以免除责任。

（二）费用的赔付

一旦发生保险事故，除了货物的损失，往往还需支付各项费用以避免损失扩大，或用来处理损余物，或继续完成航程，或用来对货物进行检验。这些费用包括施救费用、救助费用、续运费用、检验费用、出售费用以及理算费用等。对于上述费用的支出，保险人赔付的原则是：如果货物损失属于保险责任，则对费用的支出予以赔付；否则保险人得以拒赔。

根据我国《海商法》及货运保险条款的规定，各项费用的赔偿金额为。

1. 施救费用以及为执行保险人的特别通知而支出的费用，应当由保险人在保险标的的损失之外另行支付，但最高以相当于保险金额的数额为限。

2. 救助费用的赔偿。当救助费用可作为共同海损费用向保险人索赔时，保险人赔偿其分摊额，救助费用的赔偿和保险货物本身的损失赔偿之和不能超过保险金额。

3. 续运费用由保险人按实际支付额负责赔偿。

4. 出售费用作为货物损失的一部分，由保险人进行赔偿。计算公式为：赔款金额=保险金额×(货物损失的价值+出售费用)/货物的完好价值。出售费用和被保险货物本身的损失赔偿之和，不能超过保险金额。

四、保险人赔偿后的权利和损余处理

对于损失属于第三者责任的赔案，保险人在赔偿之后取得权益转让书，即可行使代位求偿权。保险人应及时缮制索赔清单向责任方索赔，避免丧失索赔时效。

若受损货物尚有部分残余价值，应冲减保险赔款数额并将损余物的所有权交给被保险人。必要时，损余物资也可归保险人处理。

如果发生推定全损，保险人接受了被保险人的委付，则保险人取得保险货物的所有权。

案例聚焦

【案情介绍】

2005 年 8 月 19 日，M 贸易公司与 C 财产保险公司订立海运货物保险合同。被保险人为 M 贸易公司，保险货物为鞋子，保险金额为 161 万港元，装载工具为 B 轮，起运地为中国香港，目的地为上海，承保条件为协会 A 条款（1/1/1982）。8 月 21 日，该批货物由中国香港出运。货物运抵上海后，经检验发现集装箱底部有积水，底部货物受水损。根据对水湿样品化验，结果为淡水湿。受损皮鞋共 810 双。检验报告最终的意见为"上述货物遭损系在本港拆集装箱之前的运输过程中有水进入集装箱所致"。10 月 9 日，C 保险公司确认货损金额为 199 625. 2 港元，折合人民币 207 909. 65 元。该批货物买卖合同的贸易术语是 FOB，付款方式为 T/T 240 天。

2005 年 10 月 26 日，C 保险公司对该事故损失予以拒赔。理由为：首先，事故并未发生于保险责任期间。其次，该批货物损失是连降大雨引起的起运地集装箱堆场内的湿损。此时，被保险人对货物不具有保险利益，因此，不具有索赔权。此外，本次货物湿损系包装不善引起，属保险除外责任。M 贸易公司将 C 财产保险公司告上了法庭。

法院经审理认为，双方的货物运输保险合同关系依法成立，涉案事故发生于保险责任期间，被保险人对投保货物具有保险利益，保险公司应向被保险人支付相应的保险赔偿金。

【评析】

一、关于涉案事故是否发生于保险责任期间

根据保险单记载，保险合同双方协议选择协会 A 条款作为保险险别。A 条款的运送条款规定，"本保险责任始于货物运离载明仓库或储存处所开始运送之时，在通常运送过程中连续，终止于载明目的地交付收货人的最后仓库或其他仓库或储存处所"。该规定实际上就是"仓至仓"条款的内容，将海上货物运输保险的保险期间，从海上航程扩展到包括两端的内陆、内河和分段海上运送的整个连续的通常运送过程。

本案中，根据检验报告记载，货物遭损系在上海港拆箱之前的运输过程中，有水进入上述集装箱所致。因此，可推定事故发生在保险责任期间之内。而保险人未能提出反证，证明事故发生于保险责任期间之外，因而不予支持。

二、关于被保险人对涉案货物是否具有保险利益

保险公司提出在FOB贸易合同中，被保险人只承担货物在起运港越过船舷以后的风险，而本案货物损失是连降大雨引起的起运地集装箱堆场内的湿损。此时，被保险人对货物并不具有保险利益。

根据海上保险合同的保险利益原则，被保险人在损失发生时，对保险标的应具有保险利益；否则，不能得到保险赔偿。但在本案中，货损是否发生在起运地的集装箱堆场，保险公司并没有证据证明，只是一种推测。因此，不能认定货损发生时，被保险人不具有保险利益。

三、关于货损是否属保险除外责任

协会A条款对于保险人的承包责任采取的是“一切险减去除外责任”的方式，即保险人承担货物运输过程中的一切风险损失，除非其能举证损失属于A条款中列明的除外责任。

本案中，虽然保险人提出本次货物湿损系包装不善引起，属保险除外责任，但在检验报告中并无此种说法；同时，保险人也未能提出其他证据。因此，不能认定货损属于除外责任。

综上所述，本次事故发生在保险责任期间，属于保险承保责任，事故发生时被保险人具有保险利益。因此，保险人对货损应予赔偿。

本章小结

投保国际货运保险，投保人在选择投保险别时，一般应根据货物的性质和特点、包装、用途和价值、运输方式、运输工具、运输路线、运输季节和港口等因素进行全面衡量。货运保险的保险金额应包括货物的价值、运费、保险费和被保险人所支付的经营费用及预期利润。投保人应逐项如实填写投保单，履行如实告知义务。货物受损后，被保险人应及时索赔，履行相应义务。收到被保险人的赔偿请求后，保险人即展开保险理赔工作，及时支付赔款。

案例研究

新加坡A公司与中国C公司订立CIP（上海）合同，销售白糖500吨，由A公司向保险人投保以合同标的价格加10%为保险金额的一切险（包括“仓至仓”条款）。为联系货源，A公司与马来西亚B公司订立FCA合同，购买500吨白糖，合同约定提货地为B公司所在地。

2000年7月3日，A公司派代理人到B公司所在地提货，B公司已将白糖装箱完毕并放置在临时敞篷中。A公司代理人由于人手不够，要求B公司帮助装货。B公司认为依国际惯例，货物已交A公司代理人照管，自己已履行完应尽的合同项下的义务，故

拒绝帮助装货。A公司代理人无奈返回。3日后，A公司再次组织人手到B公司所在地提走货物。但是，在货物堆放的3天里，因遇湿热台风天气，货物部分受损，造成10%的脏包。A公司将货物悉数交与承运人，承运人发现存在10%的脏包，欲出具不清洁提单。A公司为了取得清洁提单以便顺利收汇，便出具保函，许诺承担承运人因签发清洁提单而产生的一切责任。承运人遂出具了清洁提单，A公司得以顺利收汇，提单和保险单转移至C公司手中。

7月21日，货到上海港，C公司检验出10%的脏包，遂申请上海海事法院扣留承运人的船舶并要求追究其签发清洁提单的责任。当日，货物被卸下，港口管理部门将货物存放在其所属的仓库中。C公司开始委托他人办理排港、报关和提货的手续，从7月21日至7月24日，已陆续将300吨白糖灌包运往各用户所在地。

7月24日晚，港口遭遇特大海潮，未提走的200吨白糖受到浸泡，全部损失。C公司办理理赔手续时被保险人拒绝，理由是C公司已将提单转让且港口仓库就是C公司在目的港的最后仓库，故保险责任已终止。

首先，在A公司与B公司之间的FCA合同中，有关货物10%的损失应由哪一方承担？

其次，保函的效力如何？承运人签发清洁提单是否应负责任？

最后，保险人的保险责任是在货物进入港口仓库，还是C公司委托他人提货时终止？

思考题

1. 投保人选择投保险别时，一般应考虑哪些因素？
2. 投保人在填写投保单时，应注意哪些事项？
3. 保险金额是如何确定的？
4. 保险费率是由哪些因素构成的？
5. 货物受损后，被保险人如何进行索赔？索赔时，应注意哪些问题？
6. 什么是保险理赔？保险理赔包括哪些重要环节？
7. 计算：出口服装一批，投保中国人民保险公司海运货物一切险，保险金额为10万美元。途中，船舶发生搁浅事故，服装被海水浸湿，在中途港降价出售，出售费用为8 000美元，服装出售货款为40 000美元。假如该批服装在当地的完好价为12万美元，问：保险人的赔偿金额是多少？
8. 案例分析：1995年5月21日，天津某外贸公司与保险人订立“海运进口货物运输预约保险协议”，承保险别为中国海运条款的平安险，并特别约定“如因特殊原因漏保的货物发生损失，保险人也按上述规定在补交保费后予以赔偿”。

1996年2月8日，外贸公司进口10 000吨钢材，海运途中未发生自然灾害和意外事故，4月20日到货。1996年4月22日，外贸公司发现货物严重锈蚀，部分因空气致锈，部分因海水致锈。当天，外贸公司将投保单传真给保险人，并要求保险人注明保险单日期提前到3月12日，承保风险为一切险。此后，外贸公司于4月23日和24日又向保险人递交了两份投保单，所投保的货物开航日期分别为3月31日和3月16日，保险人均接受并出具了保险单。双方在实际业务中，进口货物均在开航后较长时间才办理投保手续，部分货物在货物到达目的港后才办理手续。

4月27日，外贸公司向保险人索赔钢材锈蚀的损失。保险人经调查后认为，被保险人在装运货物发生损失后才投保一切险，合同无效，拒赔货款。分析：保险人的拒赔是否合理。

第九章　国际贸易涉及的其他保险

学习目标

通过教学，了解出口信用保险的概念和险种，掌握各险种的承保责任、除外责任和责任限额；了解出口产品责任保险的概念，掌握出口产品责任保险条款的主要内容和承保注意事项。

关键词

出口信用保险　短期出口信用保险　商业风险　政治风险　信用限额　中长期出口信用保险　短期出口特险　产品责任　出口产品责任保险　赔偿限额

第一节　出口信用保险

一、出口信用保险简介

出口信用保险（Export Credit Insurance）是出口信用保险公司与作为被保险人的出口商或金融机构订立的保险协议，被保险人缴纳保险费，保险人对被保险人的出口货物、服务、技术等的应收账款提供风险保障。出口信用保险承保的应收账款风险，包括商业风险和政治风险两类。

开办出口信用保险的目的是保障本国企业安全收汇，促进本国出口贸易的发展，提高贸易竞争力，因而出口信用保险属于政策性保险。它帮助企业补偿收款损失，确保企业可持续发展，也是企业获得融资便利的条件；同时，有助于出口企业开拓新市场。

目前，世界上经营出口信用保险的机构大致包括以下几种类型：一是政府设立特别机构，二是政府设立全资子公司，三是政府委托私人代理，四是政府控股公司，五是独立于政府机构的进出口银行。我国的出口信用保险业务，主要由政府设立的全资国有公司——中国出口信用保险公司（China Export & Credit Insurance Corporation，SINOSURE，简称中信保）经营。目前，已经批准包括平安财险在内的几家商业保险公司共同经营短期出口信用保险业务。

我国出口信用保险的险种，主要包括短期出口信用保险、中长期出口信用保险和短期出口特险。

二、短期出口信用保险

我国短期出口信用保险，为以信用证支付方式或以 D/P、D/A、O/A 等非信用证支付方式出口的货物或服务提供应收账款收汇风险保障，承保业务的信用期限一般不超过

360天。短期出口信用保险一般针对初级产品和消费性工业产品出口，是各国出口信用保险机构开办最广泛、承保量最大的出口信用保险险种，保险人一般提供固定格式的保险条款和保险单。

（一）承保责任

短期出口信用保险的承保责任，包括商业风险和政治风险两类。商业风险包括：非信用证支付方式下的买方破产或无力偿付货款，买方拖欠货款，买方拒绝接收货物；信用证支付方式下的开证行破产、停业或被接管，开证行拖欠或在远期信用证项下拒绝承兑。政治风险包括：买方或开证行所在国家（地区）禁止或限制买方或开证行向被保险人支付货款或信用证款项；禁止买方购买的货物进口或撤销已颁发给买方的进口许可证；发生战争、内战或暴动，导致买方无法履行合同或开证行不能履行信用证项下的付款义务；买方或开证行付款须经过的第三国颁布延期付款令，导致买方无法履行合同或开证行无法履行信用证项下付款义务；经保险人认定，属于政治风险的其他事件。

（二）除外责任

短期出口信用的保险人，通常对下列损失不承担赔偿责任：汇率变更引起的损失；被保险人或其代理人违约、欺诈以及其他违法行为引起的损失，或被保险人的代理人破产引起的损失；在货物交付前，买方已有严重违约行为，被保险人仍继续向买方出口造成的损失。

非信用证支付方式下，保险人对下列损失也不承担赔偿责任：通常可以由其他保险承保的损失；由于被保险人或买方未能及时获得各种所需许可证、批准书或授权，致使合同无法履行或延期履行引起的损失；买方的代理人破产、欺诈、违约或其他违反法律的行为引起的损失；银行擅自放单、货运代理人或承运人擅自放货引起的损失。

信用证支付方式下，保险人对下列损失也不承担赔偿责任：因单证不符或单单不符，开证行拒绝承兑或拒绝付款造成的损失；单据在传递过程中，延迟、遗失、残缺或误邮等引起的损失；虚假或无效信用证造成的损失。

（三）责任限额

责任限额是保险人承担信用风险的最高限额，包括最高赔偿限额和信用限额。

1. 最高赔偿限额是指在保单年度有效期内，保险人对被保险人按保单申报的出口可能承担赔偿责任的累计最高赔偿额。

投保人在填写投保单时，应将被保险人在此前12个月的出口累计金额告知保险人；保险人将综合被保险人的经营情况、产品销售状况、出运目的地分布情况以及出口金额大小等因素，制定保单最高赔偿限额。

2. 信用限额是由保险人批复的，保险人对被保险人向特定买方出口或在特定开证行开立的信用证项下的出口承担赔偿责任的最高限额。

被保险人应将在保险范围内与之交易的进口商的有关资信资料，如实提供给保险人，并根据实际需要为每一进口商申请适当的信用限额。在信用证支付方式下，被保险人应对约定保险范围内的出口涉及的每一开证行向保险人申请信用限额。保险人将根据买方或开证行的资信情况和经营情况考虑审批，其批复的金额即为该买方或开证行的信用限额。该限额在保单有效期内可循环使用，保险人有权根据被保险人限额的实际使用情况调整限额。

对于任一买方或开证行，如果被保险人未在出运前获得信用限额或信用限额已失效或被撤销，保险人对相应出口不承担赔偿责任。

（四）损失索赔

被保险人在投保出口信用保险后，应在知道或应当知道保单承保事件发生导致拖欠风险发生之日起 30 天内，或在其他风险发生之日起 10 个工作日之内，向保险人提交可能损失通知书，使保险人能尽早获知情况，采取行动避免或减少损失。否则，保险人有权降低赔偿比例甚至拒绝承担赔偿责任。

提交可能损失通知书后，被保险人还应委托保险人进行追偿或根据保险人的指示自行追偿。否则，保险人有权降低赔偿比例或拒绝承担赔偿责任。

损失确定后，被保险人向保险人索赔时，应及时提交索赔申请书及索赔单证明细表中列明的相关文件和证明，包括贸易合同、发票、货运单据、银行证明及其他必要的损失证明文件。保险人在受理被保险人的索赔申请后，对符合条件和单证齐全的索赔等，应在 4 个月内核实损失原因，按照保险单的规定及时予以赔偿。对于各项风险所致的出口商损失，保险人按保单约定的赔偿比例计算并支付赔款，被保险人需要自担一部分损失。

（五）主要险种

目前，我国针对出口企业的短期出口信用保险的险种，主要包括以下几种。

1. 综合保险

综合保险承保出口企业按合同约定或信用证约定出口货物后，因政治风险或商业风险导致的应收账款收汇损失。出口企业可以和保险公司约定保险范围，如选择只投保以非信用证支付方式的出口，或选择以非信用证支付方式及信用证支付方式的全部出口，也可以选择全部非信用证支付方式及部分信用证支付方式的出口。

对于各类风险所致的被保险人经济损失，保险单中分别约定了各自的赔偿比例。一般而言，买方破产或无力偿付债务等商业风险以及政治风险所致损失的保险赔偿比例，最高均为 90%，被保险人需要自担一部分损失。

2. 中小企业综合保险

中小企业综合保险，承保中小企业所有以信用证和非信用证支付方式的出口货物，因政治风险或商业风险导致的应收账款收汇损失。

3. 出口前附加险

出口前附加险是短期出口信用保险综合险的附加险，主要承保货物出口前发生的信用风险。

三、中长期出口信用保险

中长期出口信用保险为出口企业和金融机构等被保险人的应收账款提供风险保障，承保期限一般为 2 至 15 年。

中长期信用保险涉及的项目一般金额较大，合同执行期限较长，融资需求较大，收汇风险也较大，通常为大型机电设备和成套设备的出口和海外工程承包项目等，涉及的产品或服务需要专门设计、专项制造，货物的交付使用和货款的支付方法也与一般性货物的出口有较大差别。因此，中长期出口信用保险合同无统一格式。

（一）承保责任

中长期出口信用保险的承保责任，包括商业风险和政治风险两类。商业风险包括债务人宣告破产、倒闭、解散或拖欠商务合同或贷款协议项下的应付款项。政治风险包括：债务人所在地或还款必经的第三国（地区）当局禁止或限制债务人以约定货币或其他可自由兑换货币偿还债务；债务人所在地或还款必经的第三国（地区）当局颁布延期付款令；债务人所在地发生战争、革命、暴乱或保险人认定的其他政治事件。

（二）主要险种

中长期出口信用保险的主要险种，包括出口卖方信贷保险和出口买方信贷保险。出口卖方信贷保险，保障的是出口方的收汇风险。出口买方信贷保险，承保的是买方信贷融资情况下金融机构的资金风险，被保险人是贷款银行。

对于各类风险所致的被保险人经济损失，保险单中分别约定了各自的赔偿比例。

四、短期出口特险

短期出口特险承保某一特定合同或特定买方的风险，主要适用于机电产品、成套设备、高新技术产品及工程承包等。保险人负责赔偿因商业风险和政治风险导致的被保险人商务合同项下的成本投入损失，包括特定买方违约保险和特定合同保险。这一险种针对的是特定合同或特定买方的风险，保险人需根据具体的出口合同和买方情况，设定相应的风险措施并制定专门的承保方案。

短期出口特险的承保责任，包括商业风险和政治风险两类。商业风险包括：买方破产或无力偿还债务；买方单方面解除合同；买方恶意变更合同；买方拒绝付款。政治风险包括：买方所在国家（地区）禁止或限制汇兑货币；买方所在国家（地区）禁止货物进口或撤销进口许可证；买方所在国家（地区）颁布延期付款令，影响货款支付；买方所在国家（地区）被禁运或制裁；买方所在国家（地区）发生战争等不可抗力因素，导致买方无法履行合同。

案例聚焦

【案情简介】

国内出口商A公司在中国出口贸易网上结识了阿曼买方B公司，得知该买方将从中国进口水果。经协商，双方于2009年10月签订了贸易合同。2010年1月9日，A公司向B公司出口了一批价值4万美元的新鲜苹果，支付条件为O/A 60天。A公司已于2009年6月5日和中国出口信用保险公司签订短期出口信用综合险合同，保险期限为1年，约定商业风险以及政治风险所致损失的保险赔偿比例均为90%。

B公司于2010年2月13日收到货物后，以货物存在质量问题为由，拒付货款。A

公司要求其出具质检报告，却迟迟未得到B公司的回复。直到付款期限届满的前一天，B公司才出具质检检验报告。报告中指出，绝大部分苹果红度不一致，而且存在腐烂现象。

但A公司表示，根据其多年出口苹果的经验，苹果作为一种天然农作物，其红度是一个估计值，尚无具体衡量和检测标准。同时，A公司对B公司提出的货物存在质量问题表示不解。A公司提出，如发现极个别腐烂现象，属正常。因为货物运至阿曼，历时两个月，个别苹果在运输过程中变质在所难免，但不可能绝大多数苹果存在腐烂现象。由于B公司继续拖欠货款，A公司于2010年3月10日向中国出口信用保险公司通报可能损失。

【案件处理】

中国信保在接到A公司的报损通知之后，迅速启动海外调查追讨程序。中国信保在调查中发现，B公司收货后，曾于2010年2月17日提出部分苹果腐烂，存在质量问题，并委托第三方检验机构（非官方机构）进行检验。检验报告显示，苹果腐烂可能因集装箱温度不当所致。经中国信保核查后发现，A公司在出运前已投保货物运输保险。根据货物运输保险合同约定，如货物出现损坏，B公司应立即通知货物运输保险公司指定的代理人进行查勘。但由于B公司未按照货运保险单规定及时通知指定代理人查验货物，货运保险公司拒绝受理索赔。

针对B公司提出的质量问题，A公司向中国信保提出了CIQ出具的质量检验报告，以及在装箱过程中拍摄的发货照片，证明货物出运前质量良好。同时，A公司向中国信保提供了天津港集装箱码头出具的冷藏箱堆场报告单，证明货物装箱后储存温度适宜（零摄氏度）。A公司提供的证明材料翔实全面，而B公司虽然提供了质检报告，但报告的真实性、有效性和权威性有待进一步核实。

中国信保分析后认为，A公司已经充分举证货物出运前处于完好状况，根据被保险人A公司与买方B公司交易采用的CIF贸易术语，买方应自行承担在货物运输过程中因温控不当造成的相关损失。因此，B公司应对A公司全额履行贸易合同项下的付款义务。中国信保介入调查后，B公司拒绝配合调查核实案情，蓄意回避追讨，存在明显的信用问题。

最终，中国信保按照出口信用保险合同中的规定，赔偿A公司货款无法收回的损失；按照约定的赔偿比例90%，实际赔付金额为3.6万美元。

【案件启示】

（一）及时报损的重要性

在O/A形式的贸易中，出口企业的安全收款主要取决于进口方的付款能力和付款意愿。本案中，买方B公司在提货后即出现付款意愿降低的信号。A公司在发现风险异动信号时，第一时间向中国信保通报可能损失，使得中国信保能够在第一时间迅速介入案情调查。

（二）提交单证及时、清晰、完整，有助于迅速核实有关情况

本案中，买方B公司主要以质量问题为由拒付货款并提供了相关的证据材料；但根据贸易合同的约定及对买卖双方提供证据材料的分析研究，中国信保最终判定买方拖

欠货款的理由不成立，B公司存在信用问题。被保险人A公司在此期间，按照中国信保的建议认真准备相关单证资料，在提出索赔申请的同时，向中国信保提供了完整、清晰、有说服力的损失证明文件，协助保险人判定保险责任，最大限度维护了自身合法权益。

（三）贸易合同中，应当约定严谨规范的质量条款

在国际贸易中，我方在与国外买方签订合同时，应对质量以及货物检验标准等进行详细约定，以确保在买方以质量问题为由拒付货款时，有充分的抗辩理由。

第二节　出口产品责任保险

产品责任是指与产品有关的制造商、批发商或零售商等，对产品在被使用过程中发生意外造成用户或他人人身伤害和财产损失，依法应承担的经济赔偿责任。根据我国《产品质量法》《民法典》《消费者权益保护法》等法律规定，一旦发生产品责任事故，造成的人身伤亡或财产损失，产品制造商、销售商必须承担连带赔偿责任。目前，国际上关于产品责任的法律制度主要有两种。一种是过失责任制，又称疏忽责任制，如果产品责任事故的受害者能够举证产品的生产商、销售商有过失，就可以向产品制造商或销售商索赔。另一种是严格责任制，又称绝对责任制，是指在产品损害事故中，无论产品的制造商、销售商有无过失，均需对受害人承担赔偿责任，而且不能因合同规定有免责条款而拒绝赔偿。

随着我国出口产品的种类和数量不断增加，产品责任事件时有发生，而且有些国家重视对消费者利益的保护，产品责任法律制度非常严格，一旦受害人索赔，产品的制造商、出口商和进口商均需要承担相应的法律赔偿责任。为了转嫁此类风险，出口产品通常需投保产品责任险，以满足进口商的要求。

出口产品责任保险，承保被保险人（生产商、出口商和进口商等）生产、出售的产品或商品发生事故，导致使用、消费或操作该产品或商品的人或其他任何人的人身伤亡或疾病或死亡或财产损失，依法应由被保险人承担的经济损害赔偿责任。

一、投保人与被保险人

一旦发生产品责任事件，生产商、进出口商、批发商和零售商等，都须对产品事故负赔偿责任。因此，他们都具有保险利益，均可投保产品责任保险。他们既可以单独投保，也可以联合投保。保险单上的被保险人，除投保人本人外，经投保人和保险人双方特别约定，可以将其他有关方作为被保险人，并规定对各被保险人之间的责任互不追偿。

二、承保责任范围

出口产品责任保险的保险责任包括：保险有效期内，由于被保险人生产、出售的产

品或商品在承保区域内发生事故，造成使用、消费或操作该产品或商品的人或其他任何人的人身伤害或疾病或死亡或财产损失，依法应由被保险人负责的损害赔偿责任；被保险人为产品事故应支付的诉讼费用；经保险人事先同意支付的其他费用。

出口产品责任保险的保险人，承担赔偿责任的条件包括以下两点：首先，造成产品责任事故的产品必须是供给他人使用，即用于销售的商品；其次，产品责任事故的发生必须是在制造、销售该产品的场所范围之外的地点。

三、除外责任

出口产品责任险的保险人，对以下各项不负责赔偿。

1. 被保险人根据与他人的协议应承担的责任，但即使没有这种协议，被保险人仍应承担的责任不在此限。

2. 根据《劳动法》，应由被保险人承担的责任。

3. 依据雇佣关系，应由被保险人对雇员所承担的责任。

4. 保险产品本身的损失。

5. 产品退换、回收的损失。

6. 被保险人所有、保管或控制的财产的损失。

7. 被保险人故意违法生产、出售的产品或商品，造成任何人的人身伤害、疾病、死亡或财产的损失。

8. 保险产品造成的大气、土地及水污染以及其他各种污染所引起的责任。

9. 保险产品造成对飞机或轮船的损害责任。

10. 罚款、罚金、惩罚性赔款。

此外，对于战争风险、罢工风险以及核风险导致的责任，保险人也都予以免责。

四、承保注意事项

（一）风险因素

由于出口产品责任事故多发生在国外，赔偿金额经常又很高，因而保险人非常注重事先对风险的控制。投保人、被保险人的声誉如何，以前是否发生过严重的责任事故，投保产品的性质及产品质量等，均是保险人考虑的因素。此外，由于出口产品责任险所承保的区域可能涉及全世界范围，保险人还会根据不同国家的法律制度等具体情况，确定承保区域的风险大小。

（二）承保产品范围

保险人要求被保险人将保险期间生产、销售的某类产品（不论销往何处）按总额投保，而不应只投保该类产品中的某一品种或某一合同项下的产品。

（三）产品风险管理

被保险人向保险公司投保的出口产品必须符合出口质量标准，持有国家有关部门签发的产品出口合格证和详细的中、外文说明书；出口产品还须符合进口国家（地区）

的有关规定和产品质量、标记等标准。

五、赔偿限额

赔偿限额是保险人赔偿的最高额度，其金额由投保人与保险人约定并在保险单中列明，一般根据不同产品事故可能引起的赔偿责任大小及产品的销售区域确定。有些种类的商品，如药品，一旦发生事故，可能造成重大的人身伤亡，其赔偿限额往往比较高。销往发达国家的产品，产品责任的索赔金额相对较高，产品责任风险大，赔偿限额也要相应提高。

产品责任保单通常规定两项赔偿限额，即每次事故限额和保单累计限额。生产出售的同一批产品或商品，由于同样原因造成多人的人身伤害、疾病或死亡或多人的财产损失，视为一次事故造成的损失，适用每次事故限额。

六、赔偿处理

一旦发生保险事故，被保险人应立即通知保险人，并在七天内以书面形式提供事故发生的经过、原因和损失程度的报告。处理索赔过程中，被保险人有义务向保险人提供协助和作为索赔依据的所有证明文件、资料和单据，包括事故证明书、医疗证明、产品合格证等。

未经保险人书面同意，被保险人或其代表对索赔方不得作出任何责任承诺或拒绝、出价、约定、付款或赔偿。

保险人对被保险人在保险期限内的每次事故提出索赔的赔偿金额，以每次事故赔偿限额为限。多次事故赔偿金额达到一年累计赔偿限额时，保险责任即行终止。

被保险人的索赔期限，从损失发生之日起，不得超过两年。

案例聚焦

【案情介绍】

自2006年以来，某自行车厂一直在某保险公司投保产品责任保险，保险标的包括所有向欧美地区出口的自行车。2016年2月13日，8岁的美国女孩J骑着被保险人制造的某品牌自行车在外祖父家附近的斜坡处向下滑行时，感到速度过快，于是想捏闸减缓速度；但她发现，无论如何捏闸，也没办法将车停下。最后，她连人带车直接撞在外祖父家的车库门上，导致面部青肿，鼻子部位严重撞伤。经治疗后，J鼻子部位留下轻微疤痕，睡眠时发出很大的声响。经耳鼻喉专家检查，建议J长到14岁之后进行进一步的治疗。J的父母向被保险人索赔，金额为50 000美元。

经当地经销商和保险公司指派的专家联合检查，发现造成事故的原因是自行车链罩卡住脚蹬以致刹车失灵。被保险人在研究之后发现，J所使用的车型为2007—2008年间生产，使用的是铁链罩。此种链罩存在容易往外翘的问题，消费者使用时如发现外翘，需将其板正；否则，容易出现卡住脚蹬问题。在2008年以后的车型中，被保险人将铁链罩改为塑料链罩，解决了这个问题。

【案情分析】

这是一起较为典型的出口产品责任保险案例。由于被保险人提供的自行车存在安全隐患，导致骑车人J的人身伤害，属于出口产品责任保险的保障范围。经过各方多次协商，最终，保险人赔付40 000美元。

本章小结

我国出口信用保险的承保责任，包括商业风险和政治风险，险种主要包括短期出口信用综合保险、中长期出口信用保险和短期出口特险。短期出口信用保险承保业务的信用期限一般不超过360天。中长期出口信用保险的承保期限一般为2至15年。生产商、进出口商、批发商、零售商均可投保出口产品责任保险，其承保的责任包括依法应由被保险人负责的损害赔偿责任和相关费用。保单中，通常载明每次事故的限额和保单累计限额。

案例研究

2003年2月，山东省诸城A进出口公司向中国出口信用保险公司投保短期出口信用综合保险。同年5月15日，A公司向中信保青岛业务管理部报告：因从中国进口的鸭肉产品中检测出禽流感病毒，日本突然对中国禽肉产品封关，致使A公司出运日本的43个集装箱的肉鸡产品被迫退运回国，涉及金额达1 332 467美元。5月20日，A公司向保险公司报送可能损失通知，同时，提供了日本农林水产省2003年5月12日发布的关于对中国禽类产品禁止进口的新闻公报。A公司在处理完毕退运货物后，确定损失为799 480美元，并于6月18日向保险公司提出索赔申请，要求赔偿全部损失。试分析保险公司对此损失是否负责。

思考题

1. 短期出口信用保险的承保责任包括哪几类？
2. 解释出口信用保险中的信用限额的含义。
3. 简述出口产品责任保险的责任范围。
4. 出口产品责任保险的被保险人，一般包括哪些人？

附录一

中华人民共和国保险法（节录）

（1995年6月30日第八届全国人民代表大会常务委员会
第十四次会议通过　2015年4月24日第十二届
全国人民代表大会常务委员会第十四次会议修订）

第一章　总　　则

第一条　为了规范保险活动，保护保险活动当事人的合法权益，加强对保险业的监督管理，维护社会经济秩序和社会公共利益，促进保险事业的健康发展，制定本法。

第二条　本法所称保险，是指投保人根据合同约定，向保险人支付保险费，保险人对于合同约定的可能发生的事故因其发生所造成的财产损失承担赔偿保险金责任，或者当被保险人死亡、伤残、疾病或者达到合同约定的年龄、期限等条件时承担给付保险金责任的商业保险行为。

第三条　在中华人民共和国境内从事保险活动，适用本法。

第四条　从事保险活动必须遵守法律、行政法规，尊重社会公德，不得损害社会公共利益。

第五条　保险活动当事人行使权利、履行义务应当遵循诚实信用原则。

第六条　保险业务由依照本法设立的保险公司以及法律、行政法规规定的其他保险组织经营，其他单位和个人不得经营保险业务。

第七条　在中华人民共和国境内的法人和其他组织需要办理境内保险的，应当向中华人民共和国境内的保险公司投保。

第八条　保险业和银行业、证券业、信托业实行分业经营、分业管理，保险公司与银行、证券、信托业务机构分别设立。国家另有规定的除外。

第九条　国务院保险监督管理机构依法对保险业实施监督管理。

国务院保险监督管理机构根据履行职责的需要设立派出机构。派出机构按照国务院保险监督管理机构的授权履行监督管理职责。

第二章　保险合同

第一节　一般规定

第十条　保险合同是投保人与保险人约定保险权利义务关系的协议。

投保人是指与保险人订立保险合同，并按照合同约定负有支付保险费义务的人。

保险人是指与投保人订立保险合同，并按照合同约定承担赔偿或者给付保险金责任的保险公司。

第十一条 订立保险合同，应当协商一致，遵循公平原则确定各方的权利和义务。

除法律、行政法规规定必须保险的外，保险合同自愿订立。

第十二条 人身保险的投保人在保险合同订立时，对被保险人应当具有保险利益。

财产保险的被保险人在保险事故发生时，对保险标的应当具有保险利益。

人身保险是以人的寿命和身体为保险标的的保险。

财产保险是以财产及其有关利益为保险标的的保险。

被保险人是指其财产或者人身受保险合同保障，享有保险金请求权的人。投保人可以为被保险人。

保险利益是指投保人或者被保险人对保险标的具有的法律上承认的利益。

第十三条 投保人提出保险要求，经保险人同意承保，保险合同成立。保险人应当及时向投保人签发保险单或者其他保险凭证。

保险单或者其他保险凭证应当载明当事人双方约定的合同内容。当事人也可以约定采用其他书面形式载明合同内容。

依法成立的保险合同，自成立时生效。投保人和保险人可以对合同的效力约定附条件或者附期限。

第十四条 保险合同成立后，投保人按照约定交付保险费，保险人按照约定的时间开始承担保险责任。

第十五条 除本法另有规定或者保险合同另有约定外，保险合同成立后，投保人可以解除合同，保险人不得解除合同。

第十六条 订立保险合同，保险人就保险标的或者被保险人的有关情况提出询问的，投保人应当如实告知。

投保人故意或者因重大过失未履行前款规定的如实告知义务，足以影响保险人决定是否同意承保或者提高保险费率的，保险人有权解除合同。

前款规定的合同解除权，自保险人知道有解除事由之日起，超过三十日不行使而消灭。自合同成立之日起超过二年的，保险人不得解除合同；发生保险事故的，保险人应当承担赔偿或者给付保险金的责任。

投保人故意不履行如实告知义务的，保险人对于合同解除前发生的保险事故，不承担赔偿或者给付保险金的责任，并不退还保险费。

投保人因重大过失未履行如实告知义务，对保险事故的发生有严重影响的，保险人对于合同解除前发生的保险事故，不承担赔偿或者给付保险金的责任，但应当退还保险费。

保险人在合同订立时已经知道投保人未如实告知的情况的，保险人不得解除合同；发生保险事故的，保险人应当承担赔偿或者给付保险金的责任。

保险事故是指保险合同约定的保险责任范围内的事故。

第十七条 订立保险合同，采用保险人提供的格式条款的，保险人向投保人提供的投保单应当附格式条款，保险人应当向投保人说明合同的内容。

对保险合同中免除保险人责任的条款，保险人在订立合同时应当在投保单、保险单或者其他保险凭证上作出足以引起投保人注意的提示，并对该条款的内容以书面或者口头形式向投保人作出明确说明；未作提示或者明确说明的，该条款不产生效力。

第十八条 保险合同应当包括下列事项：

（一）保险人的名称和住所；

（二）投保人、被保险人的姓名或者名称、住所，以及人身保险的受益人的姓名或者名称、住所；

（三）保险标的；

（四）保险责任和责任免除；

（五）保险期间和保险责任开始时间；

（六）保险金额；

（七）保险费以及支付办法；

（八）保险金赔偿或者给付办法；

（九）违约责任和争议处理；

（十）订立合同的年、月、日。

投保人和保险人可以约定与保险有关的其他事项。

受益人是指人身保险合同中由被保险人或者投保人指定的享有保险金请求权的人。投保人、被保险人可以为受益人。

保险金额是指保险人承担赔偿或者给付保险金责任的最高限额。

第十九条 采用保险人提供的格式条款订立的保险合同中的下列条款无效：

（一）免除保险人依法应承担的义务或者加重投保人、被保险人责任的；

（二）排除投保人、被保险人或者受益人依法享有的权利的。

第二十条 投保人和保险人可以协商变更合同内容。

变更保险合同的，应当由保险人在保险单或者其他保险凭证上批注或者附贴批单，或者由投保人和保险人订立变更的书面协议。

第二十一条 投保人、被保险人或者受益人知道保险事故发生后，应当及时通知保险人。故意或者因重大过失未及时通知，致使保险事故的性质、原因、损失程度等难以确定的，保险人对无法确定的部分，不承担赔偿或者给付保险金的责任，但保险人通过其他途径已经及时知道或者应当及时知道保险事故发生的除 外。

第二十二条 保险事故发生后，按照保险合同请求保险人赔偿或者给付保险金时，投保人、被保险人或者受益人应当向保险人提供其所能提供的与确认保险事故的性质、原因、损失程度等有关的证明和资料。

保险人按照合同的约定，认为有关的证明和资料不完整的，应当及时一次性通知投保人、被保险人或者受益人补充提供。

第二十三条 保险人收到被保险人或者受益人的赔偿或者给付保险金的请求后，应当及时作出核定；情形复杂的，应当在三十日内作出核定，但合同另有约定的除外。保险人应当将核定结果通知被保险人或者受益人；对属于保险责任的，在与被保险人或者受益人达成赔偿或者给付保险金的协议后十日内，履行赔偿或 者给付保险金义务。保险合同对赔偿或者给付保险金的期限有约定的，保险人应当按照约定履行赔偿或者给付保险金义务。

保险人未及时履行前款规定义务的，除支付保险金外，应当赔偿被保险人或者受益人因此受到的损失。

任何单位和个人不得非法干预保险人履行赔偿或者给付保险金的义务，也不得限制被保险人或者受益人取得保险金的权利。

第二十四条 保险人依照本法第二十三条的规定作出核定后，对不属于保险责任的，应当自作出核定之日起三日内向被保险人或者受益人发出拒绝赔偿或者拒绝给付保险金通知书，并说明理由。

第二十五条 保险人自收到赔偿或者给付保险金的请求和有关证明、资料之日起六十日内，对其赔偿或者给付保险金的数额不能确定的，应当根据已有证明和资料可以确定的数额先予支付；保险人最终确定赔偿或者给付保险金的数额后，应当支付相应的差额。

第二十六条 人寿保险以外的其他保险的被保险人或者受益人，向保险人请求赔偿或者给付保险金的诉讼时效期间为二年，自其知道或者应当知道保险事故发生之日起计算。

人寿保险的被保险人或者受益人向保险人请求给付保险金的诉讼时效期间为五年，自其知道或者应当知道保险事故发生之日起计算。

第二十七条 未发生保险事故，被保险人或者受益人谎称发生了保险事故，向保险人提出赔偿或者给付保险金请求的，保险人有权解除合同，并不退还保险费。

投保人、被保险人故意制造保险事故的，保险人有权解除合同，不承担赔偿或者给付保险金的责任；除本法第四十三条规定外，不退还保险费。

保险事故发生后，投保人、被保险人或者受益人以伪造、变造的有关证明、资料或者其他证据，编造虚假的事故原因或者夸大损失程度的，保险人对其虚报的部分不承担赔偿或者给付保险金的责任。

投保人、被保险人或者受益人有前三款规定行为之一，致使保险人支付保险金或者支出费用的，应当退回或者赔偿。

第二十八条 保险人将其承担的保险业务，以分保形式部分转移给其他保险人的，为再保险。

应再保险接受人的要求，再保险分出人应当将其自负责任及原保险的有关情况书面告知再保险接受人。

第二十九条 再保险接受人不得向原保险的投保人要求支付保险费。

原保险的被保险人或者受益人不得向再保险接受人提出赔偿或者给付保险金的请求。

再保险分出人不得以再保险接受人未履行再保险责任为由，拒绝履行或者迟延履行其原保险责任。

第三十条 采用保险人提供的格式条款订立的保险合同，保险人与投保人、被保险人或者受益人对合同条款有争议的，应当按照通常理解予以解释。对合同条款有两种以上解释的，人民法院或者仲裁机构应当作出有利于被保险人和受益人的解释。

第二节　人身保险合同

第三十一条　投保人对下列人员具有保险利益：

（一）本人；

（二）配偶、子女、父母；

（三）前项以外与投保人有抚养、赡养或者扶养关系的家庭其他成员、近亲属；

（四）与投保人有劳动关系的劳动者。

除前款规定外，被保险人同意投保人为其订立合同的，视为投保人对被保险人具有保险利益。

订立合同时，投保人对被保险人不具有保险利益的，合同无效。

第三十二条　投保人申报的被保险人年龄不真实，并且其真实年龄不符合合同约定的年龄限制的，保险人可以解除合同，并按照合同约定退还保险单的现金价值。保险人行使合同解除权，适用本法第十六条第三款、第六款的规定。

投保人申报的被保险人年龄不真实，致使投保人支付的保险费少于应付保险费的，保险人有权更正并要求投保人补交保险费，或者在给付保险金时按照实付保险费与应付保险费的比例支付。

投保人申报的被保险人年龄不真实，致使投保人支付的保险费多于应付保险费的，保险人应当将多收的保险费退还投保人。

第三十三条　投保人不得为无民事行为能力人投保以死亡为给付保险金条件的人身保险，保险人也不得承保。

父母为其未成年子女投保的人身保险，不受前款规定限制。但是，因被保险人死亡给付的保险金总和不得超过国务院保险监督管理机构规定的限额。

第三十四条　以死亡为给付保险金条件的合同，未经被保险人同意并认可保险金额的，合同无效。

按照以死亡为给付保险金条件的合同所签发的保险单，未经被保险人书面同意，不得转让或者质押。

父母为其未成年子女投保的人身保险，不受本条第一款规定限制。

第三十五条　投保人可以按照合同约定向保险人一次支付全部保险费或者分期支付保险费。

第三十六条　合同约定分期支付保险费，投保人支付首期保险费后，除合同另有约定外，投保人自保险人催告之日起超过三十日未支付当期保险费，或者超过约定的期限六十日未支付当期保险费的，合同效力中止，或者由保险人按照合同约定的条件减少保险金额。

被保险人在前款规定期限内发生保险事故的，保险人应当按照合同约定给付保险金，但可以扣减欠交的保险费。

第三十七条　合同效力依照本法第三十六条规定中止的，经保险人与投保人协商并达成协议，在投保人补交保险费后，合同效力恢复。但是，自合同效力中止之日起满二年双方未达成协议的，保险人有权解除合同。

保险人依照前款规定解除合同的，应当按照合同约定退还保险单的现金价值。

第三十八条 保险人对人寿保险的保险费，不得用诉讼方式要求投保人支付。

第三十九条 人身保险的受益人由被保险人或者投保人指定。

投保人指定受益人时须经被保险人同意。投保人为与其有劳动关系的劳动者投保人身保险，不得指定被保险人及其近亲属以外的人为受益人。

被保险人为无民事行为能力人或者限制民事行为能力人的，可以由其监护人指定受益人。

第四十条 被保险人或者投保人可以指定一人或者数人为受益人。

受益人为数人的，被保险人或者投保人可以确定受益顺序和受益份额；未确定受益份额的，受益人按照相等份额享有受益权。

第四十一条 被保险人或者投保人可以变更受益人并书面通知保险人。保险人收到变更受益人的书面通知后，应当在保险单或者其他保险凭证上批注或者附贴批单。

投保人变更受益人时须经被保险人同意。

第四十二条 被保险人死亡后，有下列情形之一的，保险金作为被保险人的遗产，由保险人依照《中华人民共和国继承法》的规定履行给付保险金的义务：

（一）没有指定受益人，或者受益人指定不明无法确定的；

（二）受益人先于被保险人死亡，没有其他受益人的；

（三）受益人依法丧失受益权或者放弃受益权，没有其他受益人的。

受益人与被保险人在同一事件中死亡，且不能确定死亡先后顺序的，推定受益人死亡在先。

第四十三条 投保人故意造成被保险人死亡、伤残或者疾病的，保险人不承担给付保险金的责任。投保人已交足二年以上保险费的，保险人应当按照合同约定向其他权利人退还保险单的现金价值。

受益人故意造成被保险人死亡、伤残、疾病的，或者故意杀害被保险人未遂的，该受益人丧失受益权。

第四十四条 以被保险人死亡为给付保险金条件的合同，自合同成立或者合同效力恢复之日起二年内，被保险人自杀的，保险人不承担给付保险金的责任，但被保险人自杀时为无民事行为能力人的除外。

保险人依照前款规定不承担给付保险金责任的，应当按照合同约定退还保险单的现金价值。

第四十五条 因被保险人故意犯罪或者抗拒依法采取的刑事强制措施导致其伤残或者死亡的，保险人不承担给付保险金的责任。投保人已交足二年以上保险费的，保险人应当按照合同约定退还保险单的现金价值。

第四十六条 被保险人因第三者的行为而发生死亡、伤残或者疾病等保险事故的，保险人向被保险人或者受益人给付保险金后，不享有向第三者追偿的权利，但被保险人或者受益人仍有权向第三者请求赔偿。

第四十七条 投保人解除合同的，保险人应当自收到解除合同通知之日起三十日内，按照合同约定退还保险单的现金价值。

第三节　财产保险合同

第四十八条　保险事故发生时，被保险人对保险标的不具有保险利益的，不得向保险人请求赔偿保险金。

第四十九条　保险标的转让的，保险标的的受让人承继被保险人的权利和义务。

保险标的转让的，被保险人或者受让人应当及时通知保险人，但货物运输保险合同和另有约定的合同除外。

因保险标的转让导致危险程度显著增加的，保险人自收到前款规定的通知之日起三十日内，可以按照合同约定增加保险费或者解除合同。保险人解除合同的，应当将已收取的保险费，按照合同约定扣除自保险责任开始之日起至合同解除之日止应收的部分后，退还投保人。

被保险人、受让人未履行本条第二款规定的通知义务的，因转让导致保险标的危险程度显著增加而发生的保险事故，保险人不承担赔偿保险金的责任。

第五十条　货物运输保险合同和运输工具航程保险合同，保险责任开始后，合同当事人不得解除合同。

第五十一条　被保险人应当遵守国家有关消防、安全、生产操作、劳动保护等方面的规定，维护保险标的的安全。

保险人可以按照合同约定对保险标的的安全状况进行检查，及时向投保人、被保险人提出消除不安全因素和隐患的书面建议。

投保人、被保险人未按照约定履行其对保险标的的安全应尽责任的，保险人有权要求增加保险费或者解除合同。

保险人为维护保险标的的安全，经被保险人同意，可以采取安全预防措施。

第五十二条　在合同有效期内，保险标的的危险程度显著增加的，被保险人应当按照合同约定及时通知保险人，保险人可以按照合同约定增加保险费或者 解除合同。保险人解除合同的，应当将已收取的保险费，按照合同约定扣除自保险责任开始之日起至合同解除之日止应收的部分后，退还投保人。

被保险人未履行前款规定的通知义务的，因保险标的的危险程度显著增加而发生的保险事故，保险人不承担赔偿保险金的责任。

第五十三条　有下列情形之一的，除合同另有约定外，保险人应当降低保险费，并按日计算退还相应的保险费：

（一）据以确定保险费率的有关情况发生变化，保险标的的危险程度明显减少的；

（二）保险标的的保险价值明显减少的。

第五十四条　保险责任开始前，投保人要求解除合同的，应当按照合同约定向保险人支付手续费，保险人应当退还保险费。保险责任开始后，投保人要求解除合同的，保险人应当将已收取的保险费，按照合同约定扣除自保险责任开始之日起至合同解除之日止应收的部分后，退还投保人。

第五十五条　投保人和保险人约定保险标的的保险价值并在合同中载明的，保险标的发生损失时，以约定的保险价值为赔偿计算标准。

投保人和保险人未约定保险标的的保险价值的，保险标的发生损失时，以保险事故发生时保险标的的实际价值为赔偿计算标准。

保险金额不得超过保险价值。超过保险价值的，超过部分无效，保险人应当退还相应的保险费。

保险金额低于保险价值的，除合同另有约定外，保险人按照保险金额与保险价值的比例承担赔偿保险金的责任。

第五十六条 重复保险的投保人应当将重复保险的有关情况通知各保险人。

重复保险的各保险人赔偿保险金的总和不得超过保险价值。除合同另有约定外，各保险人按照其保险金额与保险金额总和的比例承担赔偿保险金的责任。

重复保险的投保人可以就保险金额总和超过保险价值的部分，请求各保险人按比例返还保险费。

重复保险是指投保人对同一保险标的、同一保险利益、同一保险事故分别与两个以上保险人订立保险合同，且保险金额总和超过保险价值的保险。

第五十七条 保险事故发生时，被保险人应当尽力采取必要的措施，防止或者减少损失。

保险事故发生后，被保险人为防止或者减少保险标的的损失所支付的必要的、合理的费用，由保险人承担；保险人所承担的费用数额在保险标的损失赔偿金额以外另行计算，最高不超过保险金额的数额。

第五十八条 保险标的发生部分损失的，自保险人赔偿之日起三十日内，投保人可以解除合同；除合同另有约定外，保险人也可以解除合同，但应当提前十五日通知投保人。

合同解除的，保险人应当将保险标的未受损失部分的保险费，按照合同约定扣除自保险责任开始之日起至合同解除之日止应收的部分后，退还投保人。

第五十九条 保险事故发生后，保险人已支付了全部保险金额，并且保险金额等于保险价值的，受损保险标的的全部权利归于保险人；保险金额低于保险价值的，保险人按照保险金额与保险价值的比例取得受损保险标的的部分权利。

第六十条 因第三者对保险标的的损害而造成保险事故的，保险人自向被保险人赔偿保险金之日起，在赔偿金额范围内代位行使被保险人对第三者请求赔偿的权利。

前款规定的保险事故发生后，被保险人已经从第三者取得损害赔偿的，保险人赔偿保险金时，可以相应扣减被保险人从第三者已取得的赔偿金额。

保险人依照本条第一款规定行使代位请求赔偿的权利，不影响被保险人就未取得赔偿的部分向第三者请求赔偿的权利。

第六十一条 保险事故发生后，保险人未赔偿保险金之前，被保险人放弃对第三者请求赔偿的权利的，保险人不承担赔偿保险金的责任。

保险人向被保险人赔偿保险金后，被保险人未经保险人同意放弃对第三者请求赔偿的权利的，该行为无效。

被保险人故意或者因重大过失致使保险人不能行使代位请求赔偿的权利的，保险人可以扣减或者要求返还相应的保险金。

第六十二条　除被保险人的家庭成员或者其组成人员故意造成本法第六十条第一款规定的保险事故外，保险人不得对被保险人的家庭成员或者其组成人员行使代位请求赔偿的权利。

第六十三条　保险人向第三者行使代位请求赔偿的权利时，被保险人应当向保险人提供必要的文件和所知道的有关情况。

第六十四条　保险人、被保险人为查明和确定保险事故的性质、原因和保险标的的损失程度所支付的必要的、合理的费用，由保险人承担。

第六十五条　保险人对责任保险的被保险人给第三者造成的损害，可以依照法律的规定或者合同的约定，直接向该第三者赔偿保险金。

责任保险的被保险人给第三者造成损害，被保险人对第三者应负的赔偿责任确定的，根据被保险人的请求，保险人应当直接向该第三者赔偿保险金。被保险人怠于请求的，第三者有权就其应获赔偿部分直接向保险人请求赔偿保险金。

责任保险的被保险人给第三者造成损害，被保险人未向该第三者赔偿的，保险人不得向被保险人赔偿保险金。

责任保险是指以被保险人对第三者依法应负的赔偿责任为保险标的的保险。

第六十六条　责任保险的被保险人因给第三者造成损害的保险事故而被提起仲裁或者诉讼的，被保险人支付的仲裁或者诉讼费用以及其他必要的、合理的费用，除合同另有约定外，由保险人承担。

第三章　保险公司

第六十七条　设立保险公司应当经国务院保险监督管理机构批准。

国务院保险监督管理机构审查保险公司的设立申请时，应当考虑保险业的发展和公平竞争的需要。

第六十八条　设立保险公司应当具备下列条件：

（一）主要股东具有持续盈利能力，信誉良好，最近三年内无重大违法违规记录，净资产不低于人民币二亿元；

（二）有符合本法和《中华人民共和国公司法》规定的章程；

（三）有符合本法规定的注册资本；

（四）有具备任职专业知识和业务工作经验的董事、监事和高级管理人员；

（五）有健全的组织机构和管理制度；

（六）有符合要求的营业场所和与经营业务有关的其他设施；

（七）法律、行政法规和国务院保险监督管理机构规定的其他条件。

第六十九条　设立保险公司，其注册资本的最低限额为人民币二亿元。

国务院保险监督管理机构根据保险公司的业务范围、经营规模，可以调整其注册资本的最低限额，但不得低于本条第一款规定的限额。

保险公司的注册资本必须为实缴货币资本。

第七十条　申请设立保险公司，应当向国务院保险监督管理机构提出书面申请，并提交下列材料：

（一）设立申请书，申请书应当载明拟设立的保险公司的名称、注册资本、业务范围等；

（二）可行性研究报告；

（三）筹建方案；

（四）投资人的营业执照或者其他背景资料，经会计师事务所审计的上一年度财务会计报告；

（五）投资人认可的筹备组负责人和拟任董事长、经理名单及本人认可证明；

（六）国务院保险监督管理机构规定的其他材料。

第七十一条 国务院保险监督管理机构应当对设立保险公司的申请进行审查，自受理之日起六个月内作出批准或者不批准筹建的决定，并书面通知申请人。决定不批准的，应当书面说明理由。

第七十二条 申请人应当自收到批准筹建通知之日起一年内完成筹建工作；筹建期间不得从事保险经营活动。

第七十三条 筹建工作完成后，申请人具备本法第六十八条规定的设立条件的，可以向国务院保险监督管理机构提出开业申请。

国务院保险监督管理机构应当自受理开业申请之日起六十日内，作出批准或者不批准开业的决定。决定批准的，颁发经营保险业务许可证；决定不批准的，应当书面通知申请人并说明理由。

第七十四条 保险公司在中华人民共和国境内设立分支机构，应当经保险监督管理机构批准。

保险公司分支机构不具有法人资格，其民事责任由保险公司承担。

第七十五条 保险公司申请设立分支机构，应当向保险监督管理机构提出书面申请，并提交下列材料：

（一）设立申请书；

（二）拟设机构三年业务发展规划和市场分析材料；

（三）拟任高级管理人员的简历及相关证明材料；

（四）国务院保险监督管理机构规定的其他材料。

第七十六条 保险监督管理机构应当对保险公司设立分支机构的申请进行审查，自受理之日起六十日内作出批准或者不批准的决定。决定批准的，颁发分支机构经营保险业务许可证；决定不批准的，应当书面通知申请人并说明理由。

第七十七条 经批准设立的保险公司及其分支机构，凭经营保险业务许可证向工商行政管理机关办理登记，领取营业执照。

第七十八条 保险公司及其分支机构自取得经营保险业务许可证之日起六个月内，无正当理由未向工商行政管理机关办理登记的，其经营保险业务许可证失效。

第七十九条 保险公司在中华人民共和国境外设立子公司、分支机构，应当经国务院保险监督管理机构批准。

第八十条 外国保险机构在中华人民共和国境内设立代表机构，应当经国务院保险监督管理机构批准。代表机构不得从事保险经营活动。

第八十一条　保险公司的董事、监事和高级管理人员，应当品行良好，熟悉与保险相关的法律、行政法规，具有履行职责所需的经营管理能力，并在任职前取得保险监督管理机构核准的任职资格。

保险公司高级管理人员的范围由国务院保险监督管理机构规定。

第八十二条　有《中华人民共和国公司法》第一百四十六条规定的情形或者下列情形之一的，不得担任保险公司的董事、监事、高级管理人员：

（一）因违法行为或者违纪行为被金融监督管理机构取消任职资格的金融机构的董事、监事、高级管理人员，自被取消任职资格之日起未逾五年的；

（二）因违法行为或者违纪行为被吊销执业资格的律师、注册会计师或者资产评估机构、验证机构等机构的专业人员，自被吊销执业资格之日起未逾五年的。

第八十三条　保险公司的董事、监事、高级管理人员执行公司职务时违反法律、行政法规或者公司章程的规定，给公司造成损失的，应当承担赔偿责任。

第八十四条　保险公司有下列情形之一的，应当经保险监督管理机构批准：

（一）变更名称；

（二）变更注册资本；

（三）变更公司或者分支机构的营业场所；

（四）撤销分支机构；

（五）公司分立或者合并；

（六）修改公司章程；

（七）变更出资额占有限责任公司资本总额百分之五以上的股东，或者变更持有股份有限公司股份百分之五以上的股东；

（八）国务院保险监督管理机构规定的其他情形。

第八十五条　保险公司应当聘用专业人员，建立精算报告制度和合规报告制度。

第八十六条　保险公司应当按照保险监督管理机构的规定，报送有关报告、报表、文件和资料。

保险公司的偿付能力报告、财务会计报告、精算报告、合规报告及其他有关报告、报表、文件和资料必须如实记录保险业务事项，不得有虚假记载、误导性陈述和重大遗漏。

第八十七条　保险公司应当按照国务院保险监督管理机构的规定妥善保管业务经营活动的完整账簿、原始凭证和有关资料。

前款规定的账簿、原始凭证和有关资料的保管期限，自保险合同终止之日起计算，保险期间在一年以下的不得少于五年，保险期间超过一年的不得少于十年。

第八十八条　保险公司聘请或者解聘会计师事务所、资产评估机构、资信评级机构等中介服务机构，应当向保险监督管理机构报告；解聘会计师事务所、资产评估机构、资信评级机构等中介服务机构，应当说明理由。

第八十九条　保险公司因分立、合并需要解散，或者股东会、股东大会决议解散，或者公司章程规定的解散事由出现，经国务院保险监督管理机构批准后解散。

经营有人寿保险业务的保险公司，除因分立、合并或者被依法撤销外，不得解散。

保险公司解散，应当依法成立清算组进行清算。

第九十条 保险公司有《中华人民共和国企业破产法》第二条规定情形的，经国务院保险监督管理机构同意，保险公司或者其债权人可以依法向人民法院申请重整、和解或者破产清算；国务院保险监督管理机构也可以依法向人民法院申请对该保险公司进行重整或者破产清算。

第九十一条 破产财产在优先清偿破产费用和共益债务后，按照下列顺序清偿：

（一）所欠职工工资和医疗、伤残补助、抚恤费用，所欠应当划入职工个人账户的基本养老保险、基本医疗保险费用，以及法律、行政法规规定应当支付给职工的补偿金；

（二）赔偿或者给付保险金；

（三）保险公司欠缴的除第（一）项规定以外的社会保险费用和所欠税款；

（四）普通破产债权。

破产财产不足以清偿同一顺序的清偿要求的，按照比例分配。

破产保险公司的董事、监事和高级管理人员的工资，按照该公司职工的平均工资计算。

第九十二条 经营有人寿保险业务的保险公司被依法撤销或者被依法宣告破产的，其持有的人寿保险合同及责任准备金，必须转让给其他经营有人寿保险业务的保险公司；不能同其他保险公司达成转让协议的，由国务院保险监督管理机构指定经营有人寿保险业务的保险公司接受转让。

转让或者由国务院保险监督管理机构指定接受转让前款规定的人寿保险合同及责任准备金的，应当维护被保险人、受益人的合法权益。

第九十三条 保险公司依法终止其业务活动，应当注销其经营保险业务许可证。

第九十四条 保险公司，除本法另有规定外，适用《中华人民共和国公司法》的规定。

第四章 保险经营规则

第九十五条 保险公司的业务范围：

（一）人身保险业务，包括人寿保险、健康保险、意外伤害保险等保险业务；

（二）财产保险业务，包括财产损失保险、责任保险、信用保险、保证保险等保险业务；

（三）国务院保险监督管理机构批准的与保险有关的其他业务。

保险人不得兼营人身保险业务和财产保险业务。但是，经营财产保险业务的保险公司经国务院保险监督管理机构批准，可以经营短期健康保险业务和意外伤害保险业务。

保险公司应当在国务院保险监督管理机构依法批准的业务范围内从事保险经营活动。

第九十六条 经国务院保险监督管理机构批准，保险公司可以经营本法第九十五条规定的保险业务的下列再保险业务：

（一）分出保险；

（二）分入保险。

第九十七条　保险公司应当按照其注册资本总额的百分之二十提取保证金，存入国务院保险监督管理机构指定的银行，除公司清算时用于清偿债务外，不得动用。

第九十八条　保险公司应当根据保障被保险人利益、保证偿付能力的原则，提取各项责任准备金。

保险公司提取和结转责任准备金的具体办法，由国务院保险监督管理机构制定。

第九十九条　保险公司应当依法提取公积金。

第一百条　保险公司应当缴纳保险保障基金。

保险保障基金应当集中管理，并在下列情形下统筹使用：

（一）在保险公司被撤销或者被宣告破产时，向投保人、被保险人或者受益人提供救济；

（二）在保险公司被撤销或者被宣告破产时，向依法接受其人寿保险合同的保险公司提供救济；

（三）国务院规定的其他情形。

保险保障基金筹集、管理和使用的具体办法，由国务院制定。

第一百零一条　保险公司应当具有与其业务规模和风险程度相适应的最低偿付能力。保险公司的认可资产减去认可负债的差额不得低于国务院保险监督管理机构规定的数额；低于规定数额的，应当按照国务院保险监督管理机构的要求采取相应措施达到规定的数额。

第一百零二条　经营财产保险业务的保险公司当年自留保险费，不得超过其实有资本金加公积金总和的四倍。

第一百零三条　保险公司对每一危险单位，即对一次保险事故可能造成的最大损失范围所承担的责任，不得超过其实有资本金加公积金总和的百分之十；超过的部分应当办理再保险。

保险公司对危险单位的划分应当符合国务院保险监督管理机构的规定。

第一百零四条　保险公司对危险单位的划分方法和巨灾风险安排方案，应当报国务院保险监督管理机构备案。

第一百零五条　保险公司应当按照国务院保险监督管理机构的规定办理再保险，并审慎选择再保险接受人。

第一百零六条　保险公司的资金运用必须稳健，遵循安全性原则。

保险公司的资金运用限于下列形式：

（一）银行存款；

（二）买卖债券、股票、证券投资基金份额等有价证券；

（三）投资不动产；

（四）国务院规定的其他资金运用形式。

保险公司资金运用的具体管理办法，由国务院保险监督管理机构依照前两款的规定制定。

第一百零七条 经国务院保险监督管理机构会同国务院证券监督管理机构批准，保险公司可以设立保险资产管理公司。

保险资产管理公司从事证券投资活动，应当遵守《中华人民共和国证券法》等法律、行政法规的规定。

保险资产管理公司的管理办法，由国务院保险监督管理机构会同国务院有关部门制定。

第一百零八条 保险公司应当按照国务院保险监督管理机构的规定，建立对关联交易的管理和信息披露制度。

第一百零九条 保险公司的控股股东、实际控制人、董事、监事、高级管理人员不得利用关联交易损害公司的利益。

第一百一十条 保险公司应当按照国务院保险监督管理机构的规定，真实、准确、完整地披露财务会计报告、风险管理状况、保险产品经营情况等重大事项。

第一百一十一条 保险公司从事保险销售的人员应当品行良好，具有保险销售所需的专业能力。保险销售人员的行为规范和管理办法，由国务院保险监督管理机构规定。

第一百一十二条 保险公司应当建立保险代理人登记管理制度，加强对保险代理人的培训和管理，不得唆使、诱导保险代理人进行违背诚信义务的活动。

第一百一十三条 保险公司及其分支机构应当依法使用经营保险业务许可证，不得转让、出租、出借经营保险业务许可证。

第一百一十四条 保险公司应当按照国务院保险监督管理机构的规定，公平、合理拟订保险条款和保险费率，不得损害投保人、被保险人和受益人的合法权益。

保险公司应当按照合同约定和本法规定，及时履行赔偿或者给付保险金义务。

第一百一十五条 保险公司开展业务，应当遵循公平竞争的原则，不得从事不正当竞争。

第一百一十六条 保险公司及其工作人员在保险业务活动中不得有下列行为：

（一）欺骗投保人、被保险人或者受益人；

（二）对投保人隐瞒与保险合同有关的重要情况；

（三）阻碍投保人履行本法规定的如实告知义务，或者诱导其不履行本法规定的如实告知义务；

（四）给予或者承诺给予投保人、被保险人、受益人保险合同约定以外的保险费回扣或者其他利益；

（五）拒不依法履行保险合同约定的赔偿或者给付保险金义务；

（六）故意编造未曾发生的保险事故、虚构保险合同或者故意夸大已经发生的保险事故的损失程度进行虚假理赔，骗取保险金或者牟取其他不正当利益；

（七）挪用、截留、侵占保险费；

（八）委托未取得合法资格的机构从事保险销售活动；

（九）利用开展保险业务为其他机构或者个人牟取不正当利益；

（十）利用保险代理人、保险经纪人或者保险评估机构，从事以虚构保险中介业务或者编造退保等方式套取费用等违法活动；

（十一）以捏造、散布虚假事实等方式损害竞争对手的商业信誉，或者以其他不正当竞争行为扰乱保险市场秩序；

（十二）泄露在业务活动中知悉的投保人、被保险人的商业秘密；

（十三）违反法律、行政法规和国务院保险监督管理机构规定的其他行为。

第五章　保险代理人和保险经纪人

第一百一十七条　保险代理人是根据保险人的委托，向保险人收取佣金，并在保险人授权的范围内代为办理保险业务的机构或者个人。

保险代理机构包括专门从事保险代理业务的保险专业代理机构和兼营保险代理业务的保险兼业代理机构。

第一百一十八条　保险经纪人是基于投保人的利益，为投保人与保险人订立保险合同提供中介服务，并依法收取佣金的机构。

第一百一十九条　保险代理机构、保险经纪人应当具备国务院保险监督管理机构规定的条件，取得保险监督管理机构颁发的经营保险代理业务许可证、保险经纪业务许可证。

第一百二十条　以公司形式设立保险专业代理机构、保险经纪人，其注册资本最低限额适用《中华人民共和国公司法》的规定。

国务院保险监督管理机构根据保险专业代理机构、保险经纪人的业务范围和经营规模，可以调整其注册资本的最低限额，但不得低于《中华人民共和国公司法》规定的限额。

保险专业代理机构、保险经纪人的注册资本或者出资额必须为实缴货币资本。

第一百二十一条　保险专业代理机构、保险经纪人的高级管理人员，应当品行良好，熟悉保险法律、行政法规，具有履行职责所需的经营管理能力，并在任职前取得保险监督管理机构核准的任职资格。

第一百二十二条　个人保险代理人、保险代理机构的代理从业人员、保险经纪人的经纪从业人员，应当品行良好，具有从事保险代理业务或者保险经纪业务所需的专业能力。

第一百二十三条　保险代理机构、保险经纪人应当有自己的经营场所，设立专门账簿记载保险代理业务、经纪业务的收支情况。

第一百二十四条　保险代理机构、保险经纪人应当按照国务院保险监督管理机构的规定缴存保证金或者投保职业责任保险。

第一百二十五条　个人保险代理人在代为办理人寿保险业务时，不得同时接受两个以上保险人的委托。

第一百二十六条　保险人委托保险代理人代为办理保险业务，应当与保险代理人签订委托代理协议，依法约定双方的权利和义务。

第一百二十七条　保险代理人根据保险人的授权代为办理保险业务的行为，由保险人承担责任。

保险代理人没有代理权、超越代理权或者代理权终止后以保险人名义订立合同，使投保人有理由相信其有代理权的，该代理行为有效。保险人可以依法追究越权的保险代理人的责任。

第一百二十八条 保险经纪人因过错给投保人、被保险人造成损失的，依法承担赔偿责任。

第一百二十九条 保险活动当事人可以委托保险公估机构等依法设立的独立评估机构或者具有相关专业知识的人员，对保险事故进行评估和鉴定。

接受委托对保险事故进行评估和鉴定的机构和人员，应当依法、独立、客观、公正地进行评估和鉴定，任何单位和个人不得干涉。

前款规定的机构和人员，因故意或者过失给保险人或者被保险人造成损失的，依法承担赔偿责任。

第一百三十条 保险佣金只限于向保险代理人、保险经纪人支付，不得向其他人支付。

第一百三十一条 保险代理人、保险经纪人及其从业人员在办理保险业务活动中不得有下列行为：

（一）欺骗保险人、投保人、被保险人或者受益人；

（二）隐瞒与保险合同有关的重要情况；

（三）阻碍投保人履行本法规定的如实告知义务，或者诱导其不履行本法规定的如实告知义务；

（四）给予或者承诺给予投保人、被保险人或者受益人保险合同约定以外的利益；

（五）利用行政权力、职务或者职业便利以及其他不正当手段强迫、引诱或者限制投保人订立保险合同；

（六）伪造、擅自变更保险合同，或者为保险合同当事人提供虚假证明材料；

（七）挪用、截留、侵占保险费或者保险金；

（八）利用业务便利为其他机构或者个人牟取不正当利益；

（九）串通投保人、被保险人或者受益人，骗取保险金；

（十）泄露在业务活动中知悉的保险人、投保人、被保险人的商业秘密。

第一百三十二条 本法第八十六条第一款、第一百一十三条的规定，适用于保险代理机构和保险经纪人。

第六章 保险业监督管理

第一百三十三条 保险监督管理机构依照本法和国务院规定的职责，遵循依法、公开、公正的原则，对保险业实施监督管理，维护保险市场秩序，保护投保人、被保险人和受益人的合法权益。

第一百三十四条 国务院保险监督管理机构依照法律、行政法规制定并发布有关保险业监督管理的规章。

第一百三十五条 关系社会公众利益的保险险种、依法实行强制保险的险种和新开发的人寿保险险种等的保险条款和保险费率，应当报国务院保险监督管理机构批准。国务院保险监督管理机构审批时，应当遵循保护社会公众利益和防止不正当竞争的原则。其他保险险种的保险条款和保险费率，应当报保险监督管理机 构备案。

保险条款和保险费率审批、备案的具体办法，由国务院保险监督管理机构依照前款规定制定。

第一百三十六条 保险公司使用的保险条款和保险费率违反法律、行政法规或者国务院保险监督管理机构的有关规定的，由保险监督管理机构责令停止使用，限期修改；情节严重的，可以在一定期限内禁止申报新的保险条款和保险费率。

第一百三十七条 国务院保险监督管理机构应当建立健全保险公司偿付能力监管体系，对保险公司的偿付能力实施监控。

第一百三十八条 对偿付能力不足的保险公司，国务院保险监督管理机构应当将其列为重点监管对象，并可以根据具体情况采取下列措施：

（一）责令增加资本金、办理再保险；

（二）限制业务范围；

（三）限制向股东分红；

（四）限制固定资产购置或者经营费用规模；

（五）限制资金运用的形式、比例；

（六）限制增设分支机构；

（七）责令拍卖不良资产、转让保险业务；

（八）限制董事、监事、高级管理人员的薪酬水平；

（九）限制商业性广告；

（十）责令停止接受新业务。

第三十九条 保险公司未依照本法规定提取或者结转各项责任准备金，或者未依照本法规定办理再保险，或者严重违反本法关于资金运用的规定的，由保险监督管理机构责令限期改正，并可以责令调整负责人及有关管理人员。

第一百四十条 保险监督管理机构依照本法第一百四十条的规定作出限期改正的决定后，保险公司逾期未改正的，国务院保险监督管理机构可以决定选派保险专业人员和指定该保险公司的有关人员组成整顿组，对公司进行整顿。

整顿决定应当载明被整顿公司的名称、整顿理由、整顿组成员和整顿期限，并予以公告。

第一百四十一条 整顿组有权监督被整顿保险公司的日常业务。被整顿公司的负责人及有关管理人员应当在整顿组的监督下行使职权。

第一百四十二条 整顿过程中，被整顿保险公司的原有业务继续进行。但是，国务院保险监督管理机构可以责令被整顿公司停止部分原有业务、停止接受新业务，调整资金运用。

第一百四十三条 被整顿保险公司经整顿已纠正其违反本法规定的行为，恢复正常经营状况的，由整顿组提出报告，经国务院保险监督管理机构批准，结束整顿，并由国务院保险监督管理机构予以公告。

第一百四十四条 保险公司有下列情形之一的，国务院保险监督管理机构可以对其实行接管：

（一）公司的偿付能力严重不足的；

（二）违反本法规定，损害社会公共利益，可能严重危及或者已经严重危及公司的偿付能力的。

被接管的保险公司的债权债务关系不因接管而变化。

第一百四十五条 接管组的组成和接管的实施办法，由国务院保险监督管理机构决定，并予以公告。

第一百四十六条 接管期限届满，国务院保险监督管理机构可以决定延长接管期限，但接管期限最长不得超过二年。

第一百四十七条 接管期限届满，被接管的保险公司已恢复正常经营能力的，由国务院保险监督管理机构决定终止接管，并予以公告。

第一百四十八条 被整顿、被接管的保险公司有《中华人民共和国企业破产法》第二条规定情形的，国务院保险监督管理机构可以依法向人民法院申请对该保险公司进行重整或者破产清算。

第一百四十九条 保险公司因违法经营被依法吊销经营保险业务许可证的，或者偿付能力低于国务院保险监督管理机构规定标准，不予撤销将严重危害保险市场秩序、损害公共利益的，由国务院保险监督管理机构予以撤销并公告，依法及时组织清算组进行清算。

第一百五十条 国务院保险监督管理机构有权要求保险公司股东、实际控制人在指定的期限内提供有关信息和资料。

第一百五十一条 保险公司的股东利用关联交易严重损害公司利益，危及公司偿付能力的，由国务院保险监督管理机构责令改正。在按照要求改正前，国务院保险监督管理机构可以限制其股东权利；拒不改正的，可以责令其转让所持的保险公司股权。

第一百五十二条 保险监督管理机构根据履行监督管理职责的需要，可以与保险公司董事、监事和高级管理人员进行监督管理谈话，要求其就公司的业务活动和风险管理的重大事项作出说明。

第一百五十三条 保险公司在整顿、接管、撤销清算期间，或者出现重大风险时，国务院保险监督管理机构可以对该公司直接负责的董事、监事、高级管理人员和其他直接责任人员采取以下措施：

（一）通知出境管理机关依法阻止其出境；

（二）申请司法机关禁止其转移、转让或者以其他方式处分财产，或者在财产上设定其他权利。

第一百五十四条 保险监督管理机构依法履行职责，可以采取下列措施：

（一）对保险公司、保险代理人、保险经纪人、保险资产管理公司、外国保险机构的代表机构进行现场检查；

（二）进入涉嫌违法行为发生场所调查取证；

（三）询问当事人及与被调查事件有关的单位和个人，要求其对与被调查事件有关的事项作出说明；

（四）查阅、复制与被调查事件有关的财产权登记等资料；

（五）查阅、复制保险公司、保险代理人、保险经纪人、保险资产管理公司、外国保险机构的代表机构以及与被调查事件有关的单位和个人的财务会计资料及其他相关文件和资料；对可能被转移、隐匿或者毁损的文件和资料予以封存；

（六）查询涉嫌违法经营的保险公司、保险代理人、保险经纪人、保险资产管理公司、外国保险机构的代表机构以及与涉嫌违法事项有关的单位和个人的银行账户；

（七）对有证据证明已经或者可能转移、隐匿违法资金等涉案财产或者隐匿、伪造、毁损重要证据的，经保险监督管理机构主要负责人批准，申请人民法院予以冻结或者查封。

保险监督管理机构采取前款第（一）项、第（二）项、第（五）项措施的，应当经保险监督管理机构负责人批准；采取第（六）项措施的，应当经国务院保险监督管理机构负责人批准。

保险监督管理机构依法进行监督检查或者调查，其监督检查、调查的人员不得少于二人，并应当出示合法证件和监督检查、调查通知书；监督检查、调查的人员少于二人或者未出示合法证件和监督检查、调查通知书的，被检查、调查的单位和个人有权拒绝。

第一百五十五条　保险监督管理机构依法履行职责，被检查、调查的单位和个人应当配合。

第一百五十六条　保险监督管理机构工作人员应当忠于职守，依法办事，公正廉洁，不得利用职务便利牟取不正当利益，不得泄露所知悉的有关单位和个人的商业秘密。

第一百五十七条　国务院保险监督管理机构应当与中国人民银行、国务院其他金融监督管理机构建立监督管理信息共享机制。

保险监督管理机构依法履行职责，进行监督检查、调查时，有关部门应当予以配合。

第七章　法律责任

第一百五十八条　违反本法规定，擅自设立保险公司、保险资产管理公司或者非法经营商业保险业务的，由保险监督管理机构予以取缔，没收违法所得，并处违法所得一倍以上五倍以下的罚款；没有违法所得或者违法所得不足二十万元的，处二十万元以上一百万元以下的罚款。

第一百五十九条　违反本法规定，擅自设立保险专业代理机构、保险经纪人，或者未取得经营保险代理业务许可证、保险经纪业务许可证从事保险代理业务、保险经纪业务的，由保险监督管理机构予以取缔，没收违法所得，并处违法所得一倍以上五倍以下的罚款；没有违法所得或者违法所得不足五万元的，处五万元以上三十万元以下的罚款。

第一百六十条 保险公司违反本法规定，超出批准的业务范围经营的，由保险监督管理机构责令限期改正，没收违法所得，并处违法所得一倍以上五倍 以下的罚款；没有违法所得或者违法所得不足十万元的，处十万元以上五十万元以下的罚款。逾期不改正或者造成严重后果的，责令停业整顿或者吊销业务许可证。

第一百六十一条 保险公司有本法第一百一十六条规定行为之一的，由保险监督管理机构责令改正，处五万元以上三十万元以下的罚款；情节严重的，限制其业务范围、责令停止接受新业务或者吊销业务许可证。

第一百六十二条 保险公司违反本法第八十四条规定的，由保险监督管理机构责令改正，处一万元以上十万元以下的罚款。

第一百六十三条 保险公司违反本法规定，有下列行为之一的，由保险监督管理机构责令改正，处五万元以上三十万元以下的罚款：

（一）超额承保，情节严重的；

（二）为无民事行为能力人承保以死亡为给付保险金条件的保险的。

第一百六十四条 违反本法规定，有下列行为之一的，由保险监督管理机构责令改正，处五万元以上三十万元以下的罚款；情节严重的，可以限制其业务范围、责令停止接受新业务或者吊销业务许可证：

（一）未按照规定提存保证金或者违反规定动用保证金的；

（二）未按照规定提取或者结转各项责任准备金的；

（三）未按照规定缴纳保险保障基金或者提取公积金的；

（四）未按照规定办理再保险的；

（五）未按照规定运用保险公司资金的；

（六）未经批准设立分支机构；

（七）未按照规定申请批准保险条款、保险费率的。

第一百六十五条 保险代理机构、保险经纪人有本法第一百三十一条规定行为之一的，由保险监督管理机构责令改正，处五万元以上三十万元以下的罚款；情节严重的，吊销业务许可证。

第一百六十六条 保险代理机构、保险经纪人违反本法规定，有下列行为之一的，由保险监督管理机构责令改正，处二万元以上十万元以下的罚款；情节严重的，责令停业整顿或者吊销业务许可证：

（一）未按照规定缴存保证金或者投保职业责任保险的；

（二）未按照规定设立专门账簿记载业务收支情况的。

第一百六十七条 违反本法规定，聘任不具有任职资格的人员的，由保险监督管理机构责令改正，处二万元以上十万元以下的罚款。

第一百六十八条 违反本法规定，转让、出租、出借业务许可证的，由保险监督管理机构处一万元以上十万元以下的罚款；情节严重的，责令停业整顿或者吊销业务许可证。

第一百六十九条 违反本法规定，有下列行为之一的，由保险监督管理机构责令限期改正；逾期不改正的，处一万元以上十万元以下的罚款：

（一）未按照规定报送或者保管报告、报表、文件、资料的，或者未按照规定提供有关信息、资料的；

（二）未按照规定报送保险条款、保险费率备案的；

（三）未按照规定披露信息的。

第一百七十条　违反本法规定，有下列行为之一的，由保险监督管理机构责令改正，处十万元以上五十万元以下的罚款；情节严重的，可以限制其业务范围、责令停止接受新业务或者吊销业务许可证：

（一）编制或者提供虚假的报告、报表、文件、资料的；

（二）拒绝或者妨碍依法监督检查的；

（三）未按照规定使用经批准或者备案的保险条款、保险费率的。

第一百七十一条　保险公司、保险资产管理公司、保险专业代理机构、保险经纪人违反本法规定的，保险监督管理机构除分别依照本法第一百六十条至第一百七十条的规定对该单位给予处罚外，对其直接负责的主管人员和其他直接责任人员给予警告，并处一万元以上十万元以下的罚款；情节严重的，撤销任职资格。

第一百七十二条　个人保险代理人违反本法规定的，由保险监督管理机构给予警告，可以并处二万元以下的罚款；情节严重的，处二万元以上十万元以下的罚款。

第一百七十三条　外国保险机构未经国务院保险监督管理机构批准，擅自在中华人民共和国境内设立代表机构的，由国务院保险监督管理机构予以取缔，处五万元以上三十万元以下的罚款。

外国保险机构在中华人民共和国境内设立的代表机构从事保险经营活动的，由保险监督管理机构责令改正，没收违法所得，并处违法所得一倍以上五倍以下的罚款；没有违法所得或者违法所得不足二十万元的，处二十万元以上一百万元以下的罚款；对其首席代表可以责令撤换；情节严重的，撤销其代表机构。

第一百七十四条　投保人、被保险人或者受益人有下列行为之一，进行保险诈骗活动，尚不构成犯罪的，依法给予行政处罚：

（一）投保人故意虚构保险标的，骗取保险金的；

（二）编造未曾发生的保险事故，或者编造虚假的事故原因或者夸大损失程度，骗取保险金的；

（三）故意造成保险事故，骗取保险金的。

保险事故的鉴定人、评估人、证明人故意提供虚假的证明文件，为投保人、被保险人或者受益人进行保险诈骗提供条件的，依照前款规定给予处罚。

第一百七十五条　违反本法规定，给他人造成损害的，依法承担民事责任。

第一百七十六条　拒绝、阻碍保险监督管理机构及其工作人员依法行使监督检查、调查职权，未使用暴力、威胁方法的，依法给予治安管理处罚。

第一百七十七条　违反法律、行政法规的规定，情节严重的，国务院保险监督管理机构可以禁止有关责任人员一定期限直至终身进入保险业。

第一百七十八条　保险监督管理机构从事监督管理工作的人员有下列情形之一的，

依法给予处分：

（一）违反规定批准机构的设立的；

（二）违反规定进行保险条款、保险费率审批的；

（三）违反规定进行现场检查的；

（四）违反规定查询账户或者冻结资金的；

（五）泄露其知悉的有关单位和个人的商业秘密的；

（六）违反规定实施行政处罚的；

（七）滥用职权、玩忽职守的其他行为。

第一百七十九条 违反本法规定，构成犯罪的，依法追究刑事责任。

第八章 附 则

第一百八十条 保险公司应当加入保险行业协会。保险代理人、保险经纪人、保险公估机构可以加入保险行业协会。

保险行业协会是保险业的自律性组织，是社会团体法人。

第一百八十一条 保险公司以外的其他依法设立的保险组织经营的商业保险业务，适用本法。

第一百八十二条 海上保险适用《中华人民共和国海商法》的有关规定；《中华人民共和国海商法》未规定的，适用本法的有关规定。

第一百八十三条 中外合资保险公司、外资独资保险公司、外国保险公司分公司适用本法规定；法律、行政法规另有规定的，适用其规定。

第一百八十四条 国家支持发展为农业生产服务的保险事业。农业保险由法律、行政法规另行规定。

强制保险，法律、行政法规另有规定的，适用其规定。

第一百八十五条 本法自 2009 年 10 月 1 日起施行。

附录二

中华人民共和国海商法（节录）

（1992 年 11 月 7 日第七届全国人民代表大会
常务委员会第二十八次会议通过）

第十章　共同海损

第一百九十三条　共同海损，是指在同一海上航程中，船舶、货物和其他财产遭遇共同危险，为了共同安全，有意地合理地采取措施所直接造成的特殊牺牲、支付的特殊费用。

无论在航程中或者在航程结束后发生的船舶或者货物因迟延所造成的损失，包括船期损失和行市损失以及其他间接损失，均不得列入共同海损。

第一百九十四条　船舶因发生意外、牺牲或者其他特殊情况而损坏时，为了安全完成本航程，驶入避难港口、避难地点或者驶回装货港口、装货地点进行必要的修理，在该港口或者地点额外停留期间所支付的港口费，船员工资、给养，船舶所消耗的燃料、物料，为修理而卸载、储存、重装或者搬移船上货物、燃料、物料以及其他财产所造成的损失、支付的费用，应当列入共同海损。

第一百九十五条　为代替可以列为共同海损的特殊费用而支付的额外费用，可以作为代替费用列入共同海损；但是，列入共同海损的代替费用的金额，不得超过被代替的共同海损的特殊费用。

第一百九十六条　提出共同海损分摊请求的一方应当负举证责任，证明其损失应当列入共同海损。

第一百九十七条　引起共同海损特殊牺牲、特殊费用的事故，可能是由航程中一方的过失造成的，不影响该方要求分摊共同海损的权利；但是，非过失方或者过失方可以就此项过失提出赔偿请求或者进行抗辩。

第一百九十八条　船舶、货物和运费的共同海损牺牲的金额，依照下列规定确定：

（一）船舶共同海损牺牲的金额，按照实际支付的修理费，减除合理的以新换旧的扣减额计算。船舶尚未修理的，按照牺牲造成的合理贬值计算，但是不得超过估计的修理费。

船舶发生实际全损或者修理费用超过修复后的船舶价值的，共同海损牺牲金额按照该船舶在完好状态下的估计价值，减除不属于共同海损损坏的估计的修理费和该船舶受损后的价值的余额计算。

（二）货物共同海损牺牲的金额，货物灭失的，按照货物在装船时的价值加保险费加运费，减除由于牺牲无需支付的运费计算。货物损坏，在就损坏程度达成协议前售出的，按照货物在装船时的价值加保险费加运费，与出售货物净得的差额计算。

（三）运费共同海损牺牲的金额，按照货物遭受牺牲造成的运费的损失金额，减除为取得这笔运费本应支付，但是由于牺牲无需支付的营运费用计算。

第一百九十九条 共同海损应当由受益方按照各自的分摊价值的比例分摊。

船舶、货物和运费的共同海损分摊价值，分别依照下列规定确定：

（一）船舶共同海损分摊价值，按照船舶在航程终止时的完好价值，减除不属于共同海损的损失金额计算，或者按照船舶在航程终止时的实际价值，加上共同海损牺牲的金额计算。

（二）货物共同的海损分摊价值，按照货物在装船时的价值加保险费加运费，减除不属于共同海损的损失金额和承运人承担风险的运费计算。货物在抵达目的港以前售出的，按照出售净得金额，加上共同海损牺牲的金额计算。

旅客的行李和私人物品，不分摊共同海损。

（三）运费分摊价值，按照承运人承担风险并于航程终止时有权收取的运费，减除为取得该项运费而在共同海损事故发生后，为完成本航程所支付的营运费用，加上共同海损事故发生后，为完成本航程所支付的营运费用，加上共同海损牺牲的金额计算。

第二百条 未申报的货物或者谎报的货物，应当参加共同海损分摊；其遭受的特殊牺牲，不得列入共同海损。

不正当地以低于货物实际价值作为申报价值的，按照实际价值分摊共同海损；在发生共同海损牺牲时，按照申报价值计算牺牲金额。

第二百零一条 对共同海损特殊牺牲和垫付的共同海损特殊费用，应当计算利息。对垫付的共同海损特殊费用，除船员工资、给养和船舶消耗的燃料、物料外，应当计算手续费。

第二百零二条 经利益关系人要求，各分摊方应当提供共同海损担保。

以提供保证金方式进行共同海损担保的，保证金应当交由海损理算师以保管人名义存入银行。

保证金的提供、使用或者退还，不影响各方最终的分摊责任。

第二百零三条 共同海损理算，适用合同约定的理算规则；合同未约定的，适用本章的规定。

第十一章　海上保险合同

第一节　一般规定

第二百一十六条 海上保险合同，是指保险人按照约定，对被保险人遭受保险事故造成保险标的的损失和产生的责任负责赔偿，而由被保险人支付保险费的合同。

前款所称保险事故，是指保险人与被保险人约定的任何海上事故，包括与海上航行有关的发生于内河或者陆上的事故。

第二百一十七条 海上保险合同的内容，主要包括下列各项：

（一）保险人名称；

（二）被保险人名称；
（三）保险标的；
（四）保险价值；
（五）保险金额；
（六）保险责任和除外责任；
（七）保险期间；
（八）保险费。

第二百一十八条 下列各项可以作为保险标的：
（一）船舶；
（二）货物；
（三）船舶营运收入，包括运费、租金、旅客票款；
（四）货物预期利润；
（五）船员工资和其他报酬；
（六）对第三人的责任；
（七）由于发生保险事故可能受到损失的其他财产和产生的责任、费用；

保险人可以将对前款保险标的的保险进行再保险。除合同另有约定外，原被保险人不得享有再保险的利益。

第二百一十九条 保险标的的保险价值由保险人与被保险人约定。

保险人与被保险人未约定保险价值的，保险价值依照下列规定计算：

（一）船舶的保险价值，是保险责任开始时船舶的价值，包括船壳、机器、设备的价值，以及船上燃料、物料、索具、给养、淡水的价值和保险费的总和。

（二）货物的保险价值，是保险责任开始时货物在起运地的发票价格或者非贸易商品在起运地的实际价值以及运费和保险费的总和；

（三）运费的保险价值，是保险责任开始时承运人应收运费总额和保险费的总和；

（四）其他保险标的的保险价值，是保险责任开始时保险标的的实际价值和保险费的总和。

第二百二十条 保险金额由保险人与被保险人约定。保险金额不得超过保险价值；超过保险价值的，超过部分无效。

第二节 合同的订立、解除和转让

第二百二十一条 被保险人提出保险要求，经保险人同意承保，并就海上保险合同的条款达成协议后，合同成立。保险人应当及时向被保险人签发保险单或其他保险单证，并在保险单或者其他保险单证中载明当事人双方约定的合同内容。

第二百二十二条 合同订立前，被保险人应当将其知道的或者在通常业务中应当知道的有关影响保险人据以确定保险费率或者确定是否同意承保的重要情况，如实告知保险人。

保险人知道或者在通常业务中应当知道的情况，保险人没有询问的，被保险人无需告知。

第二百二十三条 由于被保险人的故意，未将本法第二百二十二条第一款规定的重要情况如实告知保险人的，保险人有权解除合同，并不退还保险费。合同解除前发生保险事故造成损失的，保险人不负赔偿责任。

不是由于被保险人的故意，未将本法第二百二十二条第一款规定的重要情况如实告知保险人的，保险人有权解除合同或者要求相应增加保险费。保险人解除合同的，对于合同解除前发生保险事故造成的损失，保险人应当负赔偿责任；但是，未告知或者错误告知的重要情况对保险事故的发生有影响的除外。

第二百二十四条 订立合同时，被保险人已经知道或者应当知道保险标的已经因发生保险事故而遭受损失的，保险人不负赔偿责任，但是有权收取保险费；保险人已经知道或者应当知道保险标的已经不可能因发生保险事故而遭受损失的，被保险人有权收回已经支付的保险费。

第二百二十五条 被保险人对同一保险标的就同一保险事故向几个保险人重复订立合同，而使该保险标的的保险金额总和超过保险标的的价值的，除合同另有约定外，被保险人可以向任何保险人提出赔偿请示。被保险人获得的赔偿金额总和不得超过保险标的的受损价值。各保险人按照其承保的保险金额同保险金额总和的比例承担赔偿责任。任何一个保险人支付的赔偿金额超过其应当承担的赔偿责任的，有权向未按照其应当承担的赔偿责任支付赔偿金额的保险人追偿。

第二百二十六条 保险责任开始前，被保险人可以要求解除合同，但是应当向保险人支付手续费，保险人应当退还保险费。

第二百二十七条 除合同另有约定外，保险责任开始后，被保险人和保险人均不得解除合同。

根据合同约定在保险责任开始后可以解除合同的，被保险人要求解除合同，保险人有权收取自保险责任开始之日起至合同解除之日止的保险费，剩余部分予以退还；保险人要求解除合同，应当将自合同解除之日起至保险期间届满之日止的保险费退还被保险人。

第二百二十八条 虽有本法第二百二十七条规定，货物运输和船舶的航次保险，保险责任开始后，被保险人不得要求解除合同。

第二百二十九条 海上货物运输保险合同可以由被保险人背书或者以其他方式转让，合同的权利、义务随之转移。合同转让时尚未支付保险费的，被保险人和合同受让人负连带支付责任。

第二百三十条 因船舶转让而转让船舶保险合同的，应当取得保险人同意。未经保险人同意，船舶保险合同从船舶转让时起解除；船舶转让发生在航次之中的，船舶保险合同至航次终了时解除。

合同解除后，保险人应当将自合同解除之日起至保险期间届满之日止的保险费退还被保险人。

第二百三十一条 被保险人在一定期间分批装运或者接受货物，可以与保险人订立预约保险合同。预约保险合同应当由保险人签发预约保险单证加以确认。

第二百三十二条 应被保险人要求，保险人应当对依据预约保险合同分批装运的货物分别签发保险单证。

保险人分别签发的保险单证的内容与预约保险单证的内容不一致的，以分别签发的保险单证为准。

第二百三十三条　被保险人知道经预约保险合同保险的货物已经装运或者到达的情况时，应当立即通知保险人。通知的内容包括装运货物的船名、航线、货物价值和保险金额。

第三节　被保险人的义务

第二百三十四条　除合同另有约定外，被保险人应当在合同订立后立即支付保险费；被保险人支付保险费前，保险人可以拒绝签发保险单证。

第二百三十五条　被保险人违反合同约定的保证条款时，应当立即书面通知保险人。保险人收到通知后，可以解除合同，也可以要求修改承保条件、增加保险费。

第二百三十六条　一旦保险事故发生，被保险人应当立即通知保险人，并采取必要的合理措施，防止或者减少损失。被保险人收到保险人发出的有关采取防止或者减少损失的合理措施的特别通知时，应当按照保险人通知的要求处理。

对于被保险人违反前款规定所造成的扩大的损失，保险人不负赔偿责任。

第四节　保险人的责任

第二百三十七条　发生保险事故造成损失后，保险人应当及时向被保险人支付保险赔偿。

第二百三十八条　保险人赔偿保险事故造成的损失，以保险金额为限，保险金额低于保险价值的，在保险标的发生部分损失的，保险人按照保险金额与保险价值的比例负赔偿责任。

第二百三十九条　保险标的在保险期间发生几次保险事故所造成的损失，即使损失金额的总和超过保险金额，保险人也应当赔偿。但是，对发生部分损失后未经修复又发生全部损失的，保险人按照全部损失赔偿。

第二百四十条　被保险人为防止或者减少根据合同可以得到赔偿的损失而支出的必要的合理费用，为确定保险事故的性质、程度而支出的检验、估价的合理费用，以及为执行保险人的特别通知而支出的费用，应当由保险人在保险标的损失赔偿之外另行支付。

保险人对前款规定的费用的支付，以相当于保险金额的数额为限。

保险金额低于保险价值的，除合同另有约定外，保险人应当按照保险金额与保险价值的比例，支付本条规定的费用。

第二百四十一条　保险金额低于共同海损分摊价值的，保险人按照保险金额向分摊价值的比例赔偿共同海损分摊。

第二百四十二条　对于被保险人故意造成的损失，保险人不负赔偿责任。

第二百四十三条　除合同另有约定外，因下列原因之一造成货物损失的，保险人不负赔偿责任：

（一）航行迟延、交货迟延或者行市变化；

（二）货物的自然损耗、本身的缺陷和自然特性；

（三）包装不当。

第二百四十四条 除合同另有约定外，因下列原因之一造成保险船舶损失的，保险人不负赔偿责任：

（一）船舶开航时不适航，但是在船舶定期保险中被保险人不知道的除外；

（二）船舶自然磨损或者锈蚀。

运费保险比照适用本条的规定。

第五节 保险标的的损失和委付

第二百四十五条 保险标的发生保险事故后灭失，或者受到严重损坏完全失去原有形体、效用，或者不能再归被保险人所拥有的，为实际全损。

第二百四十六条 船舶发生保险事故后，认为实际全损已经不可避免，或者为避免发生实际全损所需支付的费用超过保险价值的，为推定全损。

货物发生保险事故后，认为实际全损已经不可避免，或者为避免发生实际全损所需支付的费用与继续将货币运抵目的地的费用之和超过保险价值的，为推定全损。

第二百四十七条 不属于实际全损和推定全损的损失，为部分损失。

第二百四十八条 船舶在合理时间内未从被获知最后消息的地点抵达目的地，除合同另有约定外，满两个月后仍没有获知其消息的，为船舶失踪。船舶失踪视为实际全损。

第二百四十九条 保险标的发生推定全损，被保险人要求保险人按照全部损失赔偿的，应当向保险人委付保险标的。保险人可以接受委付，也可以不接受委付，但是应当在合理的时间内将接受委付或者不接受委付的决定通知被保险人。

委付不得附带任何条件。委付一经保险人接受，不得撤回。

第二百五十条 保险人接受委付的，被保险人对委付财产的全部权利和义务转移到保险人。

第六节 保险赔偿的支付

第二百五十一条 保险事故发生后，保险人向被保险人支付保险赔偿前，可以要求被保险人提供与确认保险事故性质和损失程度有关的证明和资料。

第二百五十二条 保险标的发生保险责任范围内的损失是由第三人造成的，被保险人有向第三人要求赔偿的权利，自保险人支付赔偿之日起，相应转移给保险人。

被保险从应当向保险人提供必要的文件和其所知道的情况，并尽力协助保险人向第三人追偿。

第二百五十三条 被保险人未经保险人同意放弃向第三人要求赔偿的权利，或者由于过失致使保险人不能行使追偿权利的，保险人可以相应扣减保险赔偿。

第二百五十四条 保险人支付保险赔偿时，可以从应支付的赔偿额中相应扣减被保险人已经从第三人取得的赔偿。

保险人从第三人取得的赔偿，超过其支付的保险赔偿时，超过部分应当退还给被保险人。

第二百五十五条　发生保险事故后，保险人有权放弃对保险标的的权利，全额支付合同约定的保险赔偿，以解除对保险标的的义务。

保险人行使前款规定的权利，应当自收到被保险人有关赔偿损失的通知之日起的七日内通知被保险人；被保险人在收到通知前，为避免或者减少损失而支付的必要的合理费用，仍然应当由保险人偿还。

第二百五十六条　除本法第二百五十五条的规定外，保险标的发生全损，保险人支付全部保险金额的，取得对保险标的的全部权利；但是，在不足额保险的情况下，保险人按照保险金额与保险价值的比例取得对保险标的的部分权利。

第十二章　时　　效

第二百五十七条　就海上货物运输向承运人要求赔偿的请求权，时效期间为一年，自承运人交付或者应当交付货物之日起计算；在时效期间内或者时效期间届满后，被认定为负有责任的人向第三人提起追偿请求的，时效期间为九十日，自追偿请求人解决原赔偿请求之日起或者收到受理对其本人提起诉讼的法院的起诉状副本之日起计算。

有关航次租船合同的请求权，时效期间为二年，自知道或者应当知道权利被侵害之日起计算。

第二百五十八条　就海上旅客运输向承运人要求赔偿的请求权，时效期间为二年，分别依照下列规定计算：

（一）有关旅客人身伤害的请求权，自旅客离船或者应当离船之日起计算；

（二）有关旅客死亡的请求权，发生在运送期间的，自旅客应当离船之日起计算；因运送期间内的伤害而导致旅客离船后死亡的，自旅客死亡之日起计算，但是此期限自离船之日起不得超过三年；

（三）有关行李灭失或者损坏的请求权，自旅客离船或者应当离船之日起计算。

第二百五十九条　有关船舶租用合同的请求权，时效期间为二年，自知道或者应当知道权利被侵害之日起计算。

第二百六十条　有关海上拖航合同的请求权，时效期间为一年，自知道或者应当知道权利被侵害之日起计算。

第二百六十一条　有关船舶碰撞的请求权，时效期间为二年，自碰撞事故发生之日起计算；本法第一百六十九条第三款规定的追偿请求权，时效期间为一年，自当事人连带支付损害赔偿之日起计算。

第二百六十二条　有关海难救助的请求权，时效期间为二年，自救助作业终止之日起计算。

第二百六十三条　有关共同海损分摊的请求权，时效期间为一年，自理算结束之日起计算。

第二百六十四条　根据海上保险合同向保险人要求保险赔偿的请求权，时效期间为二年，自保险事故发生之日起计算。

第二百六十五条 有关船舶发生油污损害的请求权，时效期间为三年，自损害发生之日起计算；但是，在任何情况下时效期间不得超过从造成损害的事故发生之日起六年。

第二百六十六条 在时效期间的最后六个月内，因不可抗力或者其他障碍不能行使请求权的，时效中止。自中止时效的原因消除之日起，时效期间继续计算。

第二百六十七条 时效因请求人提起诉讼，提交仲裁或者被请求人同意履行义务而中断。但是，请求人撤回起诉、撤回仲裁或者起诉被裁定驳回的，时效不中断。

请求人申请扣船的，时效自申请扣船之日起中断。

自中断之日起，时效期间重新计算。

附录三

中国人民保险公司海洋运输货物保险条款

一九八一年一月一日修订

一、责任范围

本保险分为平安险、水渍险及一切险三种。被保险货物遭受损失时，本保险按照保险单上订明承保险别的条款规定，负赔偿责任。

（一）平安险

本保险负责赔偿：

1. 被保险货物在运输途中由于恶劣气候、雷电、海啸、地震、洪水自然灾害造成整批货物的全部损失或推定全损。当被保险人要求赔付推定全损时，须将受损货物及其权利委付给保险公司。被保险货物用驳船运往载运海轮的，每一驳船所装的货物可视作一个整批。

推定全损是指被保险货物的实际全损已经不可避免，或者恢复、修复受损货物以及运送货物到原订目的地的费用超过该目的地的货物价值。

2. 由于运输工具遭受搁浅、触礁、沉没、互撞、与流冰或其他物体碰撞以及失火、爆炸意外事故造成货物的全部或部分损失。

3. 在运输工具已经发生搁浅、触礁、沉没、焚毁意外事故的情况下，货物在此前后又在海上遭受恶劣气候、雷电、海啸等自然灾害所造成的部分损失。

4. 在装卸或转运时由于一件或数件整件货物落海造成的全部或部分损失。

5. 被保险人对遭受承保责任内危险的货物采取抢救、防止或减少货损的措施而支付的合理费用，但以不超过该批被救货物的保险金额为限。

6. 运输工具遭遇海难后，在避难港由于卸货所引起的损失以及在中途港、避难港由于卸货、存仓以及运送货物所产生的特别费用。

7. 共同海损的牺牲、分摊和救助费用。

8. 运输契约订有“船舶互撞责任”条款，根据该条款规定应由货方偿还船方的损失。

（二）水渍险

除包括上列平安险的各项责任外，本保险还负责被保险货物由于恶劣气候、雷电、海啸、地震、洪水自然灾害所造成的部分损失。

（三）一切险

除包括上列平安险和水渍险的各项责任外，本保险还负责被保险货物在运输途中由于外来原因所致的全部或部分损失。

二、除外责任

本保险对下列损失，不负赔偿责任：

（一）被保险人的故意行为或过失所造成的损失。

（二）属于发货人责任所引起的损失。

（三）在保险责任开始前，被保险货物已存在的品质不良或数量短差所造成的损失。

（四）被保险货物的自然损耗、本质缺陷、特性以及市价跌落、运输延迟所引起的损失或费用。

（五）本公司海洋运输货物战争险条款和货物运输罢工险条款规定的责任范围和除外责任。

三、责任起讫

（一）本保险负“仓至仓”责任，自被保险货物运离保险单所载明的起运地仓库或储存外所开始运输时生效，包括正常运输过程中的海上、陆上、内河和驳船运输在内，直至该项货物到达保险单所载明目的地收货人的最后仓库或储存处所或被保险人用作分配、分派或非正常运输的其他储存处所为止。如未抵达上述仓库或储存处所，则以被保险货物在最后卸载港全部卸离海轮后满六十天为止。如在上述六十天内被保险货物需转运到非保险单所载明的目的地时，则以该项货物开始转运时终止。

（二）由于被保险人无法控制的运输延迟、绕道、被迫卸货、重行装载、转载或承运人运用运输契约赋予的权限所作的任何航海上的变更或终止运输契约，致使被保险货物运到非保险单所载明目的地时，在被保险人及时将获知的情况通知保险人，并在必要时加缴保险费的情况下，本保险仍继续有效。保险责任按下列规定终止：

1. 被保险货物如在非保险单所载明的目的地出售，保险责任至交货时为止，但不论任何情况，均以被保险货物在卸载港全部卸离海轮后满六十天为止。

2. 被保险货物如在上述六十天期限内继续运往保险单所载原目的地或其他目的地时，保险责任仍按上述第（一）款的规定终止。

四、被保险人的义务

被保险人应按照以下规定的应尽义务办理有关事项，如因未履行规定的义务而影响保险人利益时，本公司对有关损失，有权拒绝赔偿。

（一）当被保险货物运抵保险单所载明的目的港（地）以后，被保险人应及时提货，当发现被保险货物遭受任何损失，应即向保险单上所载明的检验、理赔代理人申请检验，如发现被保险货物整件短少或有明显残损痕迹应即向承运人、受托人或有关当局（海关港务当局等）索取货损货差证明。如果货损货差是由于承运人、受托人或其他有关方面的责任所造成，应以书面方式向他们提出索赔，必要时还须取得延长时效的认证。

（二）对遭受承保责任内危险的货物，被保险人和本公司都可迅速采取合理的抢救措施，防止或减少货物的损失。被保险人采取此项措施，不应视为放弃委付的表示，本公司采取此项措施，也不得视为接受委付的表示。

（三）如遇航程变更或发现保险单所载明的货物、船名或航程有遗漏或错误时，被保险人应在获悉后立即通知保险人并在必要时加缴保险费，本保险才继续有效。

（四）在向保险人索赔时，必须提供下列单证：

保险单正本、提单、发票、装箱单、磅码单、货损货差证明、检验报告及索赔清单。如涉及第三者责任，还须提供向责任方追偿的有关函电及其他必要单证或文件。

（五）在获悉有关运输契约中“船舶互撞责任”条款的实际责任后，应及时通知保险人。

五、索赔期限

本保险索赔时效，从被保险货物在最后卸载港全部卸离海轮后起算，最多不超过二年。

附录四

中国人民保险公司海洋运输货物战争险条款

一九八一年一月一日修订

一、责任范围

本保险负责赔偿：

（一）直接由于战争、类似战争行为和敌对行为、武装冲突或海盗行为所致的损失。

（二）由于上述第（一）款引起的捕获、拘留、扣留、禁制、扣押所造成的损失。

（三）各种常规武器，包括水雷、鱼雷、炸弹所致的损失。

（四）本条款责任范围引起的共同海损的牺牲、分摊和救助费用。

二、除外责任

本保险对下列各项，不负赔偿责任：

（一）由于敌对行为使用原子或热核制造的武器所致的损失和费用。

（二）根据执政者、当权者或其他武装集团的扣押、拘留引起的承保航程的丧失和挫折而提出的任何索赔。

三、责任起讫

（一）本保险责任自被保险货物装上保险单所载起运港的海轮或驳船时开始，到卸离保险单所载明的目的港的海轮或驳船时为止。如果被保险货物不卸离海轮或驳船，本保险责任最长期限以海轮到达目的港的当日午夜起算满十五天为限，海轮到达上述目的港是指海轮在该港区内一个泊位或地点抛锚、停泊或系缆，如果没有这种泊位或地点，则指海轮在原卸货港或地点或附近第一次抛锚、停泊或系缆。

（二）如在中途港转船，不论货物在当地卸载与否，保险责任以海轮到达该港或卸货地点的当日午夜起算满十五天为止，俟再装上续运海轮时恢复有效。

（三）如运输契约在保险单所载明目的地以外的地点终止时，该地即视为本保险目的地，仍照前述第（一）款的规定终止责任，如需运往原目的地或其他目的地时，在被保险人于续运前通知保险人并加缴保险费的情况下，可自装上续运的海轮时重新有效。

（四）如运输发生绕道，改变航程或承运人运用运输契约赋予的权限所作的任何航海上的改变，在被保险人及时将获知情况通知保险人，在必要时加缴保险费的情况下，本保险仍继续有效。

注：本条款系海洋运输货物保险条款的附加条款，本条款与海洋运输货物保险条款中的任何条文有抵触时，均以本条款为准。

附录五

中国人民保险公司货物运输罢工险条款

一九八一年一月一日修订

一、责任范围

在保险单注明承保罢工险时，本保险对被保险货物由于罢工者，被迫停工工人或参加工潮、暴动、民众斗争的人员的行动，或任何人的恶意行为所造成的直接损失和上述行动或行为所引起的共同海损的牺牲、分摊和救助费用负赔偿责任。

二、除外责任

本保险对下列各项，不负赔偿责任：

在罢工期间由于劳动力短缺或不能履行正常职责所致的保险货物的损失，包括因此而引起的动力或燃料缺乏使冷藏机停止工作所致的冷藏货物的损失。

注：本条款系各种货物运输保险条款的附加条款。本条款与各种货物运输保险条款中的任何条文有抵触时，以本条款为准。

附录六

中国人民保险公司附加险条款

偷窃、提货不着险条款

一九七二年四月一日修订

本保险对被保险货物遭受下列损失，按保险价值负责赔偿：

1. 偷窃行为所致的损失；

2. 整件提货不着；

3. 根据运输契约规定船东和其他责任方免除赔偿的部分。

被保险人必须及时提货，遇有第 1 项所列的损失，必须在提货后十日内申请检验；遇有第 2 项损失，必须向责任方取得整件提货不着的证明，否则，本公司不负赔偿责任。

本公司有权收回被保险人向船东或其他有关责任方面追偿到的任何赔款，但其金额以不超过本公司支付的赔款为限。

淡水雨淋险条款

一九七二年四月一日修订

本保险对被保险货物因直接遭受雨淋或淡水所致的损失负责赔偿，但包装外部应有雨水或淡水痕迹或有其他适当证明。被保险人必须及时提货，并在提货后十天内申请检验，否则，本公司不负赔偿责任。

短量险条款

一九七二年四月一日修订

本保险对被保险货物在运输过程中，因外包装破裂或散装货物发生数量散失和实际重量短缺损失负责赔偿，但正常的途耗除外。

混杂、沾污险条款

一九七二年四月一日修订

本保险对被保险货物在运输过程中，因混杂、沾污所致的损失，负责赔偿。

渗漏险条款

一九七二年四月一日修订

本保险对被保险货物在运输过程中，因容器损坏而引起的渗漏损失，或用液体储藏的货物因液体的渗漏而引起的货物腐败等损失，负责赔偿。

碰损、破碎险条款

一九七二年四月一日修订

本保险对被保险货物在运输过程中因震动、碰撞、受压造成的破碎和碰撞损失，负责赔偿。

串味险条款

一九七二年四月一日修订

本保险对被保险食用物品、中药材、化妆品原料等货物在运输过程中，因受其他物品的影响而引起的串味损失，负责赔偿。

受潮受热险条款

一九七二年四月一日修订

本保险对被保险货物在运输过程中因气温突然变化或由于船上通风设备失灵致使船舱内水汽凝结、发潮或发热所造成的损失，负责赔偿。

钩损险条款

一九七二年四月一日修订

本保险对被保险货物在装卸过程中因遭受钩损而引起的损失，以及对包装进行修补或调换所支付的费用，均负责赔偿。

包装破裂险条款

一九七二年四月一日修订

本保险对被保险货物，在运输过程中因搬运或装卸不慎，包装破裂所造成的损失，以及为继续运输安全所需要对包装进行修补或调换所支付的费用，均负责赔偿。

锈损险条款

一九七二年四月一日修订

本保险对被保险货物在运输过程中发生的锈损，负责赔偿。

交货不到条款

一九七二年四月一日修订

本保险自货物装上船舶时开始，不论由于任何原因，如货物不能在预定抵达目的地的日期起六个月以内交讫，本公司同意按全损予以赔付，但该货物之全部权益应转移给本公司。被保险人保证已获得一切许可证。所有运输险及战争险项下应予负责的损失，概不包括在本条款责任范围之内。

进口关税条款

一九七二年四月一日修订

如被保险货物到达目的港后，因遭受本保险单责任范围以内的损失，而被保险人仍须按完好货物完税时，本公司对该项货物损失部分的进口关税负赔偿责任，但以不超过受损部分的保险价值______%为限。

舱面货物条款

一九七二年四月一日修订

本保险对被保险货物存放舱面时，除按本保险单所载条款负责外，还包括被抛弃或风浪冲击落水在内。

拒收险条款

一九八一年一月一日修订

一、本公司对被保险货物由于在进口港被进口国的政府或有关当局拒绝进口或没收予以负责，并按照被拒绝进口或没收货物的保险价值赔偿。

二、在被保险货物起运后，进口国宣布实行任何禁运或禁止，本公司仅负责赔偿运回到出口国或转口到其他目的地因而增加的运费。但最多不得超过该批货物的保险价值。

三、本保险的终止，自被保险货物卸离海轮存入卸货港的仓库时为止。或者

（一）被保险货物在目的港卸离海轮满二十天终止；

（二）被保险货物已被进口国的政府或有关当局允许进口时为止。

以首先发生者为准。

四、被保险人保证：

（一）被保险货物的生产、质量、包装和商品检验必须符合产地国和进口国的有关规定。

（二）被保险货物备有一切必需的有效的进口特许证或许可证。

五、本公司对下列原因引起的任何损失，不负赔偿责任：

（一）违反上述第四条中的任何一款；

（二）市价跌落；

（三）被保险货物记载的错误、商标或标记的错误、贸易契约或其他文件发生的错误或遗漏；

（四）违反产地国政府或有关当局关于出口货物的有关规定；

（五）被保险货物在起运前，进口国已经宣布实行禁运或禁止。

六、在发生本保险承保的损失时，被保险人应立即通知本公司，并按照本公司的要求采取一切可能的措施。保险人与被保险人对被拒绝进口或没收货物采取的一切措施都不应视为接受赔偿或放弃索赔的表示。

黄曲霉毒素险条款

一九七二年四月一日修订

本保险对被保险货物，在保险责任有效期内，在进口港或进口地经当地卫生当局检验证明，因含有黄曲霉毒素，并且超过了进口国对该毒素的限制标准，必须拒绝进口、没收或强制改变用途时，本公司按照被拒绝进口或被没收部分货物的保险价值或改变用途所造成的损失，负责赔偿。

如发生本条款项下的损失，被保险人同意，在本公司需要时应尽力处理拒绝进口或强制改变用途的货物，或申请仲裁。

本条款不负责由于其他原因所致的被有关当局拒绝进口或没收或强制改变用途的货物的损失。

出口货物到香港（包括九龙在内）或澳门存仓火险责任扩展条款

一九七二年四月一日修订

一、所保货物，经运抵目的地香港（包括九龙在内）或澳门，卸离运输工具后，如直接存放于本保险单载明的过户银行所指定的仓库时，本保险单对存仓火险的责任，自运输责任终止时开始，特予继续负责，直至：

（一）上述银行收回押款解除对货物的权益终止时止，或

（二）自运输险责任终止时起计满三十天时为止，如被保险人在期满前，用书面申请延长并缴付所需的保险费后，得予继续延长。

上述（一）、（二）两项应以其中首先发生者为准。

二、如所保货物，卸离运输工具后，不存入上述第一条所载的仓库，而存入其他仓库时，则本保险单责任终止的期限，概按本公司运输险条款的规定办理。

附录七

伦敦保险协会货物保险条款 A 条款
(1/1/2009)

承保范围

风险

1. 本保险承保除下列 4、5、6、7 各条规定除外责任以外的保险标的损失和损坏的一切风险。

2. 本保险承保共同海损和救助费用，其理算或确定应根据运输合同和（或）有关法律和惯例办理。该项共同海损和救助的费用的产生，应为避免任何原因所造成的或与之有关的损失所引起的，但下列 4、5、6、7 各条或本保险其他条款规定的不保责任除外。

3. 本保险负责赔偿被保险人根据运输合同订有“船舶互撞责任”条款规定，由被保险人就承保风险应承担的责任。如果船东根据上述条款提出任何索赔要求，被保险人同意通知保险人，保险人有权自负费用为被保险人就此项索赔进行辩护。

除外责任

4. 本保险在任何情况下不承保下列各项：

4.1　归因于被保险人恶意不法行为所造成的损失、损害或费用；

4.2　保险标的自然渗漏，重量或容量的自然损耗，或自然磨损；

4.3　由于保险标的包装或准备不足或不当引起的不能承受运输过程中的通常风险产生的损失、损害或费用，如果此种包装或准备是由被保险人或其雇员实施的，或是在本保险责任开始前完成的（在本款意义上，“包装”包括集装箱内的积载，“雇员”不包括独立承包商）；

4.4　保险标的内在缺陷或特性所引起的损失、损害或费用；

4.5　由于延迟引起的损失或费用，即使延迟是由承保风险所引起（但按上述第 2 条的规定，共同海损应予赔偿的费用不在此限）；

4.6　由于船舶所有人、经理人、承租人或经营人破产或经济困境导致的损失、损失或费用，如果在保险标的装上船舶时，被保险人知道或在通常业务过程中应该知道，此种破产或经济困境会阻止本次航程的正常进行，本责任免除不适用于保险合同已转让给第三方，而该第三方是基于合同善意购买或同意购买保险标的并提出保险索赔的情形；

4.7　由于任何使用任何原子或核裂变和（或）聚变或其他类似反应或放射性作用

或放射性物质的武器或设备直接或间接导致的损失、损害或费用。

5

5.1　在任何情况下，本保险不承保下述原因所致的保险标的的损失、损害或费用：

5.1.1　船舶或驳船不适航，或对运送保险标的不适合，如果被保险人在保险标的装船时对此种不适航或不适合有私谋；

5.1.2　集装箱或托盘对保险标的之安全运输不适合，如果装载发生在本保险责任开始之前，或是由被保险人或其雇员实施的，而且他们在装载时对此种不适合有私谋。

5.2　如果保险合同已转让给根据一份有约束力的合同已善意购买或同意购买保险标的的另一方，对于其提出的索赔，上述除外责任不适用。

5.3　保险人放弃载运保险标的到目的港的船舶不得违反默示适航或适货保证。

6. 本保险在任何情况下不承保下列原因造成的损失、损害和费用：

6.1　战争、内战、革命、叛乱、暴乱或由此引起的内乱或来自交战方或针对交战方的任何敌对行为；

6.2　捕获、拘留、扣留、禁制、扣押（海盗除外）以及上述行为的后果或这方面的任何企图、威胁；

6.3　被遗弃的水雷、鱼雷、炸弹或其他被废弃的战争武器。

7. 本保险在任何情况下不承保下列损失、损害和费用：

7.1　罢工者、被迫停工工人或参加工潮、暴动或民变人员造成；

7.2　罢工、被迫停工、工潮、暴动或民变引起；

7.3　由任何恐怖主义分子实施的恐怖行为引起，其行为代表或与旨在推翻或影响法律上承认的或非法律上承认的政府组织相联系。

7.4　由任何人出于政治、信仰或宗教目的实施的行为引起。

期　　限

运输条款

8

8.1　本保险责任自保险标的为了立即搬运至运输车辆或其他运输工具以便开始运输之目的，在仓库或储存处所内（本保险合同载明的地点）开始搬移时生效，包括正常运输过程，直至运到下述地点时终止：

8.1.1　保险合同所载明目的地最后仓库或储存处所，从运输车辆或其他运输工具完成卸货；

8.1.2　在保险合同所载明目的地的任何其他仓库或存储处所，从运输车辆或其他运输工具完成卸货，上述任何其他仓库或储存处所是由被保险人或其雇员选择用作在正常运输过程之外的储存货物，或分配货物、最后分派货物；

8.1.3　当被保险人或其雇员使用任何运输车辆或其他运输工具或集装箱作为正常运输过程以外的储存时；

8.1.4　保险标的在最后卸载港全部卸离海轮后满60天为止。

以上各项以先发生者为准。

8.2　如保险标的在最后卸载港卸离海轮，但在本保险责任终止前，需转运到非保险单载明的其他目的地时，保险责任仍按上述规定终止，截止于该保险标的为向其他目的地转运而开始搬移之时。

8.3　在被保险人无法控制的运输延迟，任何绕道、被迫卸货、重行装载、转运以及船东或租船人运用运输合同赋予的权限所作的任何航海上的变更的情况下，本保险仍继续有效（仍需按照上述有关保险终止期限和下述第 9 条的规定办理）。

运输合同终止

9. 如由于被保险人无法控制的情况，致使运输合同在非保险单载明目的地的港口或处所终止，或者运输在按上述第 8 条规定发货前终止，本保险亦应终止，除非被保险人立即通知保险人并提出续保要求，并在必要时加缴保险费的情况下，本保险继续有效：

9.1　直至保险标的在该港口或处所出售和交货，或，除非有特别的约定，在保险标的抵达该港口或处所后，满 60 天为止，以先发生者为准，或

9.2　如果保险标的在上述 60 天期限内（或任何约定的延长期限内），继续运往保险单所载明的目的地或任何其他目的地时，保险责任仍按上述第 8 条的规定终止。

变更航程

10.1　当本保险责任开始后，被保险人变更目的地，必须立即通知保险人，并另行商定保险费和保险条件，在此费率和条件达成一致前，若发生保险事故，只有在保险费率和保险条件符合合理的商业市场行情情况下，本保险仍然有效；

10.2　当保险标的按照本保险合同的航程规定开始航行时（与条款 8.1 相一致），被保险人或其雇员对该船舶驶向另一目的地不知情，则本保险仍然被视为是在本保险合同规定的航程开始时生效。

理　　赔

可保利益

11.1　在发生损失时，被保险人必须对保险标的具有可保利益，才能获得本保险单项下的赔偿。

11.2　被保险人有权按照上述 11.1 条的规定，对在本保险期限内发生的承保损失获得赔偿，即使损失发生在本保险合同之前。但在缔约时被保险人已经知道损失发生，而保险人并不知晓者除外。

续运费用

12. 由于本保险承保的风险，致使保险合同在非保险单载明的港口或处所终止，保险人应偿付被保险人在卸货、存仓和续运保险标的至保险单载明目的地适当而合理产生

的任何额外费用。

第 12 条不适用于共同海损或救助费用，并须按照上述 4、5、6、7 各条所载除外责任的规定办理，还不包括由于被保险人或其雇员的过失、疏忽、破产或不履行债务而引起的费用。

推定全损

13. 本保险不负责推定全损，除非保险标的实际全损已经不可避免，或者由于恢复、整理以及运送保险标的到保险目的地的费用超过其本身价值，并在保险标的被合理委付情况下，得按推定全损赔偿。

价值增加

14.1　如果被保险人对本保险单项下承保的货物办理任何增值保险，则货物的约定价值应视为增至本保险的保险金额加上所有承保该项损失的增值保险的总和。本保险的责任按照本保险金额与总保险金额的比例计算。

被保险人提出索赔时，应向保险人提供所有其他保险单所保金额的证件。

14.2　当本保险承保增值保险时，则适用下述条款：

货物的约定价值应视为等于原有的保险单项下的总保额和被保险人对该项损失投保所有增值保险额的总和，本保险应按其保险金额在保险总额中的比例，承担赔偿责任。

被保险人提出索赔时，应向保险人提供所有其他保险单所保金额的证件。

保险受益

15. 本保险

15.1　保障的被保险人包括根据本保险合同提出索赔的人或收货人；

15.2　承运人或其他受托人不得享受本保险的利益。

减少损失

被保险人义务

16. 当发生本保险承保的损失时，被保险人及其受雇人有义务：

16.1　采取合理措施，以避免或减少这种损失，以及

16.2　保证适当地保留和行使对承运人、受托人或其他第三者追偿的一切权利。

保险人除负责赔偿承保责任内的任何损失外，还应偿还被保险人为履行上述义务而产生的任何适当和合理的费用。

放弃

17. 被保险人或保险人为施救、保护或恢复保险标的所采取的措施，不应视为放弃

或接受委付的表示，或视为影响任何一方的权益。

防止延误

18. 本保险条件之一是被保险人应在任何力所能及的情况下，尽速合理地处置所发生的事情。

法律和惯例

19. 本保险受英国法律和惯例管辖。

附录八

伦敦保险协会货物保险条款 B 条款（节录）（1/1/2009）

（节录与协会 A 条款不同之处，其余未节录部分，
完全和 A 条款相同）
（仅供新的海上保险单格式使用）

承 保 范 围

风险条款

1. 除下列 4、5、6、7 各条规定除外责任以外，本保险负责：

1.1 保险标的的损失可合理归因于：

1.1.1 火灾或爆炸。

1.1.2 船舶或驳船遭受搁浅、触礁、沉没或倾覆。

1.1.3 陆上运输工具的倾覆或出轨。

1.1.4 船舶、驳船或运输工具同除水以外的任何外界物体碰撞。

1.1.5 在避难港卸货。

1.1.6 地震、火山爆发或雷电。

1.2 由于下列原因引起保险标的的损失：

1.2.1 共同海损的牺牲。

1.2.2 抛货或浪击落海。

1.2.3 海水、湖水或河水，进入船舶、驳船、运输工具、集装箱、大型海运箱或存处所。

1.3 货物在船舶或驳船装卸时落海或跌落造成任何整件的全损。

除 外 责 任

一般除外责任条款

4.7 由任何个人或数人非法行动故意损坏或故意破坏保险标的或其任何部分。

4.8 由于使用任何原子或核子裂变和（或）聚变或其他类似的反应或放射性作用或放射性物质的战争武器所引起的损失或费用。

附录九

伦敦保险协会货物保险条款 C 条款
（节录）（1/1/2009）

（节录与协会货物 A 条款不同之处，其余未节录部分，
完全和 A 条款相同）
（仅供新的海上保险单格式使用）

承 保 范 围

风险条款

1. 除下列 4、5、6、7 各条规定除外责任以外，本保险负责：

1.1　保险标的的损失可合理归因于：

1.1.1　火灾或爆炸。

1.1.2　船舶或驳船遭受搁浅、触礁、沉没或倾覆。

1.1.3　陆上运输工具的倾覆或出轨。

1.1.4　船舶、驳船或运输工具同除水以外的任何外界物体碰撞。

1.1.5　在避难港卸货。

1.2　由于下列原因引起保险标的的损失：

1.2.1　共同海损的牺牲。

1.2.2　抛货。

除 外 责 任

一般除外责任条款

4.7　由任何个人或数人非法行动故意损坏或故意破坏保险标的或其任何部分。

4.8　由于使用任何原子或核子裂变和聚变或其他类似的反应或放射性作用或放射性物质的战争武器所引起的损失或费用。

附件一　货物运输保险单

PICC 中国人民保险公司 上海市分公司
The People's Insurance Company of China, Shanghai Branch
总公司设于北京　　一九四九年创立
Head Office Beijing　　Established in 1949

货物运输保险单
GARGO TRANSPORTATION INSURANCE POLICY

发票号（INVOICE NO.）
合同号（CONTRACT NO.）
信用证号（L/C NO.）
被保险人：
INSURED ____________

保单号次
POLICY NO.

中国人民保险公司（以下简称本公司）根据被保险人的要求，由被保险人向本公司缴付约定的保险费，按照本保险单承保险别和背面所载条款与下列特款承保下述货物运输保险，特立本保险单。
THIS POLICY OF INSURANCE WITNESSES THAT THE PEOPLE'S INSURANCE COMPANY OF CHINA (HERE-INAFTER CALLED "THE COMPANY") AT THE REQUEST OF THE INSURED AND IN CONSIDERATION OF THE AGREED PREMIUM PAID TO THE COMPANY BY THE INSURED, UNDERTAKES TO INSURE THE UNDERMENTIONED GOODS IN TRANSPORTATION SUBJECT TO THE CONDITIONS OF THIS POLICY AS PER THE CLAUSES PRINTED OVERLEAF AND OTHER SPECIAL CLAUSES ATTACHED HEREON.

标　记 MARKS & NOS.	包装及数量 QUANTITY	保险货物项目 DESCRIPTION OF GOODS	保险金额 AMOUNT INSURED

总保险金额：
TOTAL AMOUNT INSURED ____________
保费：
PREMIUM ________ 启运日期：DATE OF COMMENCEMENT ________ 装载运输工具：PER CONVEYANCE ________
自
FROM ________ 经 VIA ________ 至 TO ________
承保险别：
CONDITIONS

所保货物，如发生保险单项下可能引起索赔的损失或损坏，应立即通知本公司下述代理人查勘。如有索赔，应向本公司提交保单正本（本保险单共有______份正本）及有关文件。如一份正本已用于索赔，其余正本自动失效。
IN THE EVENT OF LOSS OR DAMAGE WHICH MAY RESULT IN A CLAIM UNDER THIS POLICY, IMMEDIATE NOTICE MUST BE GIVEN TO THE COMPANY'S AGENT AS MENTIONED HEREUNDER. CLAIMS, IF ANY, ONE OF THE ORIGINAL POLICY WHICH HAS BEEN ISSUED IN ______ ORIGINAL (S) TOGETHER WITH THE RELEVANT DOCUMENTS SHALL BE SURRENDERED TO THE COMPANY. IF ONE OF THE ORIGINAL POLICY HAS BEEN ACCOMPLISHED, THE OTHERS TO BE VOID.

中国人民保险公司上海市分公司
THE PEOPLE'S INSURANCE COMPANY OF CHINA
SHANGHAL BRANCH

赔款偿付地点
CLAIM PAYABLE AT ____________
出单日期
ISSUING DATE ____________

____
GENERAL MANAGER

地址：中国上海中山南路700号
ADD: 700 ZHONGSHAN ROAD (S) SHANGHAI CHINA
邮编（POST CODE）：200010
电话（TEL）：63243439 63563561 63773000
传真（FAX）：86－21 63568811 63764678

保单顺序号：PICC 0076770

附件二　货物运输投保单

PICC 中国人民保险公司 上海市分公司
The People's Insurance Company of China, Shanghai Branch

地址：中国上海中山南路700号　　　　电话（TEL）：（021）63773000
ADD：No. 700 Zhongshan Road (S.), Shanghai
邮编（Post Code）：200010　　　　传真（FAX）：（021）63764678

货物运输保险投保单
APPLICATION FORM FOR CARGO TRANSPORTATION INSURANCE

被保险人：
INSURED: ______________________

发票号（INVOICE NO.）
合同号（CONTRACT NO.）
信用证号（L/C NO.）
发票金额（INVOICE AMOUNT）______________ 投保加成（PLUS）______________%

兹有下列物品向中国人民保险公司　　公司投保。（INSURANCE IS REQUIRED ON THE FOLLOWING COMMODITIES:）

标　记 MARKS & NOS.	包装及数量 QUANTITY	保险货物项目 DESCRIPTION OF GOODS	保险金额 AMOUNT INSURED

启运日期：
DATE OF COMMENCEMENT ______________ 装载运输工具：PER CONVEYANCE ______________

自 FROM ______________ 经 VIA ______________ 至 TO ______________

提单号：
B/L NO. ______________ 赔款偿付地点：CLAIM PAYABLE AT ______________

投保险别：（PLEASE INDICATE THE CONDITIONS &/OR SPECIAL COVERAGES）

请如实告知下列情况：（如‘是’在［　］中打‘×’）IF ANY, PLEASE MARK ‘×’：

1. 货物种类 GOODS　袋装［ ］BAG/JUMBO　散装［ ］BULK　冷藏［ ］REEFER　液体［ ］LIQUID　活动物［ ］LIVE ANIMAL　机器/汽车［ ］MACHINE/AUTO　危险品等级［ ］DANGEROUS CLASS
2. 集装箱种类 CONTAINER　普通［ ］ORDINARY　开顶［ ］OPEN　框架［ ］FRAME　平板［ ］FLAY　冷藏［ ］RAFRIGERATOR
3. 转运工具 BY TRANSIT　海轮［ ］SHIP　飞机［ ］PLANE　驳船［ ］BARGE　火车［ ］TRAIN　汽车［ ］TRUCK
4. 船舶资料 PARTICULAR OF SHIP　船籍 RIGISTRY ______________　船龄 AGE ______________

备注：被保险人确认本保险合同条款和内容已经完全了解。
THE ASSURED CONFIRMS HEREWITH THE TERMS AND CONDITIONS OF THESE INSURANCE CONTRACT FULLY UNDERSTOOD.

投保人（签名盖章）APPLICANT'S SIGNATURE ______________
电话：（TEL）
地址：（ADD）

投保日期：（DATE）______________

本公司自用（FOR OFFICE USE ONLY）

费率 RATE ______________ 保费 PREMIUM ______________ 备注：

经办人 BY ______________ 核保人 ______________ 负责人 ______________

NO.：PICC 0055500

附件三　批单

PICC 中国人民保险公司 上海市分公司
The People's Insurance Company of China, Shanghai Branch

批　　单
ENDORSEMENT

日期　　年　　月　　日
Date

批单号次：
End. No. ______________

保险单或凭证号次：
Policy/Certificate No. ______________

保险金额：
Insured Amount ______________

被保险人：
Name of Insured ______________

费率：
Rate as Arranged

中 国 人 民 保 险 公 司 上 海 市 分 公 司
THE PEOPLE'S INSURANCE COMPANY OF CHINA
SHANGHAL BRANCH

经办：　　　　复核：

____
GENERAL MANAGER

参考文献

[1] 吴焕宁. 海商法学 [M]. 北京：法律出版社，1996.

[2] 汪鹏南. 海上保险合同法详论 [M]. 大连：大连海事大学出版社，1996.

[3] 杨良宜，汪鹏南. 英国海上保险条款详论 [M]. 大连：大连海事大学出版社，1996.

[4] 雷荣迪. 国际货物保险 [M]. 北京：对外经济贸易大学出版社，1994.

[5] 周国良，王明初. 涉外保险 [M]. 上海：上海外语教育出版社，1992.

[6] 顾寒梅. 海洋运输保险实务 [M]. 上海：上海交通大学出版社，1999.

[7] 吴百福. 进出口贸易实务教程 [M]. 8 版. 上海：上海人民出版社，2020.

[8] 张洪涛，郑功成. 保险学 [M]. 北京：中国人民大学出版社，2000.

[9] 秦道夫. 保险法论 [M]. 北京：机械工业出版社，2000.

[10] 吴荣. 保险学——理论与实务 [M]. 上海：复旦大学出版社，1996.

[11] 加藤修. 国际海上运输货物保险实务 [M]. 大连：大连海事大学出版社，1995.

[12] 上海外经贸企业协会. 进出口单证实务（修订本）[M]. 北京：中国对外经济贸易出版社，2001.

[13] 顾寒梅. 涉外保险理论与实务 [M]. 上海：复旦大学出版社，2005.

[14] 郑肇芳. 海上保险——代位求偿案例 [M]. 上海：上海人民出版社，2006.

[15] 李玉泉. 保险法学——理论与实务 [M]. 北京：高等教育出版社，2007.

[16] 李庭鹏. 保险合同告知义务研究 [M]. 北京：法律出版社，2006.

[17] 王银成. 中国保险案例研究 [M]. 北京：首都经济贸易大学出版社，2006.

[18] 杨华柏. 保险纠纷典型案例评析 [M]. 北京：人民法院出版社，2004.

[19] 司玉琢，张永坚，蒋跃川. 中国海商法注释 [M]. 北京：北京大学出版社，2019.